中国能源发展报告

2016

ZHONGGUO NENGYUAN FAZHAN BAOGAO

中国能源研究会　编

国家能源局主管
中国电力传媒集团
CHINA ELECTRIC POWER MEDIA GROUP

图书在版编目（CIP）数据

中国能源发展报告.2016 / 中国能源研究会编. —杭州：浙江人民出版社，2016.9

ISBN 978-7-213-07515-5

Ⅰ. ①中… Ⅱ. ①中… Ⅲ. ①能源发展－研究报告－中国－2016 Ⅳ. ①F426.2

中国版本图书馆 CIP 数据核字（2016）第 159979 号

中国能源发展报告 2016

中国能源研究会　编

出版发行： 浙江人民出版社　中国电力传媒集团

经　　销： 中电联合（北京）图书有限公司
销售部电话：（010）52238170　52238190

印　　刷： 廊坊飞腾印刷包装有限公司

责任编辑： 殷俊莹　宗　合

责任印制： 郭福宾

网　　址： http://www.cpnn.com.cn/tsyxzx/

版　　次： 2016 年 9 月第 1 版・2016 年 9 月第 1 次印刷

规　　格： 780mm×1092mm　16 开本・17.75 印张・290 千字

书　　号： ISBN 978-7-213-07515-5

定　　价： **498.00** 元

编辑委员会

王金华　中国煤炭科工集团董事长、党委书记

王禹民　十二届全国政协委员、中国能源研究会副理事长、国家能源局原副局长（副部长级）

王炳华　国家电力投资集团公司董事长、党组书记

田　会　中国煤炭工业协会副会长

朱共山　协鑫集团控股有限公司董事局主席、执行董事兼首席执行官

祁和刚　中国中煤能源集团有限公司总工程师、中国中煤能源股份有限公司副总裁

刘顺兴　协合新能源集团董事局主席

李　东　神华集团有限责任公司副总经理、党组成员、总法律顾问，中国神华能源股份有限公司高级副总裁

李　辉　中国海洋石油总公司副总经理、党组成员

李庚生　天津能源投资集团有限公司董事长、党委书记

张　伟　中国中化集团公司副总裁、党组成员

杨长利　中国核工业集团公司副总经理、党组成员

沙先华　中国长江三峡集团公司副总经理、党组成员

吴伟章　哈尔滨电气集团公司副总经理、党委常委

吴建雄　申能（集团）有限公司总经理、党委副书记

吴国潮　浙江省能源集团有限公司董事长、党委书记

陈进行　中国大唐集团公司董事长、党组书记

周俊卿　华润（集团）有限公司副总经理兼华润电力控股有限公司董事局主席、执行董事、总裁

赵　洁　中国能源建设集团有限公司副总经理、党委常委

赵建国　中国华电集团公司董事长、党组书记

祖　斌　中国核工业建设集团公司副总经理、党组成员

姚迪明　江西省投资集团公司总经理、党委书记

徐惠娟　江苏省无锡市贸促会会长、会展办主任、CREC 组委会办公室主任

贺锡强　中国南方电网有限责任公司副总经理、党组成员

高　嵩　中国国电集团公司副总经理、党组成员

郭明星　北京能源投资（集团）有限责任公司总经理、党委副书记

曹培玺　中国华能集团公司总经理、党组副书记

喻宝才　中国石油天然气集团公司副总经理、党组成员

谭建生　中国广核集团公司副总经理、党组成员

编写组

组　长　叶　春

成　员（以下按姓氏笔画排序）

王　葵　王　斌　王大鹏　王立宏　王志刚　王春霞　尹向勇　方德斌
白　勇　朱　刚　朱红光　邢　军　毕　超　刘玉海　刘会友　刘金焕
安洪光　孙嘉弥　孙耀唯　张　宏　张志鑫　陈亚林　杨　珺　李　辉
李　翠　李云峰　李杰丰　宋云中　余建国　周海洋　郑新刚　赵永峰
侯启军　姚珉芳　桂旺胜　阎秀文　梁志鹏　董秀芬　童光毅

前　言

在“四个革命、一个合作”能源战略思想的指导下，坚持“节约、清洁、安全”的能源战略方针和“节约优先、绿色低碳、立足国内、创新驱动”的能源发展战略，2015 年我国能源发展取得了新的成绩，也面临着新的挑战。

2015 年，全国能源消费总量得到有效控制，能源供给稳中有升；能源消费结构优化，能源利用效率提升。全年能源消费总量达到 43.0 亿吨标准煤，比上年增长 0.9%。煤炭消费量占能源消费总量的 64.0%，清洁能源消费量占能源消费总量的 17.9%。一次能源生产总量为 36.2 亿吨标准煤，与上年持平，发电量仅增长 0.3%，其中火电发电量下降 2.7%，万元 GDP 能耗下降 5.6%，能源装备技术取得重大突破，国产化水平逐步提高，能源互联网发展步入快车道。

本报告通过对中国能源各领域的梳理，描述研究与分析研究相结合，对中国能源发展的总体状况作出客观分析与评价，旨在全面反映 2015 年中国能源发展过程中取得的阶段性成绩与暴露出的新问题，以期为政府部门、能源企业、研究机构提供有价值的参考。全书共分为六篇，包括能源消费、能源投资与建设、能源生产与供应、能源价格与绩效、能源装备、能源互联网。

本报告有关内容根据国家统计局及相关部门发布的最新统计数据进行了调整。在编纂过程中，得到了政府有关部门、能源企业及专家学者的关注和支持，在此表示衷心的感谢。由于种种原因，报告难免存在不足与疏漏之处，敬请谅解并指正。

《中国能源发展报告 2016》编写组

2016 年 8 月

目　录

第一篇　能源消费

2015 年，中国[1]能源消费增速继续放缓，能源消费总量 43.0 亿吨标准煤，比上年增长 0.9%，增速比 2014 年放缓 1.3 个百分点，是 1998 年以来最低增速。其中，煤炭消费量下降 3.7%，原油消费量增长 5.6%，天然气消费量增长 3.3%，全社会用电量增长 0.5%。能源消费结构优化调整，煤炭消费量占比下降 1.6 个百分点，水电、风电、核电、天然气等清洁能源[2]消费量占比提高 0.9 个百分点，石油消费量占比提高 0.7 个百分点。节能降耗和生态建设成效显著，能源消费强度明显下降，全国万元国内生产总值能耗下降 5.6%，工业企业吨粗铜综合能耗下降 0.79%，吨钢综合能耗下降 0.56%，单位烧碱综合能耗下降 1.41%，吨水泥综合能耗下降 0.49%，每千瓦时火力发电标准煤耗下降 0.95%。

表 1-0-1　　2015 年主要能源品种消费量与增速

种类	单位	2014 年	2015 年	增长率（%）
能源消费总量	亿吨标准煤	42.6	43.0	0.9
煤炭	亿吨	—	—	-3.7
原油	亿吨	—	—	5.6
天然气	亿立方米	—	—	3.3
全社会用电量	亿千瓦时	55233	55500	0.5

数据来源：《2015 年国民经济和社会发展统计公报》。

究其根本原因，经济规模化对能源消费的拉动减弱，产业结构调整不断深化，工业能源消费增速放缓。2015 年，国内生产总值 67.7 万亿元，增长 6.9%，增幅为 4 万亿元，比上年少增 0.8 万亿元，其中，工业增加值 22.9 万亿元，增长 5.9%，增幅为 1.28 万亿元，比上年少增 0.20 万亿元，六大高耗

❶ 除特别说明外，本书中的“中国”数据统计范围均为中国内地，不含香港、澳门、台湾。
❷ 清洁能源主要指天然气、水能、风能、太阳能、地热、海洋能、核能及由此产生的电力、动力、热力等。

能行业[1]增加值比上年增长 6.3%，占工业增加值总量的 27.8%。三次产业增加值比重依次为 9.0%、40.5%和 50.5%，分别比上年下降 0.2 个百分点、下降 2.2 个百分点和提高 2.4 个百分点。

[1] 六大高耗能行业包括石油加工、炼焦和核燃料加工业，化学原料和化学制品制造业，非金属矿物制品业，黑色金属冶炼和压延加工业，有色金属冶炼和压延加工业，电力、热力生产和供应业。

第一章 能源消费总量

“十二五”期间，我国经济发展对能源消费的依赖总体减弱，控制煤炭消费效果明显，清洁能源快速发展。2015 年，中国能源消费总量增长继续放缓，传统化石能源中，煤炭消费量已是连续第二年下降，油价暴跌刺激了石油消费，消费量增速有所回升，天然气消费量增速明显放缓，能源清洁化与传统能源清洁利用持续推进，煤炭消费呈现减量化趋势，占能源消费总量比重继续快速下降，清洁能源消费占比小幅提高，但非化石能源发电消纳问题有所加剧，节能减排成效显著，能源消费强度明显下降，用能效率总体提升。

第一节 消费总量和消费结构

“十二五”时期，中国能源消费增长逐年放缓，消费结构总体优化。2015 年，中国能源消费总量增幅明显收窄，能源消费弹性系数明显下降，人均用能量、用电量增幅十分有限，消费结构进一步优化，终端消费比重小幅下降。

一、能源消费总量增幅明显收窄，全球占比仍小幅上升

2015 年，中国能源消费量 43.0 亿吨标准煤，比上年增长 0.9%（如图 1-1-1 所示），增速放缓 1.3 个百分点。其中，可再生能源消费总量 5.2 亿吨标准煤，增长 8.1%，煤炭消费量 39.6 亿吨，下降 3.7%，石油表观消费量 5.5 亿吨，增长 5.4%，天然气消费量 1930 亿吨，增长 3.3%。

与世界平均水平比较，中国能源消费总量虽明显放缓，但占全球能源消费总量的比重小幅上升。据《BP 世界能源统计年鉴》数据，2014 年能源消费总量位列前五的国家依次是中国、美国、俄罗斯、印度和日本，占全球能源消费总量的比重分别为 23.0%、17.8%、5.3%、4.9%和 3.5%。中国、印度、沙特阿拉伯和印度尼西亚四国占比提高，俄罗斯、日本、德国、法国、英国和意大利六国占比下降，其中，2014 年中国能源消费总量达到 23.0%，比 2013 年上升 0.6 个百分点，升幅最高，印度能源消费量占比 4.9%，比 2013 年上升 0.2 个百分点，沙特阿拉伯和印度尼西亚能源消费量占比分别为 1.9%和 1.5%（如

表 1-1-1 所示）。

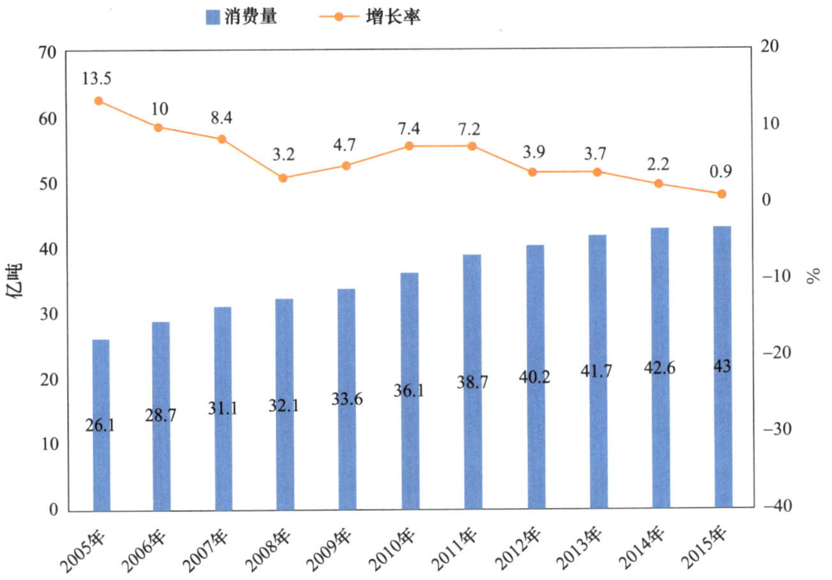

图 1-1-1　2005—2015 年中国能源消费量及增速

数据来源：2005—2014 年数据来自《中国统计年鉴 2015》，2015 年数据来自《2015 年国民经济和社会发展统计公报》。

表 1-1-1　2009—2014 年世界主要国家和地区一次能源消费量　　单位：亿吨标准煤

年份 国家（地区）	2009	2010	2011	2012	2013	2014	2014 占比（%）
世界	161.8	170.8	174.7	178.3	181.9	184.7	100.0
OECD 国家	77.1	80.0	79.1	78.3	79.0	78.6	42.5
非 OECD 国家	84.7	90.8	95.7	100.0	102.8	106.1	57.5
中国	30.1	33.4	36.4	39.0	40.7	42.5	23.0
美国	31.5	32.6	32.4	31.5	32.4	32.8	17.8
欧盟	24.2	25.0	24.2	24.1	23.9	23.0	12.5
俄罗斯	9.3	9.6	9.9	10.0	10.0	9.7	5.3
印度	6.9	7.3	7.6	8.2	8.5	9.1	4.9
日本	6.8	7.2	6.9	6.8	6.8	6.5	3.5
加拿大	4.4	4.5	4.7	4.7	4.8	4.8	2.6
德国	4.4	4.6	4.4	4.5	4.6	4.4	2.4
巴西	3.4	3.7	3.8	3.9	4.1	4.2	2.3
韩国	3.4	3.6	3.8	3.9	3.9	3.9	2.1

续表

国家（地区）\年份	2009	2010	2011	2012	2013	2014	2014 占比（%）
法国	3.5	3.6	3.5	3.5	3.5	3.4	1.8
伊朗	3.2	3.2	3.4	3.4	3.5	3.6	1.9
沙特阿拉伯	2.7	2.9	3.0	3.2	3.3	3.4	1.9
墨西哥	2.9	3.0	2.8	2.9	2.9	2.7	1.5
印度尼西亚	2.5	2.5	2.7	2.7	2.7	2.7	1.5
意大利	1.9	2.1	2.3	2.3	2.4	2.5	1.4
西班牙	2.4	2.5	2.4	2.3	2.3	2.1	1.2
土耳其	2.1	2.1	2.0	2.0	1.9	1.9	1.0
南非	1.5	1.6	1.7	1.8	1.8	1.8	1.0

数据来源：《BP 世界能源统计 2015》（BP Statistical Review of World Energy 2015）。

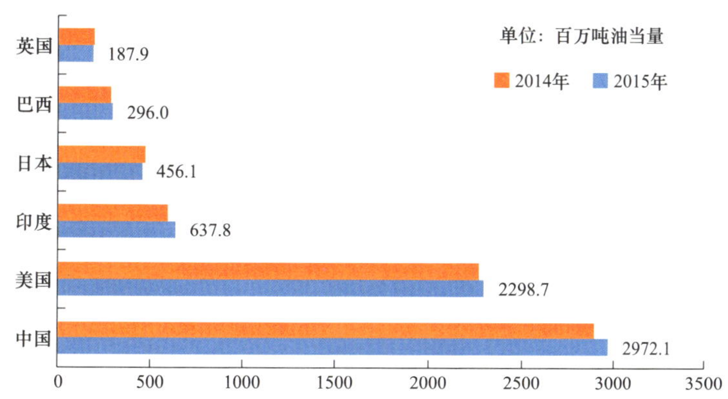

图 1-1-2　中国一次能源消费量与世界主要国家比较

数据来源：《BP 世界能源统计 2015》（BP Statistical Review of World Energy 2015）。

从人均用能情况来看，近几年，随着能源消费总量增幅收窄，人均用能增速明显放缓。根据《2015 年国民经济与社会发展统计公报》数据测算，2015 年中国人均能源消费量 3136 千克标准煤，增长 0.4%，增幅比 2014 年收窄 1.2 个百分点。“十二五”期间年均增长 3.1%。根据 BP 和世界银行数据测算，2014 年世界人均能源消费量 2562 千克标准煤，其中，中国人均能源消费量为 3112 千克标准煤，美国人均能源消费量为 10299 千克标准煤，俄罗斯为 6773 千克标准煤，德国为 5493 千克标准煤，日本为 5125 千克标准煤，英国为 4161 千克标准煤，南非为 3352 千克标准煤，印度为 719 千克标准煤，OECD 国家为 6249 千克标准煤，非 OECD 国家为 1784 千克标准煤（如图 1-1-3 所示）。

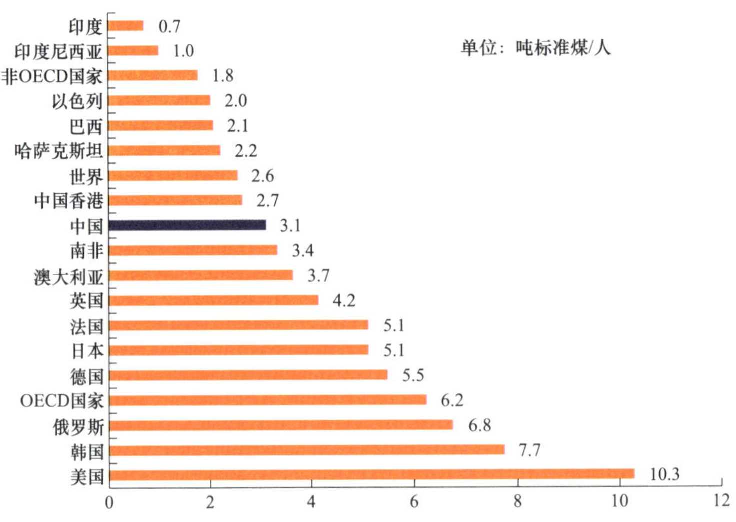

图 1-1-3　2014 年世界主要国家和地区人均能源消费量

数据来源：能源消费总量来自于《BP 世界能源统计 2015》(BP Statistical Review of World Energy 2015)，人口数来自于世界银行（World Bank）。

从能源与经济发展的关系分析，经济发展对能源的依赖程度总体减弱。2015 年能源弹性系数 0.13，比 2014 年下降 0.16，为新世纪以来最低水平。这表明，随着经济增速下滑，以及国内产业结构的调整，经济发展对能源的依赖性正在逐步减弱。一方面在于经济总量增长放缓，2015 年中国 GDP 增速从 2010 年的 10.6%降至 6.9%，另一方面在于产业结构趋于轻量化，2015 年第三产业增加值比重从 2011 年的 44.3%上升至 50.5%，第二产业增加值比重从 46.1%下降至 40.5%（如图 1-1-4 所示）。

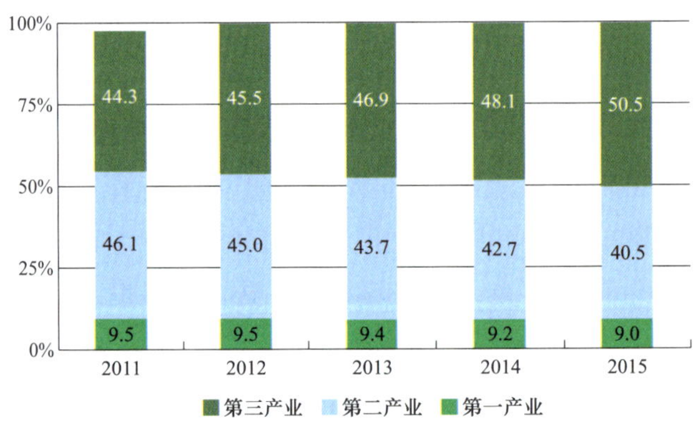

图 1-1-4　“十二五”期间中国三次产业结构

数据来源：《2015 年国民经济和社会发展统计公报》。

二、能源消费结构进一步优化，非化石能源利用率低于世界平均水平

2015 年中国煤炭消费量占能源消费总量的 64.0%，比 2014 年下降 1.6 个百分点，石油消费量占能源消费总量的 18.1%，比 2014 年提高 0.7 个百分点，水电、风电、核电、天然气等清洁能源消费量占能源消费总量的 17.9%，比 2014 年提高 0.9 个百分点（如图 1-1-5 所示）。与世界能源结构相比，中国煤炭消费比重远远高出世界平均水平，正是中国“富煤缺油少气”能源资源禀赋特征的体现，然而，在中国水电、风电、光伏发电装机容量皆属世界第一的条件下，非化石能源消费比重却低于世界平均值 1.7 个百分点，表明我国非化石能源装机利用率较低，从侧面反映了中国“弃水、弃风、弃光”问题严重。

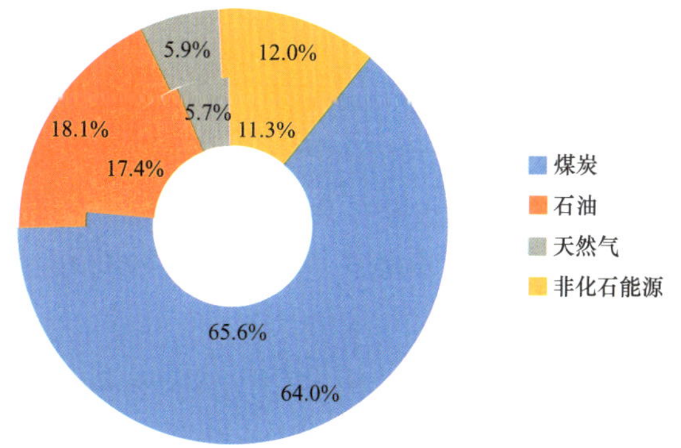

图 1-1-5 2014 及 2015 年中国能源消费结构

注：内环数据为 2014 年情况，外环数据为 2015 年情况。
数据来源：《能源数据分析手册 2015》。

从世界范围来看，中国煤炭消费比重明显偏高，石油、天然气、清洁能源消费比重明显偏低。据 BP 的统计数据，2014 年中国煤炭消费比重为 66.0%，比世界平均水平高 36.0 个百分点，比印度高 9.5 个百分点，比日本高 38.3 个百分点，比德国高 41.1 个百分点，比美国高 46.3 个百分点；中国清洁能源消费比重为 16.5%，比瑞典低 51.7 个百分点，比俄罗斯低 49.3 个百分点，比法国低 47.3 个百分点，比巴西低 30.2 个百分点，比美国低 27.4 个百分点（如图 1-1-6 所示）。

在清洁能源中，2014 年全球天然气、核电、水电以及其他可再生能源消费占比分别为 23.7%、4.4%、6.8%和 2.5%，中国天然气、核电、水电以及其他可再生能源消费占比分别为 5.6%、1.0%、8.1%和 1.8%，其中天然气、核电以及其他可再生能源消费占比皆低于世界平均水平，水电消费占比高于世界平均水平。

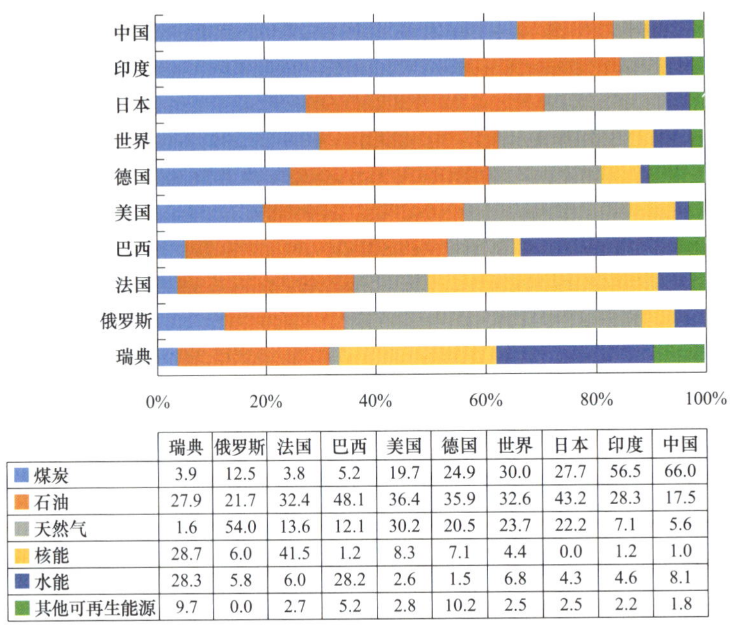

	瑞典	俄罗斯	法国	巴西	美国	德国	世界	日本	印度	中国
煤炭	3.9	12.5	3.8	5.2	19.7	24.9	30.0	27.7	56.5	66.0
石油	27.9	21.7	32.4	48.1	36.4	35.9	32.6	43.2	28.3	17.5
天然气	1.6	54.0	13.6	12.1	30.2	20.5	23.7	22.2	7.1	5.6
核能	28.7	6.0	41.5	1.2	8.3	7.1	4.4	0.0	1.2	1.0
水能	28.3	5.8	6.0	28.2	2.6	1.5	6.8	4.3	4.6	8.1
其他可再生能源	9.7	0.0	2.7	5.2	2.8	10.2	2.5	2.5	2.2	1.8

图 1-1-6　2014 年世界主要国家一次能源消费结构

数据来源：《BP 世界能源统计 2015》（BP Statistical Review of World Energy 2015）。

根据国际能源署（IEA）的统计数据，2013 年全球终端能源消费总量约为 93.0 亿吨油当量，占全球能源消费总量的 68.7%，比上年提高 0.4 个百分点，约 31.3%的能源用于加工转换及能源工业自用；中国终端能源消费总量约为 19.5 亿吨油当量，占中国能源消费总量的 64.6%，比上年提高 0.9 个百分点，约 35.4%的能源用于加工转换及能源工业自用。

在终端消费中，能源消费去向主要包括工业、交通运输、生活消费、非能源使用[1]、商业与公共服务、农林渔业及其他行业。根据 IEA 统计的 2013 年数据，全球范围来看，29.1%的能源用于工业，27.6%的能源用于交通运输，22.9%的能源用于生活消费，8.8%的能源用于非能源使用，8.1%的能源用于商业与公共服务，2.2%的能源用于农林渔业，1.4%的能源用于其他行业。2013 年中国的终端能源消费情况是，49.1%的能源用于工业，13.3%的能源用于交通运输，20.5%的能源用于生活消费，8.4%的能源用于非能源使用，3.8%的能源用于商业与公共服务，2.0%的能源用于农林渔业，2.8%的能源用于其他行业（如图 1-1-7 所示）。中国经济增长过度依赖重化工业的局面仍未根本扭

[1] 非能源使用主要指能源产品作为原料制造非燃料产品，或利用其物理属性及溶剂属性作为其他用途，如沥青、石油溶剂等。

转，随着产业结构调整、经济结构转型，终端能源消费结构将不断优化。

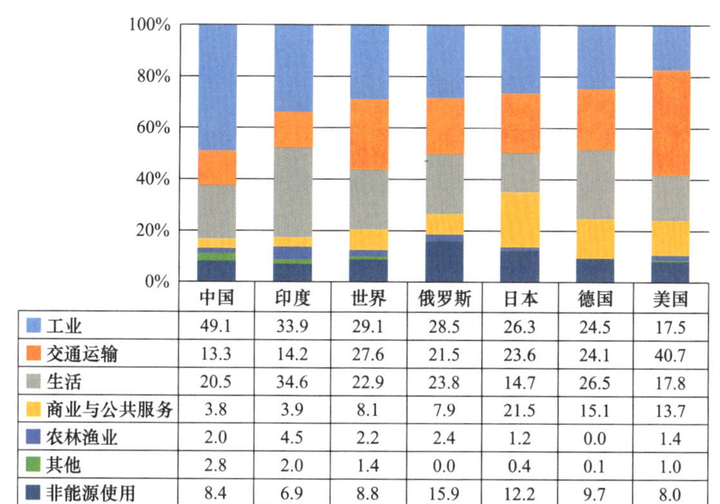

	中国	印度	世界	俄罗斯	日本	德国	美国
工业	49.1	33.9	29.1	28.5	26.3	24.5	17.5
交通运输	13.3	14.2	27.6	21.5	23.6	24.1	40.7
生活	20.5	34.6	22.9	23.8	14.7	26.5	17.8
商业与公共服务	3.8	3.9	8.1	7.9	21.5	15.1	13.7
农林渔业	2.0	4.5	2.2	2.4	1.2	0.0	1.4
其他	2.8	2.0	1.4	0.0	0.4	0.1	1.0
非能源使用	8.4	6.9	8.8	15.9	12.2	9.7	8.0

图 1-1-7　2013 年世界主要国家终端能源消费结构

数据来源：国际能源署（IEA）网站（http://www.iea.org/）。

第二节　能源效率和节能减排

2015 年，我国万元国内生产总值能耗约 0.72 吨标准煤，比上年下降 5.6%，降幅比 2014 年扩大了 0.6 个百分点（如图 1-1-8 所示）。主要用能行业综合能耗指标普遍下降，其中，工业企业吨粗铜综合能耗下降 0.79%，吨钢综合能耗下降 0.56%，单位烧碱综合能耗下降 1.41%，吨水泥综合能耗下降 0.49%，每千瓦时火力发电标准煤耗下降 0.95%。“十二五”能耗强度累计下降 27.9%，年均下降 6.3%。

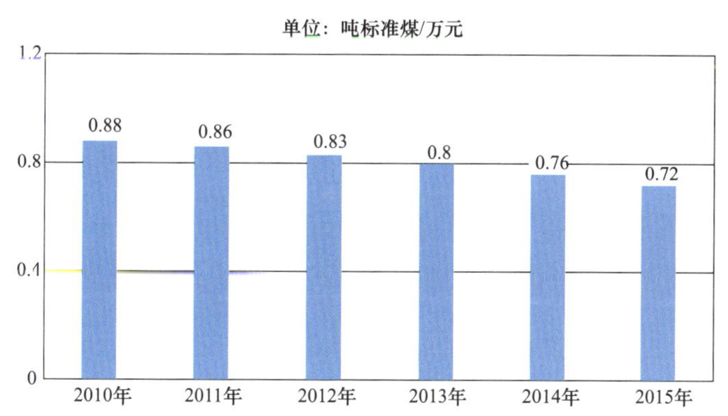

图 1-1-8　“十二五”期间中国单位 GDP 能耗变化情况

数据来源：根据《中国统计年鉴 2016》计算得出。

从国际上看，根据世界银行和 BP 的统计数据计算，2014 年全球单位 GDP 能耗为 2.37 吨标准煤/万美元（如图 1-1-9 所示）。中国万美元 GDP 能耗为 4.10 吨标准煤，为世界平均水平的 1.7 倍，美国、日本、德国和英国的万美元 GDP 能耗分别为 1.89 吨标准煤、1.42 吨标准煤、1.15 吨标准煤和 0.90 吨标准煤，以上四国均低于世界平均水平，中国单位 GDP 能耗与发达国家之间仍保持较大差距。

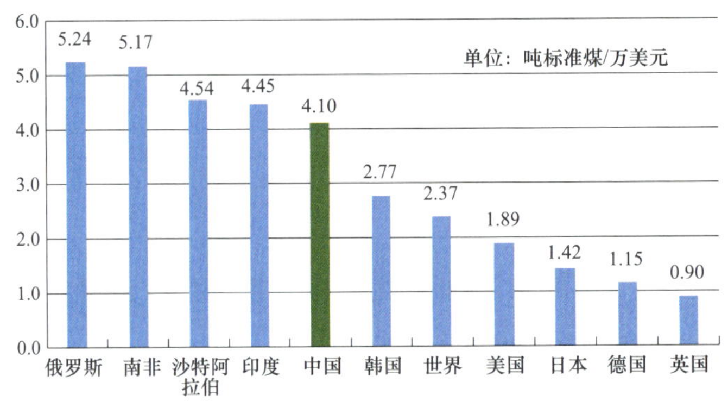

图 1-1-9　2014 年世界主要国家单位 GDP 能耗

注：GDP 是以 2014 年现价美元计算。

数据来源：根据《BP 世界能源统计 2015》（BP Statistical Review of World Energy 2015）和世界银行（World Bank）计算。

随着能源效率的逐步提高，节能减排工作成效显著。2015 年，全国 6000 千瓦及以上火电机组每千瓦时供电标准煤耗下降 17 克，火电机组二氧化硫、氮氧化物、烟尘排放量分别下降 33%、35%和 39%以上。

通过对各地区节能形势进行分析，对照“十二五”节能工作进度要求，今年 1—10 月，海南、青海、宁夏、新疆等 4 个地区预警等级为一级，节能形势十分严峻；北京、天津、河北、山西、内蒙古、辽宁、吉林、黑龙江、上海、江苏、浙江、安徽、福建、江西、山东、河南、湖北、湖南、广东、广西、重庆、四川、贵州、云南、陕西、甘肃等 26 个地区预警等级为三级，节能工作进展基本顺利。

依据国务院办公厅《2014—2015 年节能减排低碳发展行动方案》能耗增速控制目标要求，福建、江西、山东、重庆、陕西、宁夏、新疆等 7 个地区预警等级为一级；北京、天津、河北、山西、内蒙古、辽宁、吉林、黑龙江、上海、江苏、浙江、安徽、河南、湖北、湖南、广东、广西、海南、四川、贵州、云南、甘肃、青海等 23 个地区预警等级为三级。与前三季度相比，天津由二级预警下降为三级预警。

表 1-1-2 各地区 2015 年 1—10 月中国各地区节能目标完成情况晴雨表

地区＼时间	"十二五"能源强度降低速度预警等级				2014—2015 能耗增速预警等级			
	一季度	上半年	前三季度	1—10 月	一季度	上半年	前三季度	1—10 月
北京	三级	三级	三级	三级	三级	三级	三级	三级
天津	三级	三级	三级	三级	一级	二级	二级	三级
河北	三级	三级	三级	三级	三级	三级	三级	三级
山西	三级	三级	三级	三级	三级	三级	三级	三级
内蒙古	三级	三级	三级	三级	三级	三级	三级	三级
辽宁	三级	三级	三级	三级	三级	三级	三级	三级
吉林	三级	三级	三级	三级	三级	三级	三级	三级
黑龙江	三级	三级	三级	三级	三级	三级	三级	三级
上海	三级	三级	三级	三级	三级	三级	三级	三级
江苏	三级	三级	三级	三级	三级	三级	三级	三级
浙江	三级	三级	三级	三级	三级	三级	三级	三级
安徽	三级	三级	三级	三级	三级	三级	三级	三级
福建	三级	三级	三级	三级	一级	一级	一级	一级
江西	三级	三级	三级	三级	一级	一级	一级	一级
山东	三级	三级	三级	三级	一级	一级	一级	一级
河南	三级	三级	三级	三级	一级	一级	一级	一级
湖北	三级	三级	三级	三级	三级	三级	三级	三级
湖南	三级	三级	三级	三级	三级	三级	三级	三级
广东	三级	三级	三级	三级	三级	三级	三级	三级
广西	三级	三级	三级	三级	三级	三级	三级	三级
海南	一级	二级	一级	一级	三级	三级	三级	三级
重庆	三级	三级	三级	三级	一级	一级	一级	一级
四川	三级	三级	三级	三级	三级	三级	三级	三级
贵州	三级	三级	三级	三级	三级	三级	三级	三级
云南	三级	三级	三级	三级	三级	三级	三级	三级
陕西	三级	三级	三级	三级	一级	一级	一级	一级
甘肃	三级	三级	三级	三级	三级	三级	三级	三级
青海	三级	三级	一级	一级	三级	三级	三级	三级
宁夏	一级	一级	一级	一级	一级	一级	一级	一级
新疆	一级	一级	一级	一级	一级	一级	一级	一级

注：1. ●一级预警，节能形势十分严峻；●二级预警，节能形势比较严峻；●三级预警，节能进展基本顺利。

2. 西部缺乏统计数据，没有进行预测。

第二章　煤炭消费

2015 年，中国煤炭需求依然疲软，煤炭消费量保持下降趋势，且降幅显著扩大，居全球之首，人均消费量略有下降，煤炭终端消费阶段性走强，发电用煤比重继续下降，这是新能源发电装机快速上升催生的全球性发展趋势。

第一节　煤炭消费总量

2015 年，中国经济增速继续放缓，经济结构深化调整，重工业产能过剩严重，房地产投资出现大幅下滑，直接制约了高耗能产业投资和高耗能产品生产，煤炭需求延续着减弱趋势。煤炭消费规模依旧庞大，占全球煤炭消费总量的一半以上，人均煤炭消费量小幅下降。

一、煤炭消费量延续下降趋势，人均煤炭消费量小幅下降

据《2015 年国民经济和社会发展统计公报》数据，2015 年中国煤炭消费量下降 3.7%，降幅较上年扩大 1.3 个百分点，比 2010 年增长 13.5%，“十二五”期间，年均增长 2.7%（如图 1-2-1 所示）。

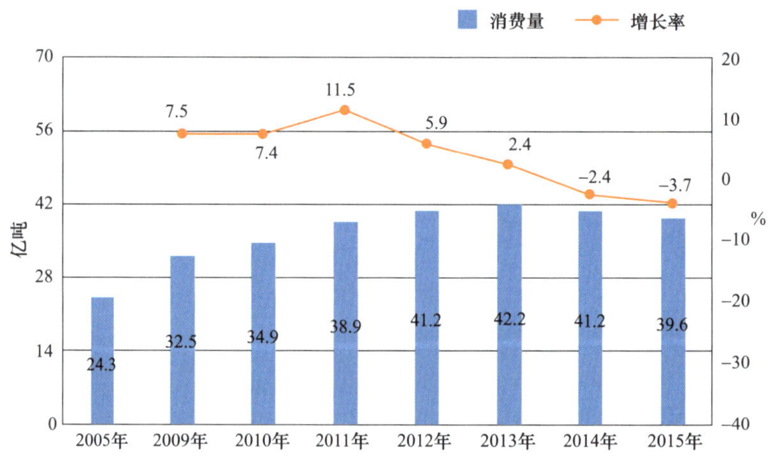

图 1-2-1　2005—2015 年部分年份中国煤炭消费量及增速

注：2009 年对应增长率为 2006—2009 年均数据，2015 年消费量由课题组计算得出。

数据来源：2005、2009—2014 年数据来自《中国能源统计年鉴 2015》，2015 年增长率来自《2015 年国民经济和社会发展统计公报》。

据中国煤炭运销协会估算，2015 年中国煤炭消费量 37.0 亿吨，下降 4.6%，日均煤炭消费量约为 1013 万吨，比上年减少 49 万吨/日，人均煤炭消费量约为 2.70 吨，比上年减少 0.15 吨/人，单位国土面积煤炭消费量约为 385 吨，比上年减少 19 万吨。

煤炭需求下降的原因是多方面的：一方面，受经济增长放缓，经济结构调整，重工业、基建投资放缓，造成拉动煤炭乃至能源需求的动力偏弱；另一方面，煤炭消费疲软的直接原因就是电力、钢铁、建材、化工四大耗煤行业需求不振，除化工行业用煤有一定增长外，电力行业、钢铁行业、建材行业用煤均出现明显下滑。据统计局快报数据显示，2015 年全国规模以上企业火电发电量 42102 亿千瓦时，下降 2.8%；粗钢产量 8.04 亿吨，下降 2.3%；水泥产量 23.5 亿吨，下降 3.7%；化肥产量 7602 万吨，下降 9.6%。据中国煤炭运销协会估算，2015 年电力行业耗煤（含供热耗煤）18.4 亿吨，下降 6.1%；钢铁行业耗煤 6.3 亿吨，下降 3.5%；建材行业耗煤 5.2 亿吨，下降 8.2%；化工行业耗煤 2.5 亿吨，增长 8.8%。

分月来看，由于 2014 年春节处在 1 月，造成 1 月基数比正常偏小，而 2015 年春节处在 2 月，消费量数值比正常值偏小，因此 1、2 月份消费量同比情况失真，1—2 月累计消费量可消除春节因素的影响，同比下降 1.4%，其他各月皆呈现负增长。其中，3 月降幅最大，达到−10.7%，主要是由于当期水电、核电、风电出力较好，抑制了煤炭消费；8 月降幅最小，为−1.8%，当期工业生产总体回升的同时，水电出力明显低于预期，煤炭消耗有所回升。

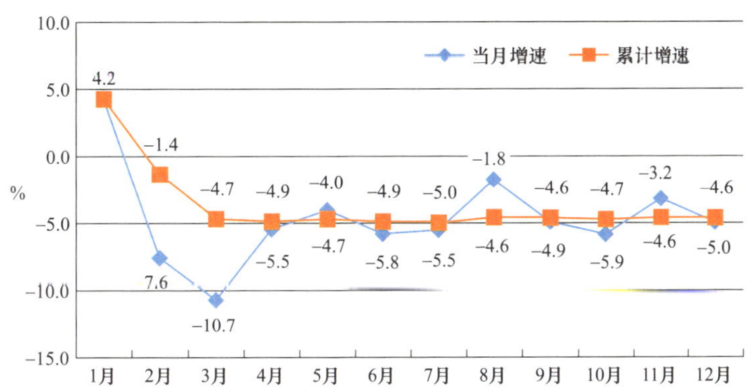

图 1-2-2 2015 年中国煤炭消费量各月增速

数据来源：中国煤炭运销协会。

二、煤炭消费量稳居世界首位，人均消费量明显高于世界平均水平

根据BP统计数据，2014年全球煤炭消费总量为38.8亿吨油当量，增长0.4%，中国煤炭消费量为19.6亿吨油当量，增长0.1%，占全球煤炭消费总量50.6%，比2013年下降0.1个百分点。中国煤炭消费量仍稳居全球之首，是美国的4.3倍，是印度的5.4倍。

全球范围来看，煤炭消费量排名前五的国家依次是中国、美国、印度、日本、南非，其中，中国、美国煤炭消费量占全球煤炭消费总量比重微幅下降，美国从11.8%降至11.7%，印度煤炭消费量占比明显上升，印度从8.4%上升至9.3%（见表1-2-1）。

表1-2-1　2008—2014年世界主要国家和地区煤炭消费量　单位：百万吨油当量

年份 国家（地区）	2008	2009	2010	2011	2012	2013	2014	2014占比（%）
世界	3500.1	3451.9	3611.2	3777.4	3798.8	3867.0	3881.8	100.0
OECD国家	1188.4	1061.5	1130.0	1109.5	1061.5	1069.1	1052.5	27.1
非OECD国家	2311.7	2390.4	2481.2	2667.8	2737.3	2797.9	2829.3	72.9
中国	1598.5	1679.0	1740.8	1896.0	1922.5	1961.2	1962.4	50.6
美国	564.2	496.2	525.0	495.4	437.9	454.6	453.4	11.7
印度	230.4	250.3	260.2	270.1	302.3	324.3	360.2	9.3
欧盟	304.4	267.6	281.3	288.9	297.4	288.6	269.8	7.0
日本	128.7	108.8	123.7	117.7	124.4	128.6	126.5	3.3
俄罗斯	100.7	92.2	90.5	94.0	98.4	90.5	85.2	2.2
南非	93.3	93.8	92.8	90.4	88.3	88.7	89.4	2.3
韩国	66.1	68.6	75.9	83.6	81.0	81.9	84.8	2.2
德国	80.1	71.7	77.1	78.3	80.5	81.7	77.4	2.0
波兰	56.0	51.9	56.4	56.1	54.3	55.8	52.9	1.4
印度尼西亚	31.5	33.2	39.5	46.9	53.0	57.6	60.8	1.6
澳大利亚	55.4	53.4	50.6	50.2	47.3	44.9	43.8	1.1
乌克兰	41.8	35.9	38.3	41.5	42.7	41.4	33.0	0.9
中国台湾	39.5	38.0	39.9	41.5	41.1	41.0	40.9	1.1

续表

国家（地区）\年份	2008	2009	2010	2011	2012	2013	2014	2014 占比（%）
英国	35.6	29.8	30.9	31.4	38.9	37.1	29.5	0.8
哈萨克斯坦	33.4	32.6	31.6	34.0	36.6	35.9	34.5	0.9
土耳其	29.6	30.9	31.4	33.9	36.5	31.6	35.9	0.9

数据来源：《BP 世界能源统计 2015》(BP Statistical Review of World Energy 2015)。

根据 BP 和世界银行的数据计算，2014 年世界人均煤炭消费量为 0.54 吨油当量，同期中国人均煤炭消费量 1.44 吨油当量，约为世界平均水平的 2.67 倍，与美国基本持平，是哈萨克斯坦的 0.71 倍，是澳大利亚的 0.77 倍，是南非的 0.87 倍，是日本的 1.44 倍，是印度的 5.14 倍，是俄罗斯的 2.44 倍，是巴西的 18 倍。人均煤炭消费量前五位的国家依次是哈萨克斯坦、澳大利亚、韩国、南非和中国（如图 1-2-3 所示）。

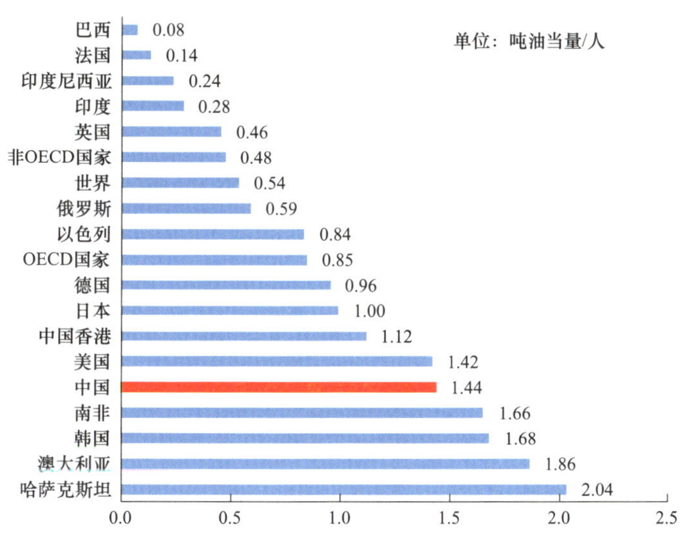

图 1-2-3 2014 年世界主要国家和地区人均煤炭消费量

数据来源：煤炭消费量数据来自《BP 世界能源统计 2015》(BP Statistical Review of World Energy 2015)，人口数据来自世界银行（ World Bank ）。

2014 年全球煤炭消费密度❶为 28.9 吨油当量/千米^2，中国煤炭消费密度为 204.4 吨/千米^2，是世界平均水平的 7.1 倍，是美国的 4.2 倍，是印度的 1.9 倍，约是韩国的 1/4，约是日本和以色列的 3/5，略低于德国，煤炭消费密

❶ 煤炭消费密度=煤炭消费量/国土面积。

度位居前五位的国家依次是韩国、日本、以色列、德国和中国（如图 1-2-4 所示）。

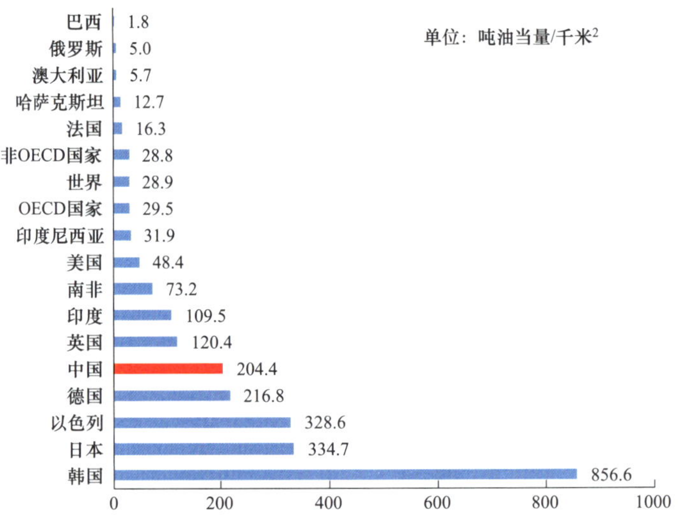

图 1-2-4 2014 年世界主要国家和地区煤炭消费密度

数据来源：根据 BP 及世界银行（World Bank）相关数据计算得到。

第二节 分部门煤炭消费

2015 年，随着煤炭消费总量继续下降，电力行业煤炭消费量比重明显下降，终端消费占比有所反弹，发电用煤比重下降，远低于世界平均水平。

一、主要耗煤行业煤炭消费量占比总体下降

近几年，新能源产业快速发展，风电、太阳能发电等再生能源装机持续上升，发电量占比不断提升，然而，由于国内外经济低迷，全社会用电量增长却呈现放缓趋势。2015 年中国发电设备平均利用小时为 3969 小时，同比降低 349 小时，其中，火电设备平均利用小时 4329 小时，同比降低 410 小时，皆是 1978 年以来的最低水平。钢铁、建材高耗能行业产能过剩严重，产品产量虽有下降，仍保持在相对高位，煤炭消费量比重小幅波动，属于传统煤化工产品的焦炭、合成氨、甲醇同样处于过剩状态，但化工行业煤炭消费量却出现增长。据中国煤炭运销协会数据，2015 年其他行业煤炭消费占比仅为 12.3%，比上年回升 0.3 个百分点，比 2010 年下降 2.8 个

百分点；四大耗煤行业煤炭消费量占比为 87.7%，其中，电力行业煤炭消费量占比 49.7%，比上年下降 0.8 个百分点，钢铁行业煤炭消费量占比 17.0%，比上年上升 0.2 个百分点，建材行业煤炭消费量占比 14.1%，比上年下降 0.6 个百分点，化工行业煤炭消费量占比 6.9%，比上年上升 0.9 个百分点（如图 1-2-5 所示）。

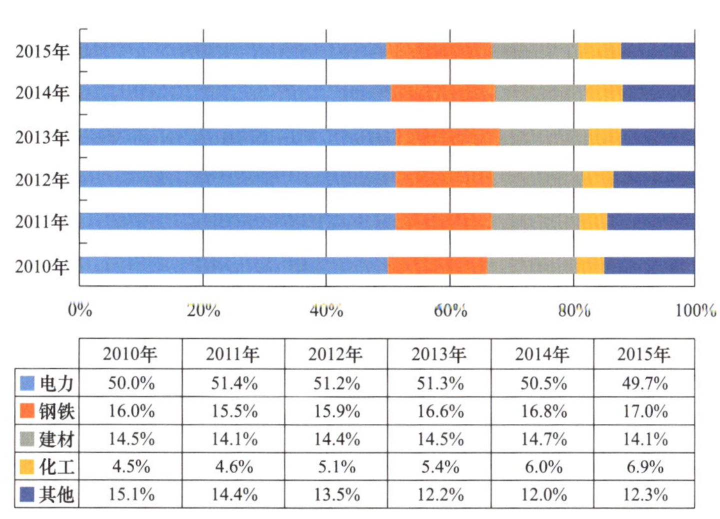

	2010年	2011年	2012年	2013年	2014年	2015年
电力	50.0%	51.4%	51.2%	51.3%	50.5%	49.7%
钢铁	16.0%	15.5%	15.9%	16.6%	16.8%	17.0%
建材	14.5%	14.1%	14.4%	14.5%	14.7%	14.1%
化工	4.5%	4.6%	5.1%	5.4%	6.0%	6.9%
其他	15.1%	14.4%	13.5%	12.2%	12.0%	12.3%

图 1-2-5　2010—2015 年中国主要耗煤行业煤炭消费占比

数据来源：中国煤炭运销协会。

二、发电用煤占比降至 50%以下，略低于世界平均水平

2015 年陆续发布了《工业领域煤炭清洁高效利用行动计划》、《煤炭清洁高效利用行动计划（2015～2020 年）》以及《关于规范煤制燃料示范工作的指导意见》（第二次征求意见稿），国家层面接连出台政策，旨在推动我国煤炭清洁利用发展，目标包括：全国新建燃煤发电机组平均供电煤耗低于 300 克标准煤/千瓦时，现役燃煤发电机组改造后平均供电煤耗低于 310 克/千瓦时，电煤占煤炭消费比重提高到 60%以上。燃煤发电是我国煤炭高效清洁利用的主要途径之一，上海外三发电厂的实践证明，煤电是完全可以做到清洁、高效和低排放的。但是，近年来，受电力需求减弱、清洁能源装机增加及节能减排等因素影响，电力行业煤炭消费量增长逐年放缓（如图 1-2-6 所示），发电用煤比重逐年下降，2015 年发电与供热耗煤量占全部煤炭消费量的比重由 2014 年的 50.5%降至 49.7%。

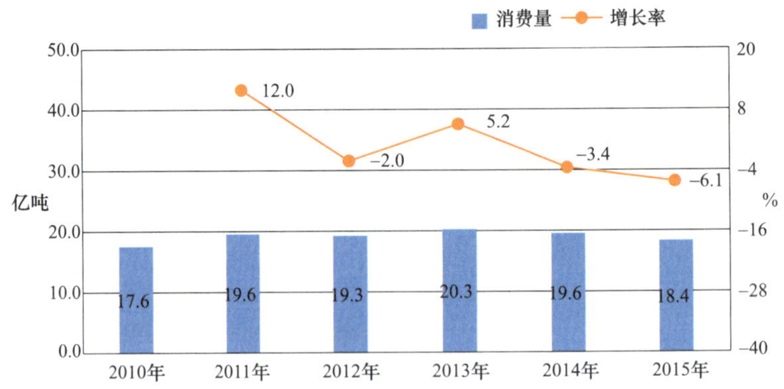

图 1-2-6　2010—2015 年中国电力行业煤炭消费量及增长率

数据来源：中国煤炭运销协会。

从世界主要国家和地区来看，大部分发达国家煤炭消费量的 80%以上用于发电。据世界能源署数据，2013 年，美国发电用煤比例达到 91.9%，澳大利亚达到 90.9%，OECD 国家平均水平为 80.0%；在发展中国家中，印度、俄罗斯、南非煤炭消费流向电力部门的比例也高于世界平均水平，中国电力行业用煤比例为 51.6%，低于世界平均水平 10.1 个百分点。（如图 1-2-7 所示）

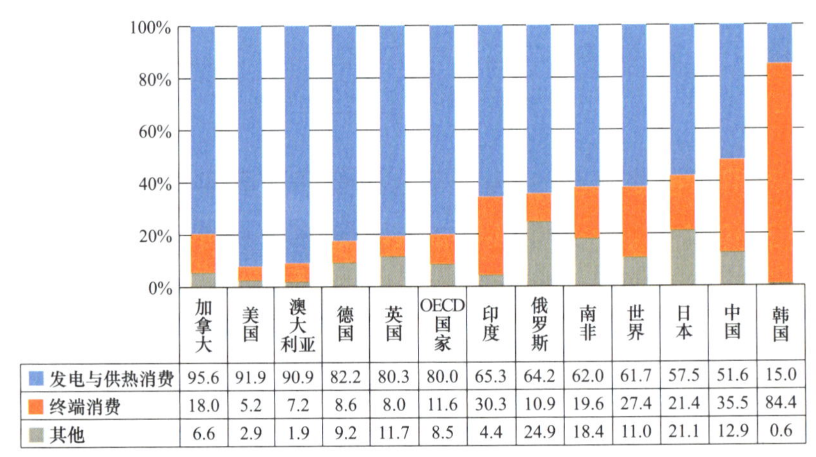

	加拿大	美国	澳大利亚	德国	英国	OECD国家	印度	俄罗斯	南非	世界	日本	中国	韩国
发电与供热消费	95.6	91.9	90.9	82.2	80.3	80.0	65.3	64.2	62.0	61.7	57.5	51.6	15.0
终端消费	18.0	5.2	7.2	8.6	8.0	11.6	30.3	10.9	19.6	27.4	21.4	35.5	84.4
其他	6.6	2.9	1.9	9.2	11.7	8.5	4.4	24.9	18.4	11.0	21.1	12.9	0.6

图 1-2-7　2013 年世界主要国家和地区分用途煤炭消费结构

数据来源：《IEA 世界能源平衡表 2015》（IEA,World Energy Balances.2015 Edition）。

在煤炭消费减量化和清洁利用的过程中，各国基本经历了油气替代、煤炭消费向大户集中、可再生能源替代、技术改造等几个过程。近年来，随着全球范围内的可再生能源飞速发展，发达国家发电用煤比重也呈现出下降趋势，2014 年 OECD 国家煤炭总发电量比 2013 年下降了 2.1%，这是近十年来 OECD 国家的最低纪录，其中主要国家发电量负增长明显。从世界范围来看，燃煤发电正呈现出被可再生能源发电“取代”的趋势。2014 年，可再生能源在世界各个区域都有显著增长，约 59%的全球净电力新增装机来自可再生能源，风电、太阳能光伏发电和水电在其中占绝对优势。据 IEA 统计，2014 年可再生能源已经成为仅次于煤炭的全球第二大电力来源。截至 2014 年底，全球发电装机中再生能源约占 27.7%，全球再生能源发电占电力总量的 22.8%，比 2009 年提高 4.8 个百分点，化石燃料及核能发电的比重逐渐下降。（如表 1-2-2 所示）

表 1-2-2　　2009—2014 年全球电力生产结构　　单位：%

	2009	2010	2011	2012	2013	2014
化石燃料及核能	82.0	80.3	79.7	78.3	77.9	77.2
再生能源发电	18.0	19.4	20.3	21.7	22.1	22.8
其中：水力发电	15.0	16.1	15.3	16.5	16.4	16.6

数据来源：《关键能源数据统计》。

第三章 石油消费

2015年，随着中国经济增速放缓和结构优化，一次能源消费出现30年来的首次负增长，全年一次能源消费总量估计为42.4亿吨标准煤，同比增速为-0.5%。能源结构进一步优化，煤炭占一次能源消费比重降至63.8%，比上年下降2.2个百分点；石油、天然气占比分别升至18.0%和5.9%；非化石能源消费占比升至12.3%，较上年提高1.1个百分点，其中水能、核能和其他可再生能源分别占8.7%、1.3%和2.3%。中国已成为世界可再生能源利用的第一大国。

2015年，中国石油表观消费量达到5.43亿吨，比上年增加0.3亿吨。作为全球第二大石油消费国，中国石油消费量占世界石油消费总量的12.3%左右。剔除新增石油储备和库存因素，估计实际石油消费增速为4.4%，较上年增加0.7个百分点，人均石油消费量仅为世界平均水平的65%左右。分部门看，工业用油比重趋于下降，交通运输业用油比重快速上升；分品种看，汽油、煤油消费快速增长，柴油消费持续低迷，柴汽比进一步下降。

2015年，中国成品油表观消费量（国家统计局口径，下同）估计为3.18亿吨，同比增长5.3%。成品油消费呈现“汽快煤高柴低”的特点。全年汽油表观消费量为1.16亿吨，同比增长10.1%；柴油表观消费量为1.74亿吨，同比增长0.8%；煤油表观消费量为0.28亿吨，同比增长17.2%。汽油成为拉动国内油品需求增长的主要驱动力。汽油需求增速呈现中部地区低、东西部地区高的态势，柴油增速出现中部正增长、东西部负增长的分化走势。

第一节 石油消费总量

2015年，随着中国经济增速放缓和结构优化，中国石油表观消费虽有所增加，但增速放缓。2015年中国石油表观消费量达到5.43亿吨，增长率约

5.4%（如图 1-3-1 所示），约占世界石油消费总量的 12.4%。整个“十二五”期间中国石油表观消费平均增速 4.7%，较“十一五”期间年平均增速（6.5%）低 1.8 个百分点。人均消费仅为 0.4 吨，为世界平均水平的 65%，约为美国的 14%、日本的 25%。中国成品油消费量 3.18 亿吨，同比增长 5.3%；“十二五”期间成品油消费年平均增速 6.2%，较“十一五”期间年平均增速（6.7%）低 0.5 个百分点。

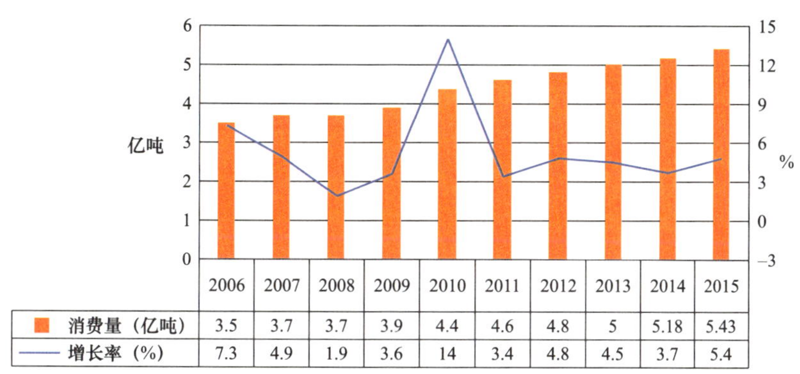

	2006	2007	2008	2009	2010	2011	2012	2013	2014	2015
消费量（亿吨）	3.5	3.7	3.7	3.9	4.4	4.6	4.8	5	5.18	5.43
增长率（%）	7.3	4.9	1.9	3.6	14	3.4	4.8	4.5	3.7	5.4

图 1-3-1　2006—2015 年中国石油消费总量与增长率

数据来源：2006—2014 年数据来自《中国能源统计年鉴 2015》，2015 年数据来源于《2015 年国民经济和社会发展统计公报》。

一、石油表观消费量 5.5 亿吨，增长率约 5.4%

2015 年中国石油消费总体延续过去几年的中低速增长态势，估计全年石油表观消费量为 5.43 亿吨，同比增长 0.3 亿吨，增速 4.8%，约占世界石油消费总量的 12.3%，排名世界第二。“十二五”期间平均增速 4.7%，较“十一五”期间年均增长率（6.5%）低 1.8 个百分点。从主要用油行业来看，2015 年汽车市场景气度下降，乘用车销量连降三个月，柴油车销量继续下滑。随着农业机械化程度的普遍提高，农机保有量增速放缓。交通运输业、制造业、工业、基建、电力等行业增长乏力，拖累了石油需求增长。

分月来看，2015 年 5 月、9 月、11 月、12 月石油表观消费量表现为均同比降低，其中 11 月降幅最大，高达 25.4%，12 月份降幅最小，仅为 1.27%；其余月份均表现为同比增长，其中 8 月增幅最高（53.16%），其表观消费量也最多，超过 6000 万吨，其余月份表现为略有增加，最小增幅为 4 月份，仅为 0.8%（如图 1-3-2 所示）。

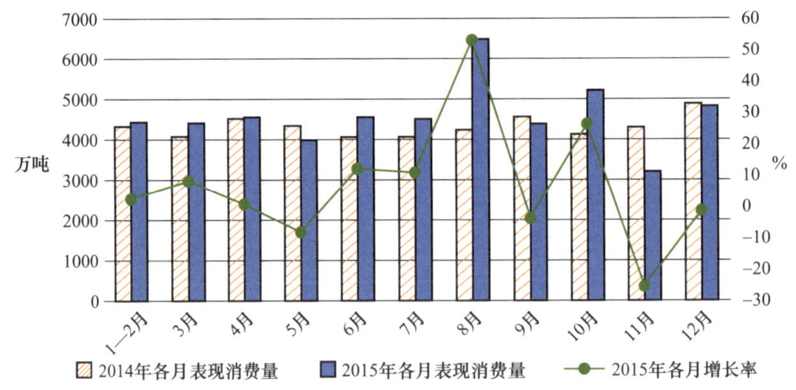

图 1-3-2 2014 及 2015 年各月中国石油表观消费量与增长率

注：1—2 月数值为 1—2 月平均值[1]

数据来源：根据国家统计局网站（http://www.stats.gov.cn/）及海关总署网站（http://www.customs.gov.cn/）相关数据计算得出。

从世界范围看，中国从 2002 年开始超过日本成为仅次于美国的世界第二大石油消费国，之后石油消费量一直居高不下，也稳居世界第二位。根据《BP 世界能源统计 2015》公布的统计结果，2014 年全球石油消费总量为 42.11 亿吨，日均消费 1153 万吨。石油消费量排名前五的国家分别是美国、中国、日本、印度和俄罗斯。其中，中国石油消费量占世界石油消费总量的比重约为 12.3%，相当于美国的 62.2%，是第三大石油消费国日本的 2.64 倍，是第四大石油消费国印度的 2.87 倍，是第五大石油消费国俄罗斯的 3.51 倍（如表 1-3-1 所示）。

表 1-3-1 2006—2014 年世界主要国家和地区石油消费总量 单位：亿吨

国家（地区）＼年份	2006	2007	2008	2009	2010	2011	2012	2013	2014	2014 年占比（%）
世界	39.59	40.17	39.99	39.23	40.42	40.85	41.33	41.79	42.11	100
OECD 国家	22.91	22.77	22.10	20.99	21.16	20.91	20.69	20.57	20.32	48.3
非 OECD 国家	16.68	17.40	17.89	18.24	19.6	19.94	20.64	21.22	21.79	51.7
美国	9.31	9.29	8.75	8.33	8.50	8.35	8.17	8.32	8.36	19.9
中国	3.51	3.69	3.76	3.88	4.38	4.60	4.83	5.04	5.20	12.3
日本	2.38	2.31	2.25	2.00	2.03	2.04	2.17	2.08	1.97	4.7
印度	1.28	1.38	1.45	1.53	1.55	1.63	1.74	1.75	1.81	4.3

[1] 为消除春季因素的影响，本报告所有分月表中，除增速外，1—2 月数据均为 1—2 月平均值。

续表

国家（地区）＼年份	2006	2007	2008	2009	2010	2011	2012	2013	2014	2014年占比（%）
俄罗斯	1.30	1.30	1.34	1.28	1.34	1.44	1.46	1.47	1.48	3.5
沙特阿拉伯	0.92	0.98	1.07	1.16	1.24	1.25	1.31	1.32	1.42	3.4
巴西	0.96	1.02	1.09	1.10	1.19	1.25	1.28	1.35	1.43	3.4
德国	1.24	1.13	1.19	1.14	1.15	1.12	1.11	1.13	1.12	2.7
韩国	1.05	1.08	1.03	1.04	1.05	1.06	1.09	1.08	1.08	2.6
加拿大	0.99	1.02	1.01	0.95	1.01	1.05	1.03	1.04	1.03	2.4
伊朗	0.88	0.89	0.93	0.96	0.87	0.88	0.90	0.95	0.93	2.2
墨西哥	0.90	0.92	0.92	0.89	0.89	0.90	0.92	0.90	0.85	2.0
法国	0.93	0.91	0.91	0.88	0.85	0.83	0.80	0.80	0.77	1.8
印尼	0.59	0.61	0.60	0.62	0.67	0.72	0.73	0.73	0.74	1.8
英国	0.82	0.80	0.78	074	0.74	0.71	0.71	0.69	0.69	1.6
新加坡	0.45	0.48	0.51	0.56	0.61	0.64	0.64	0.65	0.66	1.6
意大利	0.87	0.84	0.80	0.75	0.73	0.71	0.64	0.61	0.57	1.4
西班牙	0.79	0.80	0.78	0.73	0.70	0.69	0.64	0.59	0.60	1.4
泰国	0.45	0.45	0.44	0.46	0.48	0.49	0.52	0.52	0.53	1.3
澳大利亚	0.42	0.43	0.43	0.43	0.44	0.46	0.47	0.47	0.45	1.1
中国台湾	0.49	0.51	0.46	0.44	0.45	0.43	0.43	0.43	0.44	1.0

数据来源：《BP 世界能源统计 2015》（BP Statistical Review of World Energy 2015）。

从人均石油消费水平看，根据测算所得的 2014 年中国的年中人口数及石油消费量，计算得到 2014 年中国人均石油消费量为 380 千克，比 2013 年增加 24 千克，增速为 6.7%，约为世界人均消费量（0.58 吨）的 65.5%，约为美国（2.62 吨）的 14.5%，为日本（1.55 吨）的 24.5%（如图 1-3-3 所示）。

二、原油表观消费量 5.46 亿吨，同比增长 5.2%

根据国家统计局《2015 年国民经济与社会发展统计公报》，2015 年中国原油表观消费量[1]5.46 亿吨，比 2014 年增加 2700 万吨，同比增长 5.2%，增

[1] 本章中，原油表观消费量=原油产量+原油净进口量，原油产量为国家统计局口径。此处，原油包含天然原油和人造原油。

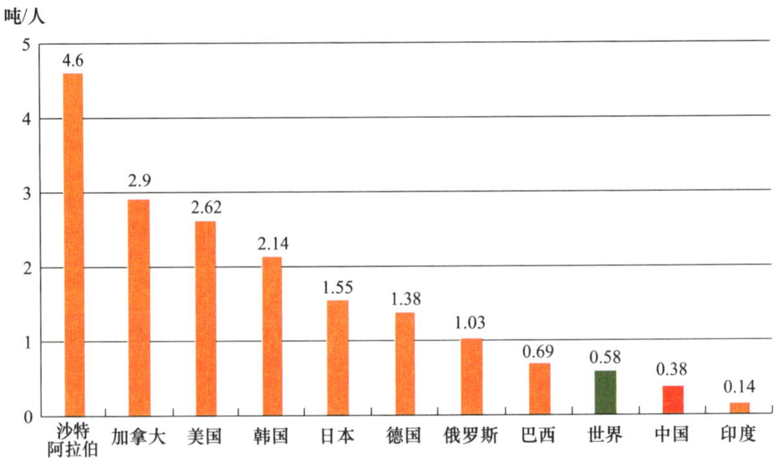

图 1-3-3　2014 年世界主要国家人均石油消费量

数据来源：中国数据源于国家统计局，经测算 2015 年人均石油消费量约为 0.40 吨；其他国家数据源于《BP 世界能源统计 2015》（BP Statistical Review of World Energy2015）。

长率较 2014 年回落 0.7 个百分点，较“十一五”期间平均增速低 1.7 个百分点。从年内走势看，国际油价是原油表观消费量增速波动的主导因素。“十二五”期间平均增长率为 5.5%，较“十一五”期间平均增长率（7.3%）低 1.8 个百分点（如图 1-3-4 所示）。

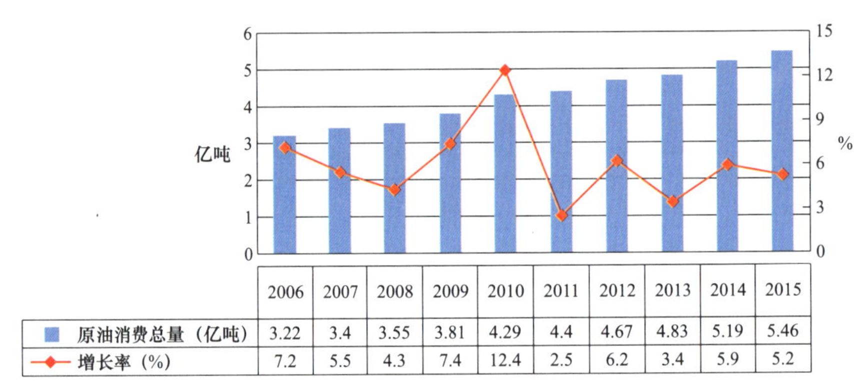

	2006	2007	2008	2009	2010	2011	2012	2013	2014	2015
原油消费总量（亿吨）	3.22	3.4	3.55	3.81	4.29	4.4	4.67	4.83	5.19	5.46
增长率（%）	7.2	5.5	4.3	7.4	12.4	2.5	6.2	3.4	5.9	5.2

图 1-3-4　2006—2015 年中国原油表观消费量及增速

数据来源：2006—2014 年数据根据历年《中国能源统计年鉴》计算得出，2015 年数据来自于中国石油经济技术研究院。

分月来看，2015 年 5 月和 11 月原油表观消费量[1]表现为同比下降，11 月份同比下降幅度较大，达到 19.46%；其余各月份均表现为同比增长，其中

[1] 计算各月原油表观消费量时，涉及的原油产量仅指天然原油产量。

10 月增幅最高（29.17%），其表观消费量也最多，9 月同比增长率最低，仅为 2.59%（如图 1-3-5 所示）。

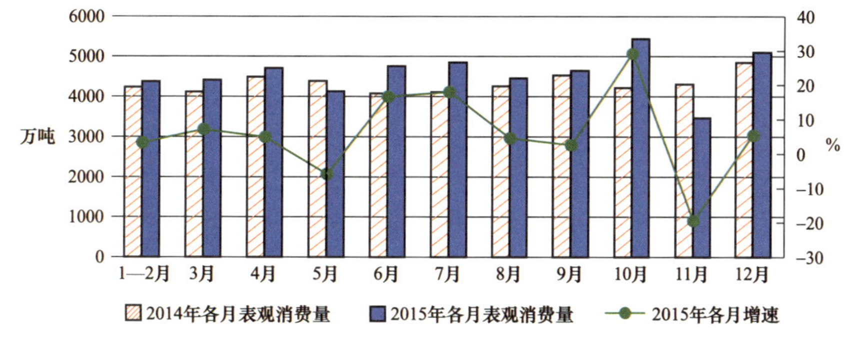

图 1-3-5 2014、2015 年各月中国原油表观消费量及增速

数据来源：根据国家统计局网站（http://www.stats.gov.cn）及海关总署网站（http://www.customs.gov.cn）数据计算得出。

三、成品油消费增速放缓，柴汽比进一步下降

2015 年中国宏观经济增长放缓、传统产业生产低迷、物流景气度降低，成品油消费整体延续中低速增长态势。各品种消费增速分化明显，柴汽比进一步下降。估计全年成品油消费量为 3.18 亿吨，比 2014 年增加 2400 万吨，同比增长 5.3%左右，较 2014 年增加 3.3 个百分点。“十二五”期间平均增速 6.2%，较“十一五”期间平均增速低 0.5 个百分点。分品种看，受经济增长放缓和结构调整双重抑制，工业及相关运输用油需求不振，柴油消费持续低迷，全年消费量约 17200 万吨，与 2014 年持平；由于乘用车市场需求旺盛，汽油消费持续刚性增长，全年消费量约 2900 万吨，增长 600 万吨，同比增长 26%；煤油方面，航空运输的快速增长为煤油消费带来有力支撑，全年煤油消费量约 1.16 亿吨，增长 1800 万吨，同比增长 18.4%。由于汽柴油消费增速明显分化，消费柴汽比进一步下降（如图 1-3-6 所示）。

分月来看，2015 年 11 月和 12 月成品油表观消费量表现为同比下降，但降幅较小，分别为 2.53%和 2.32%，其他月份均表现为同比增长。其中 5 月增幅最高，达到 14.2%，表观消费量仅次于 3 月，位居第二，3 月的表观消费量最多，达到 2887.2 万吨，其增幅也较大，达到 10.97%；6 月、7 月和 8 月增幅较大，分别为 6.49%、9.4%和 8.63%，其表观消费量分别为 2847.2 万吨、2776.9 万吨和 2807.2 万吨，其余月份增长率均未超过 3%（如图 1-3-7 所示）。

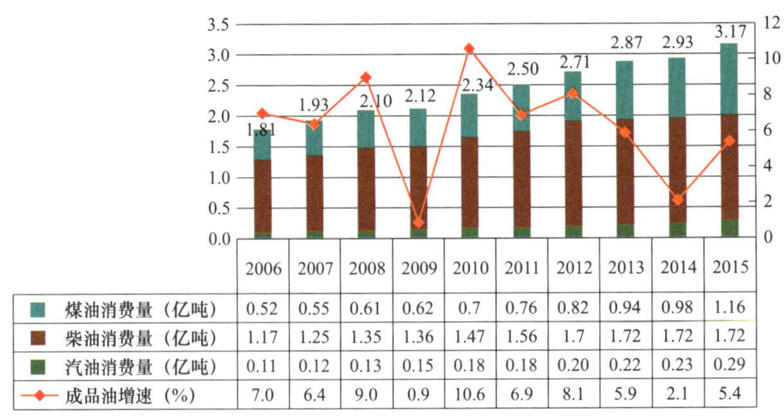

	2006	2007	2008	2009	2010	2011	2012	2013	2014	2015
煤油消费量（亿吨）	0.52	0.55	0.61	0.62	0.7	0.76	0.82	0.94	0.98	1.16
柴油消费量（亿吨）	1.17	1.25	1.35	1.36	1.47	1.56	1.7	1.72	1.72	1.72
汽油消费量（亿吨）	0.11	0.12	0.13	0.15	0.18	0.18	0.20	0.22	0.23	0.29
成品油增速（%）	7.0	6.4	9.0	0.9	10.6	6.9	8.1	5.9	2.1	5.4

图 1-3-6　2006—2015 年中国成品油消费量

数据来源：2006—2014 年数据来自《中国能源统计年鉴 2015》和《中国能源统计年鉴 2014》，2015 年数据为测算得出的表观消费量，并同口径计算增速。

注：成品油包括汽油、柴油和煤油。

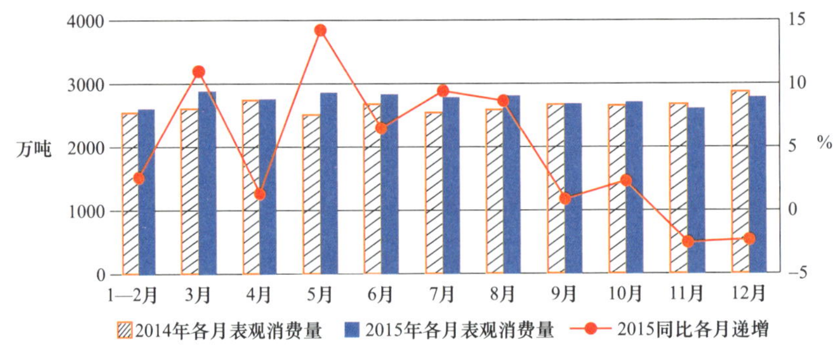

图 1-3-7　2014、2015 年各月中国成品油表观消费及增速

数据来源：根据国家统计局网站（http://www.stats.gov.cn/）及海关总署网站（http://www.customs.gov.cn/）数据计算得出。

第二节　分部门石油消费

国际上，石油终端主要集中在交通运输领域，占比逐年上升。按照国际能源署（IEA）的统计口径，2013 年全球消费中交通用油的比重为 64.3%，较前一年增长 0.6 个百分点。作为第一大石油消费国的美国，交通用油比重为 76.5%，较上年下降 0.4 个百分点。中国交通用油占比为 52.9%，较前一年上升 1 个百分点，但仍比世界平均水平低 11.3 个百分点，在金砖国家中高于俄罗斯（48.9%）和印度（47.9%），排在南非（71.5%）与巴西（62.2%）之后（如图 1-3-8 所示）。

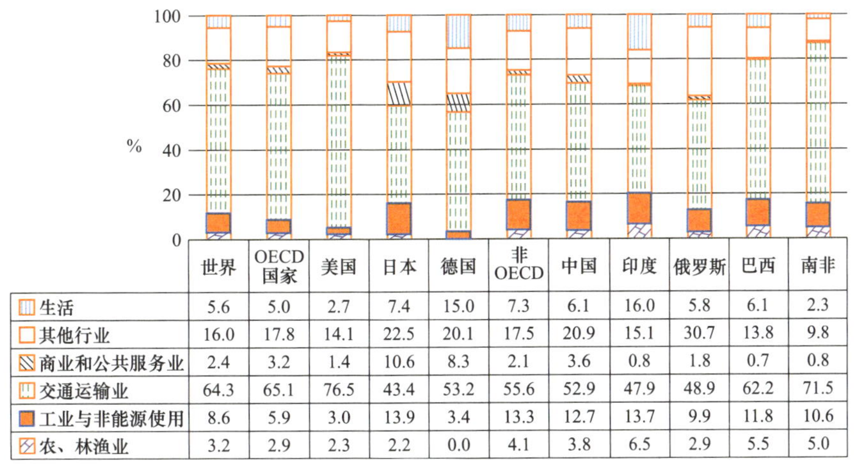

	世界	OECD国家	美国	日本	德国	非OECD	中国	印度	俄罗斯	巴西	南非
生活	5.6	5.0	2.7	7.4	15.0	7.3	6.1	16.0	5.8	6.1	2.3
其他行业	16.0	17.8	14.1	22.5	20.1	17.5	20.9	15.1	30.7	13.8	9.8
商业和公共服务业	2.4	3.2	1.4	10.6	8.3	2.1	3.6	0.8	1.8	0.7	0.8
交通运输业	64.3	65.1	76.5	43.4	53.2	55.6	52.9	47.9	48.9	62.2	71.5
工业与非能源使用	8.6	5.9	3.0	13.9	3.4	13.3	12.7	13.7	9.9	11.8	10.6
农、林渔业	3.2	2.9	2.3	2.2	0.0	4.1	3.8	6.5	2.9	5.5	5.0

图 1-3-8 2013 年分行业终端石油消费结构的国际比较

数据来源：根据国际能源署《IEA 世界能源平衡表 2013》（IEA,World Energy Balances.2013Edition）计算得到。

中国的石油消费主要集中在交通运输业和工业。2014 年第一产业消费石油 1717.7 万吨，同比增长 4.1%，占石油消费总量比重的 3.3%，与上年持平；工业消耗石油 18217.5 万吨，同比上升 3.5%，用油比重下降 0.1 个百分点降至 35.1%，是石油第二大消费部门；建筑业消耗石油 3311.9 万吨，同比增长 7.2%，用油比重小幅增长 0.1 个百分点，升至 6.3%，是石油消费增长较快的部门；交通运输、仓储和邮政业消耗石油 19546.9 万吨，同比增长 3.0%，用油比重略有下降，占 37.7%，继续占领石油第一大消费部门；生活用油比重增加 0.7 个百分点，占比达到 10.2%（如表 1-3-2 所示）。

表 1-3-2 2009—2014 年我国分行业石油消费量与比重 单位：万吨，%

年份	2009		2010		2011	
总消费量	38384.5		43245.2		45378.5	
农、林、牧、渔、水利业	1308	3.4%	1383	3.2%	1466	3.2%
工业	15693	40.9%	18149	42.0%	18005	39.7%
建筑业	1942	5.1%	2345	5.4%	2522	5.6%
交通运输、仓储和邮政业	13549	35.3%	14870	43.4%	16021	35.3%
批发、零售业和住宿、餐饮业	430	1.1%	481	1.1%	500	1.1%
其他	2296	6.0%	2557	5.9%	2880	6.3%
生活消费	3167	8.3%	3461	8.0%	3984	8.8%

续表

年份	2012		2013		2014	
总消费量	47650.5		49971.6		51814.2	
农、林、牧、渔、水利业	1538	3.2%	1650.3	3.3%	1717.7	3.3%
工业	17673	37.1%	17594.6	35.2%	18217.5	35.1%
建筑业	2699	5.7%	3090.6	6.2%	3311.9	6.3%
交通运输、仓储和邮政业	17839	37.4%	18967.6	38.0%	19546.9	37.7%
批发、零售业和住宿、餐饮业	542	1.1%	565.4	1.1%	563.2	1.1%
其他	3068	6.4%	3349.7	6.7%	3152.0	6.1%
生活消费	4292	9.0%	4752.4	9.5%	5305.2	10.2%

数据来源：《中国能源统计年鉴 2015》。

中国主要消费的石油制品有汽油、柴油、煤油和燃料油，不同油品分部门消费结构有一定差别。根据中石化经济技术研究院统计数据表明：中国的石油消费也主要集中于工业和交通运输业。改革开放 30 多年来，我国坚持资源节约和结构调整，使石油消费的行业结构发生了明显变化，由以工业消费为主转变为以工业消费和运输业消费并重。近年来，工业用油比重趋于下降，交通运输业用油比重持续上升。分品种看，2015 年柴油消费量达到 1.72 亿吨，占成品油消费的 54.3%；汽油消费量为 1.16 亿吨，占 36.6%；煤油消费量为 2879 万吨，占 9.1%。柴油车和汽油车分别占柴油和汽油消费的 69.1%和 90.6%。消费柴汽比为 1.5：1（如图 1-3-9 所示）。数据显示，工业和运输业是我国石油消费的行业大户，历年两者合计占石油消费总量的比例为 75%—80%。

2014 年汽油消费主要集中在交通运输和居民生活消费，所占比重分别为 47.7%和 21.6%，工业汽油消费比重仅为 5.0%，较上年的 5.6%继续下滑；柴油消费主要集中在交通运输和工农业，所占比重分别为 64.4%和 18.0%，生活消费比重为 5.7%；煤油消费绝大部分集中在交通运输，占比继续攀升，高达 94.9%；燃料油消费主要集中在工业和交通运输业，比重分别为 64.4%和 33.8%。从趋势上看，成品油用于运输的比重不断提高，而用于其他领域的比重趋于下降。

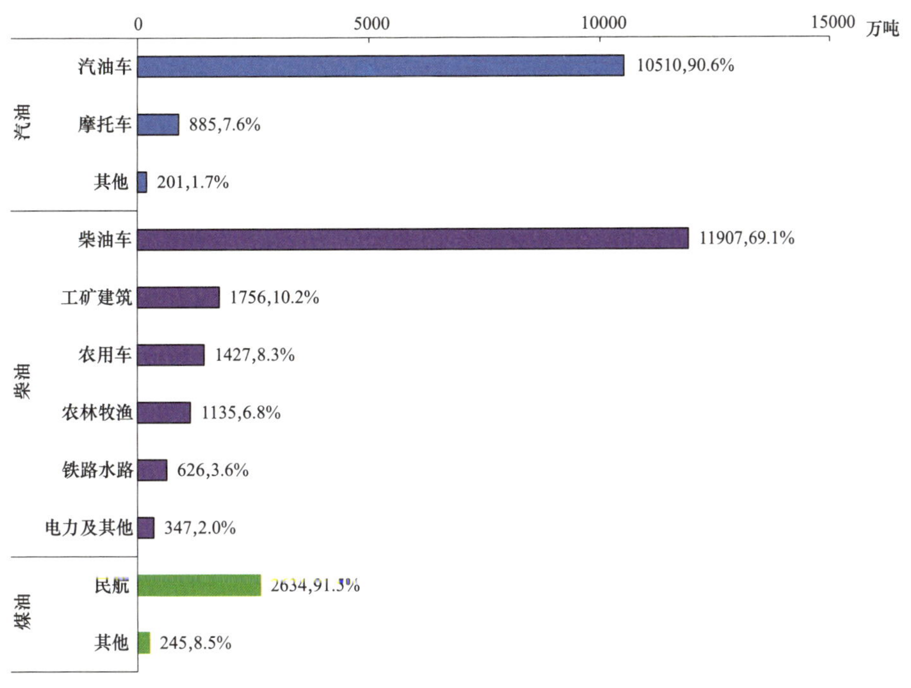

图 1-3-9 2015 年中国成品油消费结构

数据来源：成品油消费数据为测算得出的表观消费量，汽柴油分类数据源于中石化经济技术研究院。

表 1-3-3 2014 年主要石油产品分行业消费结构 单位：%

行业	汽油	柴油	煤油	燃料油
农、林、牧、渔业	2.2	8.7	0.0	0.1
工业	5.0	9.3	0.7	64.4
建筑业	3.3	3.2	0.5	1
交通运输、仓储和邮政业	47.7	64．4	94.9	33.8
批发、零售业和住宿、餐饮业	2.2	1.34	0.5	0.4
其他	17.8	7.3	2.2	0.3
生活消费	21.6	5.7	1.2	0.0

数据来源：《中国能源统计年鉴 2015》。

第四章 天然气消费

2015 年中国天然气消费增速明显放缓，同比增速仅为 3.3%，创历史新低。“十二五”期间年平均增速 12.3%，较“十一五”期间年均增速降低 6 个百分点。分部门来看，天然气消费主要集中在工业和城市燃气部门，2015 年天然气需求进一步向民用方向转变。

第一节 天然气消费总量

2015 年中国天然气消费总量同比增加 61 亿立方米，日均消费量同比增加 0.2 亿立方米，人均消费量同比增加 0.3 亿立方米。根据 BP 的统计数据，2015 年天然气消费总量位居世界第三，而人均天然气消费水平仅为世界平均水平的 29%，远低于发达国家。

一、天然气消费同比增长 3.3%，日均消费 5.3 亿立方米

2015 年中国天然气消费量继续增长，达到 1930 亿立方米，较 2014 年增加 61 亿立方米，同比增长 3.3%，比煤炭的消费增速高，但比石油的消费增速低。与 2014 年相比，2015 年增长率下降了 6.3 个百分点，是 2000 年以来的最低水平（如图 1-4-1 所示）。

根据国家发展改革委的统计数据，分季度看，2015 年一季度因低温导致天然气消费量较高，天然气月均消费量为 167 亿立方米，同比增加 4.8%；二季度为天然气传统消费淡季，月均消费量与上一年基本持平，为 135 亿立方米；三季度较二季度有所升高，月均消费量为 141 亿立方米，同比增加 6%；四季度因冬季供暖需求增加，月均消费量为 185 亿立方米，比去年增加 18 亿立方米。

二、天然气消费约占世界总量的 5.4%，人均消费量不到世界平均水平的 29%

根据 BP 统计数据，2014 年全球天然气消费总量为 33930 亿立方米，其中中国天然气消费量为 1855 亿立方米，占全球天然气消费总量的 5.4%。在

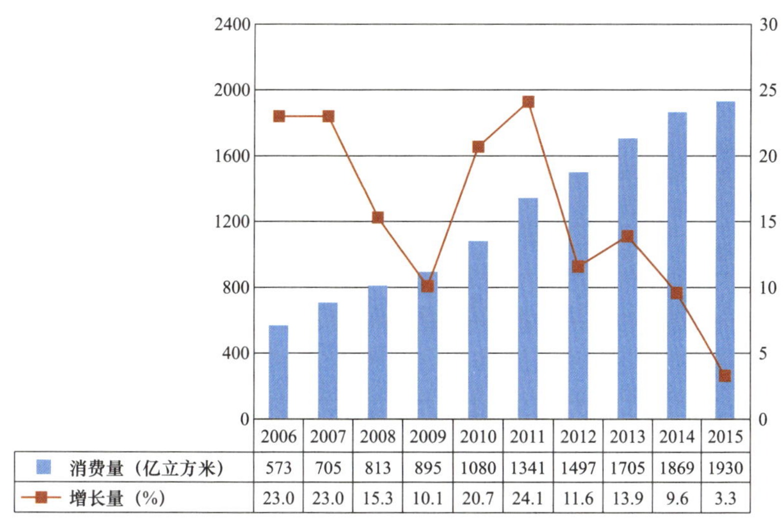

图 1-4-1 2006—2015 年中国天然气消费及增速

数据来源：2006—2014 年数据来自《中国能源统计年鉴 2015》和《中国能源统计年鉴 2014》，2015 年数据来自《2015 年国民经济和社会发展统计公报》。

世界天然气消费量排名中，中国首次超越伊朗，居美国、俄罗斯之后，排名第三。但中国天然气消费量仅为美国（7594 亿立方米）的 24%、俄罗斯（4092 亿立方米）的 45%，略超伊朗 153 亿立方米，超额部分不到其总量的 1%（见表 1-4-1 所示），与发达国家差距比较明显。

表 1-4-1 2008—2014 年世界及主要国家（地区）天然气消费总量 单位：亿立方米

国家（地区）	2008	2009	2010	2011	2012	2013	2014	2014 年占比（%）
世界	30482	29699	31937	32653	33458	3381	33930	100
OECD 国家	15007	14586	15524	15421	15804	16097	15786	46.70
非 OECD 国家	15475	15113	16413	17232	17654	17713	18143	53.30
美国	6591	6487	6821	6931	7232	7399	7594	22.70
俄罗斯	4160	3896	4141	4246	4162	4135	4092	12
伊朗	1348	1432	1529	1624	1615	1594	1702	5.00
中国	840	925	1105	1349	1512	1708	1855	5.40
日本	937	874	945	1055	1135	1135	1125	3.30
加拿大	961	949	950	1009	1003	1039	1042	3.10
沙特阿拉伯	804	785	877	923	993	1000	1082	3.20

续表

国家（地区）	2008	2009	2010	2011	2012	2013	2014	2014 年占比（%）
德国	812	780	833	745	784	825	709	2.10
墨西哥	663	722	725	766	799	847	858	2.50
英国	938	871	942	782	739	734	667	2
阿拉伯联合酋长国	595	591	608	632	656	668	693	2
意大利	778	715	762	714	687	642	568	1.70
韩国	357	339	430	463	502	525	478	1.40
泰国	374	392	451	466	513	523	527	1.50
印度	415	524	627	635	592	514	506	1.50
埃及	408	425	451	496	526	514	480	1.40

数据来源：《BP 世界能源统计 2015》（BP Statistical Review of World Energy 2015）。

尽管中国天然气消费总量居于世界前列，但人均天然气消费量远低于世界平均水平。2014 年世界天然气人均消费量为 467 立方米，其中，中国人均天然气消费量约为 137 立方米，仅为世界平均水平（467 立方米）的 29%、美国（2382 立方米）的 5.8%、俄罗斯（2845 立方米）的 4.8%（如图 1-4-2 所示）。

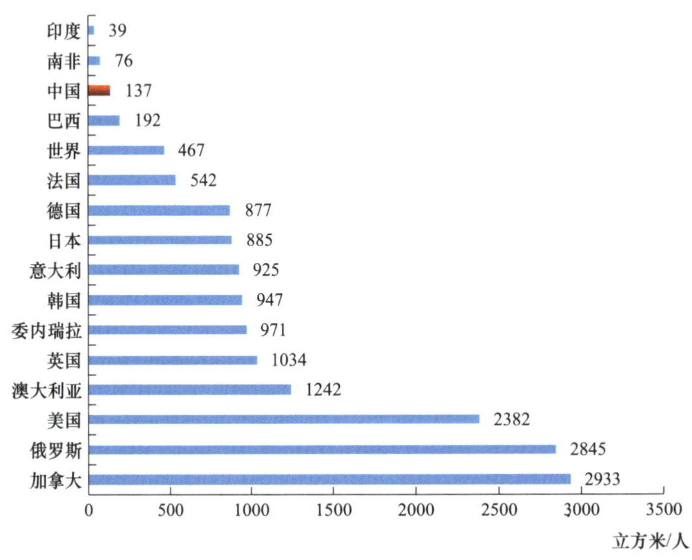

图 1-4-2　2014 年世界主要国家人均天然气消费量比较

数据来源：中国数据来自中国国家统计局，其他国家数据来自《BP 世界能源统计 2015》（BP Statistical Review of World Energy 2015）。

第二节　分部门天然气消费

中国的天然气消费主要集中在工业、城市燃气和发电部门，2015年的消费比重分别达到36.8%、34.3%、16.1%，与2013年（16%、31%、16%）相比，天然气消费进一步向民用方向转变。

一、天然气消费主要集中在工业、城市燃气部门，城市用气比重大幅上升，化工用气出现大幅下降

2000年以来，随着陕京线、西气东输、川气东送等长距离的管道建成和投产、城市配气管网等基础设施的完善以及大气污染治理行动的推进，中国的天然气消费结构正在逐步从原来的工业生产消耗为主的结构向多元化用气结构转变，城市燃气和发电用气增长迅速。近年来，随着城市供暖煤改气的大力推广和各地区LNG（液化天然气）公交车、CNG（压缩天然气）出租车的快速发展，城市燃气消费量快速增长。同时，伴随珠三角、长三角等地燃气电站的相继建成运行，发电用气量也在每年大幅增长。2015年工业燃料部门天然气消费量710亿立方米，占36.8%；城市燃气消费量662亿立方米，占34.3%；发电用气消费量311亿立方米，占16.1%；化工行业247亿立方米，占12.8%。中国的天然气消费主要集中在工业、居民生活和交通部门，如图1-4-3所示，与2000年相比，城市燃气成为中国天然气消费发展最快速的行业，消费占比从2000年的17%提高至2015年的34.3%。另一方面，化工用气和工业燃料用气总和从2000年的78%下降到49.6%，天然气消费完成了从工业向民用的根本性转变。

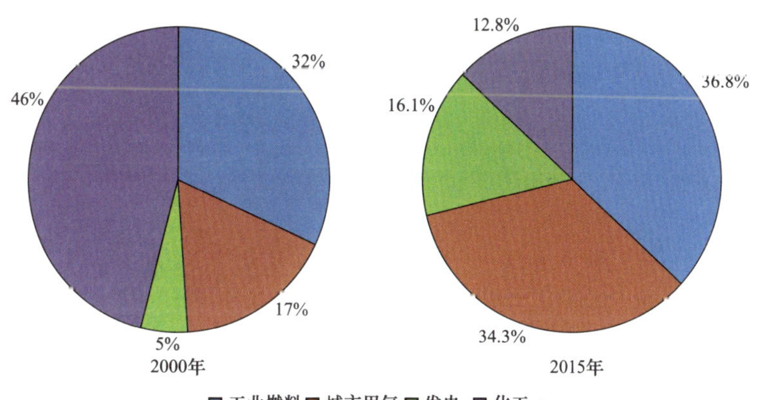

图1-4-3　2000年和2015年中国行业天然气消费比重

数据来源：课题组内部数据。2015年数据为预计数。

分地区来看，经济发达程度对天然气消费影响明显。全国各省市自治区（除西藏）中排名前五名的城市依次为新疆、四川、广东、江苏、北京，排名后五名的城市为云南、广西、贵州、江西、宁夏。排名靠后的城市，其经济发达程度相对比较落后，自然在工业燃气、化工等部门用气量相对较少。东、中、西部天然气消费量分别为 883 立方米、300 亿立方米和 643 亿立方米，分别占全国的 48.4%、16.4%和 35.2%；人均天然气消费量分别为 159 亿立方米、71 亿立方米和 179 亿立方米，分别为全国平均水平的 1.2 倍、51.55%和 1.3 倍（如图 1-4-4 所示）。

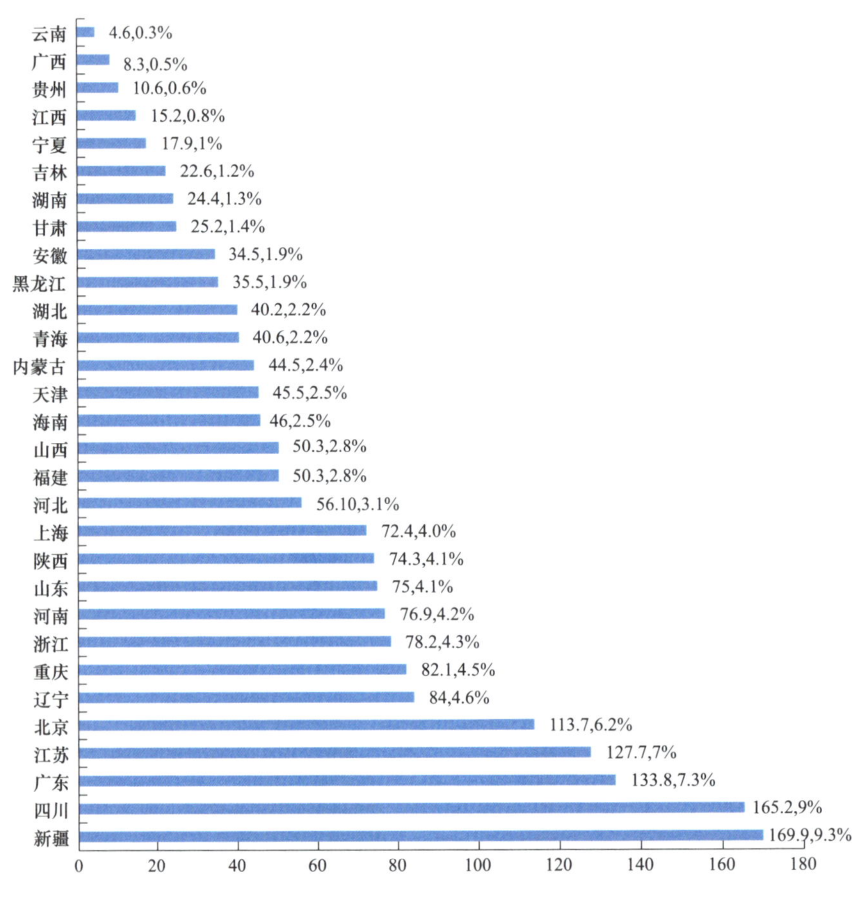

图 1-4-4　中国分地区天然气消费量

数据来源：《中国能源统计年鉴 2015》，进行分地区比较时按各省区市数据进行核算。

二、终端消费中交通运输业比重高于发达国家，发电和服务业比重偏低

与世界平均水平尤其是发达国家的天然气消费情况相比，中国的天然气终端消费结构中，用于公共服务业和发电的比重偏低，交通运输业和非燃料

使用的比重相对较高。根据 IEA 统计数据，2013 年中国工业天然气消费比重为 50.3%，比世界平均水平高 1.5 个百分点；商业和公共服务业占比 5.3%，比世界平均水平和 OECD 国家分别低 1.3 和 6.3 个百分点；交通运输业消费比重为 8.8%，比世界平均水平和 OECD 国家分别高出 5.5 和 6.7 个百分点，明显高于美、日两国；发电用天然气占比 15.4%，分别较世界和 OECD 国家低 10.2 和 11.2 个百分点；居民用气比重为 19.2%，略高于世界平均水平，比 OECD 国家低 0.2 个百分点（如图 1-4-5 所示）。

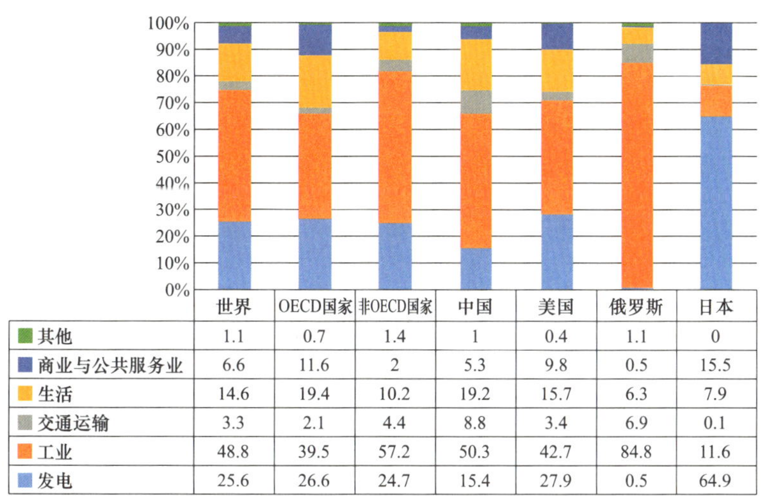

	世界	OECD国家	非OECD国家	中国	美国	俄罗斯	日本
其他	1.1	0.7	1.4	1	0.4	1.1	0
商业与公共服务业	6.6	11.6	2	5.3	9.8	0.5	15.5
生活	14.6	19.4	10.2	19.2	15.7	6.3	7.9
交通运输	3.3	2.1	4.4	8.8	3.4	6.9	0.1
工业	48.8	39.5	57.2	50.3	42.7	84.8	11.6
发电	25.6	26.6	24.7	15.4	27.9	0.5	64.9

图 1-4-5　2013 年分用途天然气终端消费结构的国际比较

数据来源：《IEA 世界能源平衡表 2013》（IEA,World Energy Balances.2013Edition）。

第五章　电力消费

2015 年中国全社会用电量增长继续放缓，增速较上年下降 2.9 个百分点。第一、三产业及居民生活用电量较 2014 年小幅度增长，同比分别增长 2.5%、7.5%和 5.0%，增速分别上升 2.7、1.1、2.8 个百分点；第二产业用电量较上年同比下降 1.4%，40 年来首次负增长，行业消费结构呈现小幅调整态势。

2015 年中国单位 GDP 用电量为 932 千瓦时/万元，同比下降 5.9%；单位用电量创造的 GDP 为 12.2 元/千瓦时，较上年提高 2.1 元/千瓦时。电力消费弹性系数为 0.07，较 2014 年下降 0.44。

第一节　电力消费总量

2015 年中国全社会用电量增速仅为 0.5%，“十二五”期间年平均增速明显低于“十一五”期间年平均增速。从年内运行情况看，2015 年全年整体运行平稳，无较大波动。电量消费结构有小幅度调整。从世界范围看，2015 年中国用电量约占世界电力消费总量的 24%，是世界第一大电力消费国，但人均用电量不及发达国家的一半。

一、全社会用电量同比增长 0.5%，人均用电量 4057 千瓦时

2015 年中国全社会用电量 55500 亿千瓦时，同比增长 0.5%，用电总量基本与上年持平，增速较上年回落 3.3 个百分点，继续放缓（如图 1-5-1 所示）。日均用电量 152.05 亿千瓦时（按 365 天/年计算），同比提高 0.5%；人均用电量 4057 千瓦时（人口数按国家统计局 2014 年人口统计 13.68 亿人计算）。2015 年全社会用电量增速远低于“十一五”期间（11.1%），跌至近十年来最低增速。“十二五”期间年均增速 6.4%，较“十一五”期间年均增速低 4.7 个百分点（如图 1-5-1 所示）。

从世界范围看，根据 2014 年国际能源署 OECD 国家及非 OECD 国家能源平衡表数据，中国用电总量约占世界用电量的 24%，是世界第一电力消费国。人均用电量与世界平均水平基本持平，远低于发达国家（如表 1-5-1 所示）。

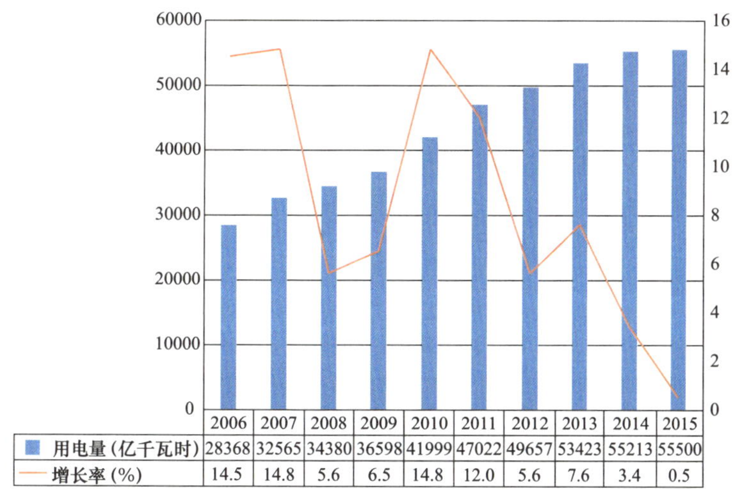

	2006	2007	2008	2009	2010	2011	2012	2013	2014	2015
用电量（亿千瓦时）	28368	32565	34380	36598	41999	47022	49657	53423	55213	55500
增长率（%）	14.5	14.8	5.6	6.5	14.8	12.0	5.6	7.6	3.4	0.5

图 1-5-1 2006—2015 年全社会用电量增速

数据来源：2006—2013 年数据源于中国电力企业联合会历年《电力工业统计资料汇编》，2014—2015 年数据源于《2015 年电力工业统计快报》，并同口径计算增速。

对比各月用电情况，2015 年全年电力消费同比增长总体平稳。与 2014 年相比，2015 年上半年全社会用电量增幅处于缓升状态，同比增幅在 3%—7%之间；7—9 月呈现先下降后回升、又下降的小幅度波动，7 月甚至出现负增长 1.3%；9—11 月增幅表现出低谷停留、回升缓慢姿态，增速分别为–0.2%、–0.2%和 0.6%（如图 1-5-2 所示）。

图 1-5-2 2013、2014、2015 年各月用电量同比增速

注：1—3 月为 1—3 月增速平均值。

数据来源：国家能源局网站（http://www.nea.gov.cn/）和中国电力企业联合会统计数据。

二、用电量占世界电力消费总量的 24%，人均用电量远低于发达国家

根据中国电力企业联合会和国际能源署（IEA）的统计数据，2015 年全世界用电量 231250 亿千瓦时，其中，中国（55500 亿千瓦时）占 24%。2014 年中国人均用电量 3885 千瓦时，约为世界人均用电量的 1.3 倍，但仅为加拿大人均用电量的 26%，为美国的 30%。从人均用电量来看，中国与发达国家相比还有很大差距（如表 1-5-1 所示）。

表 1-5-1　2014 年全社会用电量及人均用电量的国际比较

国家（地区）	用电量（亿千瓦时）	人均用电量（千瓦时/人）	占比（%）
世界	221310	3058	100.0
OECD 国家	100870	7949	45.6
非 OECD 国家	120440	2018	54.4
中国	53190	3885	24.0
美国	41390	12975	18.7
印度	10480	809	4.7
俄罗斯	9450	6608	4.3
日本	9780	7701	4.4
德国	5520	6815	2.5
巴西	5360	2602	2.4
加拿大	5410	15028	2.4
韩国	5190	10380	2.3
法国	4560	7125	2.1
英国	3300	5156	1.5
意大利	3030	5050	1.4
墨西哥	3160	2528	1.4
西班牙	2460	5348	1.1
南非	2290	4241	1.0
澳大利亚	2340	9750	1.1

注：中国数据来源于国际能源署（IEA），为 2014 年数据，与中国国家统计局统计数据差异主要是扣除了线损。

数据来源：国网能源研究院《2016 全球能源分析与展望》。

第二节　分行业电力消费

2015 年中国第一、三产业及居民生活用电量较 2014 年小幅度增长，第

二产业用电量较上年略有下降，行业消费结构呈现小幅调整态势。从世界范围看，2012 年中国工业用电比重高出世界平均水平 21.2 个百分点，但商业、居民生活用电比重低于美国等发达国家。

一、第二产业用电量小幅度下降，第一、三产业及居民生活用电均有明显增长，用电量结构略有变化

2015 年第一产业用电量 1020 亿千瓦时，同比增长 2.5%；第二产业用电量 40046 亿千瓦时，同比下降 1.4%，这是 40 年来首次负增长；第三产业用电量 7158 亿千瓦时，同比增长 7.5%；城乡居民生活用电 7276 亿千瓦时，同比增长 5.0%。从增速变化来看，除第二产业显示负增长外，第一、三产业和居民生活用电增速均小幅度上升，分别上升 2.7、1.1、2.8 个百分点（如图 1-5-3 所示）。

图 1-5-3 2006—2015 年三次产业及居民生活用电量增速

数据来源：2006—2013 年数据来自《电力工业统计资料汇编》，2014、2015 年数据来自国家能源局网站（http://www.nea.gov.cn/）。

从结构上看，2015 年第一产业用电量占全社会用电总量的比重为 1.8%，与上年持平；第二产业用电总量比重为 72.2%，较上年下降 1.4 个百分点，其中钢铁、有色、建材、化工四大高耗能行业合计用电量约占第二产业用电量的 41.7%；第三产业用电量比重为 12.9%，较上年提高 0.8 个百分点；居民生活用电量比重为 13.1%，较上年提高 0.6 个百分点（如图 1-5-4 所示）。

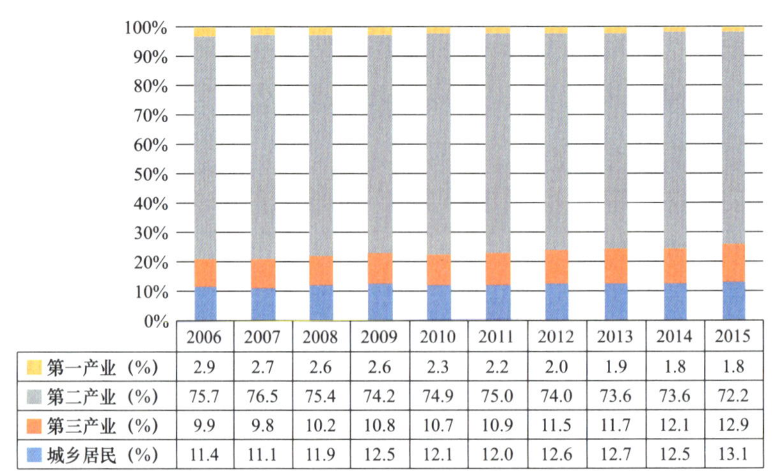

	2006	2007	2008	2009	2010	2011	2012	2013	2014	2015
第一产业（%）	2.9	2.7	2.6	2.6	2.3	2.2	2.0	1.9	1.8	1.8
第二产业（%）	75.7	76.5	75.4	74.2	74.9	75.0	74.0	73.6	73.6	72.2
第三产业（%）	9.9	9.8	10.2	10.8	10.7	10.9	11.5	11.7	12.1	12.9
城乡居民（%）	11.4	11.1	11.9	12.5	12.1	12.0	12.6	12.7	12.5	13.1

图 1-5-4　2006—2015 年三次产业及居民生活用电量比重

注：由于数据四舍五入，部分年份占比之和不等于 100%。

数据来源：2006—2014 年数据来自历年《电力工业统计资料汇编》，2015 年数据来自国家能源局发展规划司《能源数据分析手册 2015》。

第二产业是国民经济的主要产业部门，也是国民经济增长的主要动力源，包括采矿业、制造业、电力、燃气及水的生产和供应业、建筑业等。第二产业用电量低迷，反映出第二产业以及国民经济的整体发展态势。第二产业用电量的下降，也造成了全社会用电量的低速增长。固定资产投资特别是房地产投资增速持续放缓，导致黑色金属冶炼和建材行业的用电量同比分别下降 9.3%和 6.7%，两行业用电下降合计下拉全社会用电量增速 1.3 个百分点，是第二产业用电量下降、全社会用电量低速增长的主要原因。

从分地区用电量来看，2015 年东部、中部、西部用电量分别为 28665 亿千瓦时、11978 亿千瓦时和 14857 亿千瓦时，分别占全社会用电量的 51.6%、21.6% 和 26.8%；东部地区比重继续呈下降趋势。分省看，广东、江苏、山东、浙江和河北用电量均超过 3000 亿千瓦时，合计占全国用电量的 38.6%（如图 1-5-5 所示）。

二、工业用电比重高于世界平均水平 21.2 个百分点，商业、居民用电比重偏低

从世界范围看，中国工业用电比重偏高，商业、居民用电比重偏低。根据国际能源署（IEA）的统计数据，2012 年中国工业用电量占全社会用电总量的 73.2%，比世界平均水平高出 21.2 个百分点，比 OECD 国家高出 31.5 个百分点，比美国高出 39.6 个百分点；商业与公共服务、居民生活用电量分别占全社会用电总量的 4.9%和 12.5%，分别低于世界平均水平 14.1 和 9.9 个

百分点，低于 OECD 国家 22.6 和 14.5 个百分点（如表 1-5-2 所示）。

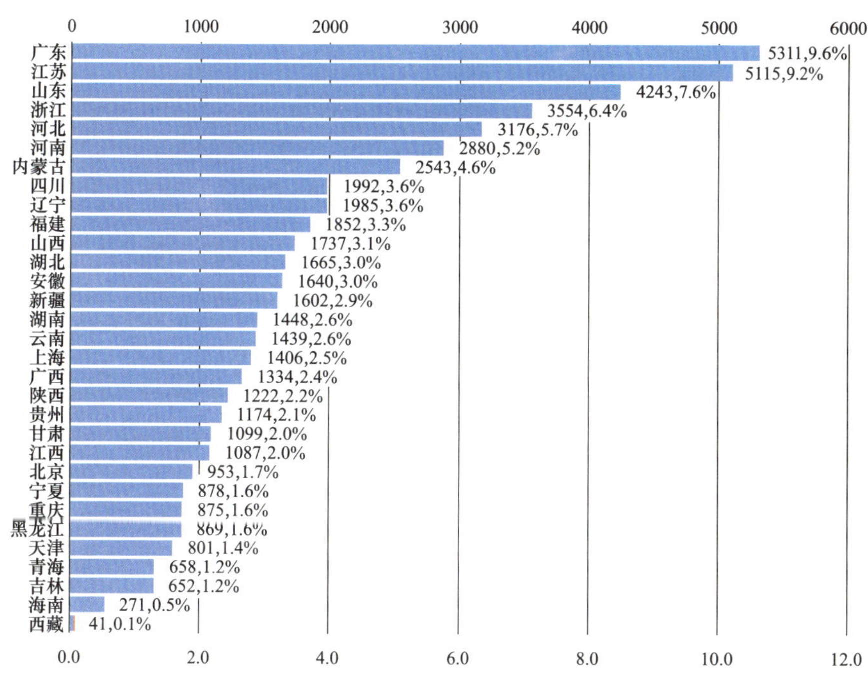

图 1-5-5 2015 年中国分地区用电量

数据来源：数据来自国家能源局发展规划司《能源数据分析手册 2015》。

表 1-5-2 2012 年分行业电力消费结构的国际比较

行业 国家（地区）	农、林、渔业	工业	交通运输	商业与公共服务	生活	其他
世界	2.3	52.0	1.3	19.0	22.4	3.0
OECD 国家	1.1	41.7	1.0	27.5	27.0	1.6
非 OECD 国家	3.4	61.4	1.6	11.1	18.2	4.2
中国	2.0	73.2	1.0	4.9	12.5	6.3
美国	0.7	33.6	0.2	30.5	31.7	3.3
印度	13.5	57.1	1.4	6.7	16.9	4.4
俄罗斯	1.5	61.8	8.7	15.4	12.6	0.0
日本	0.1	37.5	1.8	32.2	27.8	0.7
德国	0.0	50.8	2.0	24.7	22.5	0.0
巴西	3.9	55.6	0.5	20.2	19.8	0.0
加拿大	1.6	46.5	0.7	25.2	26.0	0.0

续表

行业 国家（地区）	农、林、渔业	工业	交通运输	商业与公共服务	生活	其他
韩国	2.3	56.9	0.4	28.5	11.9	0.0
法国	1.6	38.9	2.4	26.6	30.3	0.3
英国	1.0	41.5	1.1	25.8	30.5	0.0
意大利	1.7	48.5	3.1	26.4	20.3	0.0
墨西哥	3.7	66.0	0.4	7.7	18.1	4.2
西班牙	1.4	41.6	1.6	27.9	26.1	1.4
沙特阿拉伯	1.5	26.5	0.0	27.3	44.5	0.2
中国台湾	1.1	62.4	0.5	11.5	17.3	7.2
南非	2.3	68.1	1.5	11.3	15.5	1.3
澳大利亚	0.9	48.0	1.6	24.5	24.9	0.0
伊朗	12.8	48.4	0.2	12.3	24.8	1.5
土耳其	2.4	57.7	0.3	20.9	18.7	0.0

数据来源：国际能源署（IEA）网站（http://www.iea.org/）。

第三节 电耗强度

2015 年中国单位 GDP 用电量同比下降 5.9%。中国单位 GDP 用电量高于其他国家，2014 年中国单位 GDP 用电量是世界平均水平的 2.7 倍。

一、单位 GDP 用电量同比下降 5.9%，电力消费弹性系数 0.07

按 2010 年不变价格计算，2015 年中国单位 GDP 用电量为 932 千瓦时/万元，同比下降 5.9%。单位用电量创造的 GDP 为 12.2 元/千瓦时，较上年提高 2.1 元/千瓦时。2015 年中国全社会用电增长率为 0.5%，GDP 增长率为 6.9%，由此测算电力消费弹性系数为 0.07，较 2014 年下降 0.44（如图 1-5-6 所示）。

二、单位 GDP 用电量远高于发达国家，也高于其他金砖国家

从世界范围看，中国单位 GDP 用电量相对较高。根据国际能源署（IEA）的统计数据，按汇率法以 2005 年美元不变价格计算 2014 年世界平均电耗强度为 0.38 千瓦时/美元，OECD 国家为 0.25 千瓦时/美元，美国为 0.28 千瓦时/美元，而同期中国用电强度为 1.01 千瓦时/美元，分别是世界平均水平的 2.7 倍、OECD 国家的 4 倍、美国的 3.6 倍（如图 1-5-7 所示）。

图 1-5-6 2006—2015 年中国电力消费弹性系数

数据来源：2006—2014 年数据来自历年《电力工业统计资料汇编》，2015 年数据来自国家能源局发展规划司《能源数据分析手册 2015》。

中国单位 GDP 用电量不但远高于发达国家，也高于其他金砖国家。俄罗斯、印度、南非、巴西电耗强度分别为 0.95、0.65、0.70 和 0.44 千瓦时/美元，中国单位 GDP 用电量分别是俄罗斯、印度、南非的 1.1 倍、1.6 倍、1.4 倍，是巴西的 2.3 倍（如图 1-5-7 所示）。

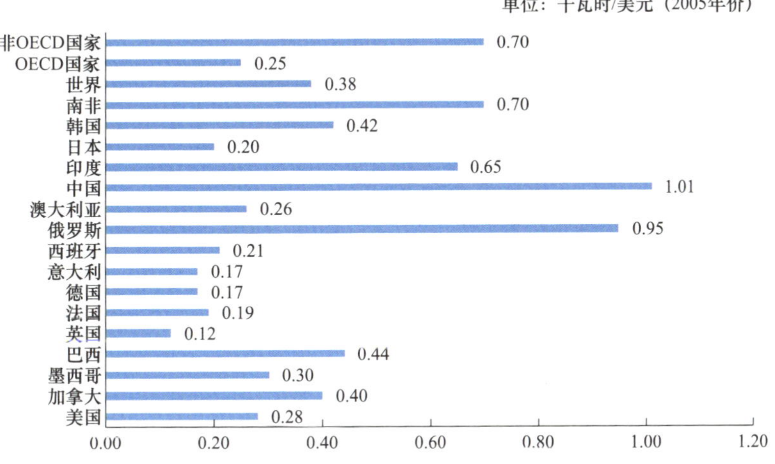

图 1-5-7 2014 年单位 GDP 用电量的国际比较

注：GDP 按汇率法，以 2005 年美元为不变价计算。

数据来源：国际能源署（IEA）、世界银行（World Bank）、国网能源研究院《2016 全球能源分析与展望》。

第二篇　能源投资与建设

2015 年中国能源工业投资额合计 3.25 万亿元，同比增长 4.1%，增速较 2014 年下滑 5.3 个百分点，比全社会固定资产投资增速（10%）低 7.5 个百分点。能源工业投资占全社会固定投资的比重由上年的 6.2%下降至 5.9%。

分行业看，电力、热力的生产和供应业以及燃气生产和供应业投资保持增长，其他能源行业呈现不同程度下降，能源工业投资向电力行业集中（如表 2-0-1 所示）。其中，煤炭开采和洗选业投资额为 4008 亿元，连续三年出现负增长，同比下滑 14.4%，跌幅较上年扩大 4.3 个百分点；石油和天然气开采业，石油加工、炼焦及核燃料加工业，燃气生产和供应业投资额分别为 3425 亿元、2539 亿元和 2331 亿元，以及燃气生产和供应业有所增长，增幅为 4.0%，增速较上年提高 2.1 个百分点，石油和天然气开采业与石油加工、炼焦及核燃料加工业投资由增转降，同比分别下降 5.7%和 20.9%；电力、热力的生产和供应投资为 20171 亿元，较上年增长 15.7%，增幅收窄 3.7 个百分点。管道运输业固定投资为 299 亿元，同比下降 5.2%（如图 2-0-1 所示）。

2015 年，中国在清洁能源方面投资总额为 1105 亿美元（约合 7280 亿元人民币），同比增长 17%，占全球清洁能源投资总额的 33.6%。中国已经连续第四年居全球清洁能源投资第一大国的位置，位居第二位的美国投资 560 亿美元，同比增长 8%；欧洲地区投资 585 亿美元，同比下降 18%，其中英国投资 234 亿美元，同比增长 24%，德国投资 106 亿美元，同比下降 42%，法国投资 29 亿美元，下降 53%。其他国家中，巴西投资额为 57 亿美元，同比下降 10%，印度投资 109 亿美元，增长 23%，日本投资 436 亿美元，增长 3%，加拿大 41 亿美元，下降 43%，澳大利亚投资 29 亿美元，增长 16%。中国 2015 年清洁能源投资额中，光伏发电的投资最大，为 510 亿美元，其次是风电投资，为 477 亿美元，两者在整体清洁能源投资中占比达到 89%。

表 2-0-1　　2015 年中国能源工业分行业投资（不含农户）

行业	投资额（亿元）	增速（%）	占比（%）
煤炭开采和洗选业	4007.80	–14.4	12.3
石油和天然气开采业	3424.93	–5.7	10.5
石油加工、炼焦及核燃料加工业	2538.65	–20.9	7.8
电力、热力的生产和供应业	20171.37	15.7	62.1
燃气生产和供应业	2331.49	4.0	7.2
能源工业合计	32474.24	4.1	100
管道运输业	299.15	–5.2	—

数据来源：国家统计局。

2015 年，中国能源勘探有序推进。全年煤炭新增查明资源量为 375 亿吨；石油新增探明地质储量为 11.2 亿吨；能源类气体新增探明地质储量 11172.33 亿立方米，其中常规天然气为 6772.20 亿立方米，页岩气和煤层气分别为 4373.3 亿立方米和 26.34 亿立方米，非常规天然气占能源类气体新增储量的 39.4%（如表 2-0-2 所示）。

2015 年石油新增探明技术可采储量为 2.17 亿吨。能源类气体合计为 4860.97 亿立方米，其中常规天然气、页岩气、煤层气分别为 3754.35 亿立方米、1093.45 亿立方米和 13.17 亿立方米。

表 2-0-2　　2015 年我国主要化石能源新增资源储量情况

品种	单位	新增查明资源量	新增探明地质储量	新增探明技术可采储量
煤炭	亿吨	375	—	—
石油	亿吨	—	11.18	2.17
能源类气体合计	亿立方米	—	11172.33	4860.97
天然气	亿立方米	—	6772.20	3754.35
页岩气	亿立方米	—	4373.79	1093.45
煤层气亿吨	亿立方米	—	26.34	13.17

数据来源：国土资源部。

2015 年，中国能源基础建设能力进一步提高。产能方面，全国新增煤炭产能 2 亿吨/年，截至 2015 年底累计产能超过 57 亿吨/年。加工转换能力方面，累计原煤入选能力超过 26 亿吨/年；2015 年炼油能力新增 3020 万吨/年，累计炼能达到 7.1 亿吨/年；新增发电装机容量 15855 亿千瓦，累计发电装机容量 15.1 亿千瓦（如图 2-0-3 所示）。

储运方面，2015 年新增石油管道长度 0.22 万公里，截至 2015 年底累计石油管道长度为 4.8 万公里；商业石油储备能力累计达到 3.15 亿桶；新增天然气管道（干线与支干线）长度 0.7 万公里，累计长度为 7.2 万公里；新增 LNG 接收站能力 680 万吨/年，LNG 接收站接收能力累计达 4095 万吨/年；新增 220 千伏以上变电设备容量 126 万千伏安，220 千伏以上输电线路减少 2460.85 公里。

表 2-0-3　　2015 年我国能源基础能力建设情况

基础能力建设	单位	新增	累计
原煤产能	亿吨/年	—	57
煤制油产能	万吨/年	120	278
煤制气产能	亿立方米/年	4.05	31.05
煤制烯烃产能	万吨/年	566	792
炼油能力	亿吨/年	0.30	7.1
原油管道长度	万公里	0.06	2.5
成品油管道长度	万公里	0.16	2.3
石油管道长度	万公里	0.22	4.8
战略石油储备能力	亿桶	—	1.8
商业石油储备能力	亿桶	—	3.15
石油储备能力	亿桶	—	4.95
天然气管道长度（干线与支干线）	万公里	0.7	7.2
天然气储气库设计工作气量	亿立方米	—	159
LNG 接收站接收能力	万吨/年	680	4095
火电装机容量	万千瓦	7431	99000
水电装机容量	万千瓦	1817	32000
核电装机容量	万千瓦	620	2608
并网风电装机容量	万千瓦	3353	12934
并网太阳能发电装机容量	万千瓦	1513	4318
发电装机容量	万千瓦	15855	151000
220 千伏以上变电设备容量	万千伏安	126	18154
220 千伏以上输电线路	公里	–2460.85	35483

数据来源：课题组整理。

第六章 煤炭投资与建设

2013 年以来，全国煤炭采选业固定资产投资连续三年下降，且降幅逐年扩大。2015 年中国煤炭采选业固定资产投资降幅进一步加大，煤炭新增查明资源储量增速继续放缓，煤炭采选业投资西移放缓，“三西”地区投资占比超过 50%，全国煤矿数量略有减少。

第一节 煤炭投资总量

2015 年中国煤炭采选业固定资产投资延续下滑趋势，民间投资占比有所回升。分季度看，煤炭投资皆低于上年同期，同比降幅呈现“两高两低”的特点，12 月份投资额出现翘尾，同比由降转增。分地区看，东部和西部投资占比上升，中部投资占比下降。

一、煤炭采选业固定资产投资加速下滑，民间投资占比有所回升

2012 年以来，煤炭市场景气度持续下降，煤炭企业盈利状况逐年恶化，煤炭行业投资热情急剧降温。2015 年中国煤炭采选业固定资产投资 4007.8 亿元，同比下降 14.4%，降幅比上年扩大 4.3 个百分点（如图 2-6-1），占全社会固定资产投资的比重为 0.7%，比上年下降 0.2 个百分点。其中，民间煤炭采选业固定资产投资为 2281 亿元，同比下降 12.2%，降幅比上年扩大 1.3 个百分点，占煤炭采选业投资总额的比重小幅反弹，由 2014 年的 55.5%回升至 2015 年的 56.9%。“十二五”期间，煤炭采选业固定资产投资年均增长 1.2%，比“十一五”时期大幅回落。

据中国煤炭建设协会统计，2015 年国家及有关地方核准大中型煤矿建设项目有 22 处，新增产能 9490 万吨，其中，国家发改委、国家能源局核准 17 处大型煤矿建设项目，新增产能 9040 万吨，总投资共计 575.48 亿元（不含矿业权价款）；有关省发改委核准 5 处中型煤矿建设项目，新增产能 450 万吨。具体建设情况如表 2-6-1 所示。

表 2-6-1 2015年国家及地方核准大中型煤矿建设项目一览表

核准时间	项目名称	建设规模（万吨/年）	投资规模（亿元）
经国家发展改革委核准：			
2015年5月	山西晋城矿区东大煤矿	500	49.84
2015年6月	陕西彬长矿区大佛寺煤矿（300万吨）改扩建工程	800	14.92
2015年7月	内蒙古塔然高勒矿区红庆梁煤矿	600	44.5
2015年7月	内蒙古神东矿区东胜区转龙湾煤矿	500	23.59
2015年7月	内蒙古准格尔矿区麻地梁煤矿	500	21.34
2015年9月	新疆哈密大南湖矿区西区大南湖一号矿井及选煤厂	1000	27.45
2015年11月	内蒙古准格尔矿区汇能长滩煤矿（露天）及选煤厂	2000	131.99
合计		5900	313.63
经国家能源局核准：			
2015年1月	内蒙古塔然高勒矿区泊江海子煤矿	300	28.04
2015年4月	宁夏马家滩矿区金家渠煤矿	400	34.12
2015年4月	陕西永陇矿区麟游区崔木煤矿	400	22.5
2015年4月	宁夏韦州矿区永安煤矿	120	18.0
2015年5月	内蒙古准格尔矿区玻璃沟煤矿	400	30.98
2015年6月	陕西榆神矿区柳巷煤矿	120	12.6
2015年6月	宁夏马家滩矿区双马一矿	400	34.44
2015年7月	安徽淮北矿区信湖煤矿	300	33.34
2015年8月	陕西榆横矿区魏墙煤矿	300	18.88
2015年11月	内蒙古新街矿区马泰壕煤矿一期工程	400	28.95
合计		3140	261.85
经有关省发改委核准：			
2015年4月	贵州大藏资源开发有限公司以那煤矿	90	—
2015年4月	贵州大藏资源开发有限公司中寨煤矿一期	90	—
2015年6月	肥田矿井及选煤厂二期工程	90	—
2015年6月	落炉木康煤矿	90	—
2015年7月	玉舍煤矿东井一期	90	—
合计		450	—

注：投资规模不含矿业权费用。

数据来源：中国煤炭建设协会。

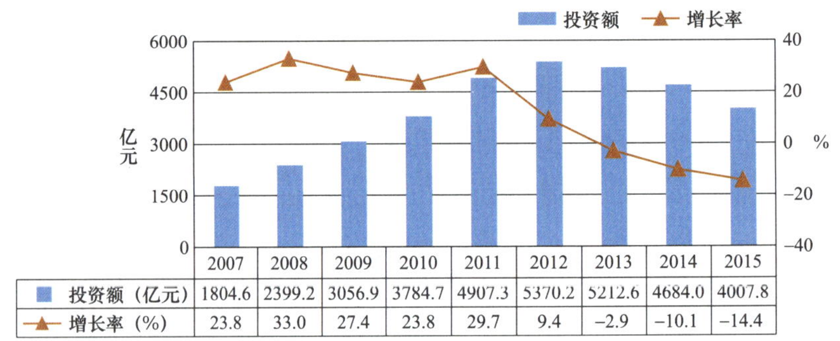

	2007	2008	2009	2010	2011	2012	2013	2014	2015
投资额（亿元）	1804.6	2399.2	3056.9	3784.7	4907.3	5370.2	5212.6	4684.0	4007.8
增长率（%）	23.8	33.0	27.4	23.8	29.7	9.4	−2.9	−10.1	−14.4

图 2-6-1　2007—2015 年中国煤炭采选业固定资产投资（不含农户）

数据来源：2007—2014 年数据来自《中国能源统计年鉴 2015》，2015 年数据来自《2015 年国民经济与社会发展统计公报》。

分季度来看，煤炭采选业投资皆保持同比下降，降幅呈现“一、三季度大幅下跌，二、四季度跌幅收窄”的波动特点。2015 年煤炭市场供大于求矛盾愈加突出，煤炭价格继续下滑。2015 年末，中国煤炭价格指数 125.1 点，比年初下降 12.7 点，降幅 9.2%，煤企效益大幅下降，煤炭企业投资热情进一步减弱，另一方面，国家铁腕去产能政策严厉，国家发展改革委连发《关于严格治理违法违规建设煤矿有关问题的通知》和《关于从严控制新建煤矿项目有关问题的通知》，要求从严控制新建煤矿项目。四个季度累计投资额分别为 400 亿元、1286 亿元、1286 亿元和 1036 亿元，同比分别下降 21.2%、9.9%、20.9%和 7.7%，其中，12 月投资额同比增长 4.5%。

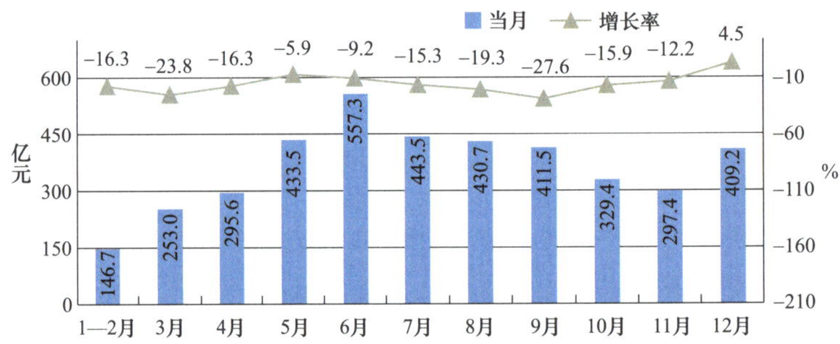

图 2-6-2　2015 年各月全国煤炭采选业固定资产投资（不含农户）及增长率

数据来源：根据国家统计局网站（http://www.stats.gov.cn/）相关数据计算。

二、东部地区煤炭投资反弹，煤炭采选业投资重心西移步伐放缓

分地区来看，煤炭采选业投资重心继续西移，速度明显放缓。2014 年东

部、中部、西部[1]地区投资额分别为 350 亿元、1831 亿元和 2504 亿元，比上年分别下降 0.5%、12.1%和 9.9%。由于东部投资额降幅微弱，占比明显提高，而西部地区投资额由增转降，煤炭投资重心西移趋势弱化，东、西部地区煤炭投资占比分别为 7.5%和 53.4%，分别比上年提高 0.7 个百分点和 0.1 个百分点，中部地区煤炭投资额占比为 39.1%，比上年下降 0.9 个百分点。

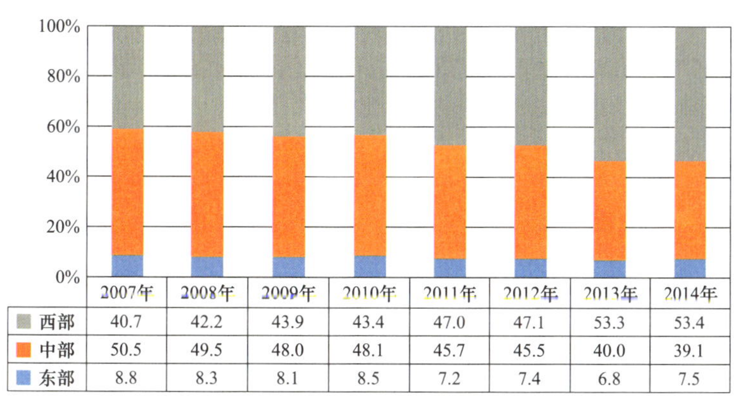

	2007年	2008年	2009年	2010年	2011年	2012年	2013年	2014年
西部	40.7	42.2	43.9	43.4	47.0	47.1	53.3	53.4
中部	50.5	49.5	48.0	48.1	45.7	45.5	40.0	39.1
东部	8.8	8.3	8.1	8.5	7.2	7.4	6.8	7.5

图 2-6-3 2007—2014 年分地区煤炭采选业投资占比

数据来源：根据国家统计局网站（http://www.stats.gov.cn/）相关数据计算。

分省区来看，2014 年有 19 个省份煤炭采选业投资出现下滑，7 个省份投资增长。其中，投资额超过 200 亿元的省区有 5 个，分别是山西、内蒙古、陕西、新疆和湖南，比上年少 2 个。煤炭采选投资依然集中在“三西”地区，其中，山西省煤炭采选业投资为 1078 亿元，同比下降 6.9%，位居全国第一，占全国投资总额的 23.0%，比上年提高 0.8 个百分点。“三西”地区投资额合计 2404 亿元，同比下降 7.3%，但占比有所提高，由 2013 年的 49.7%上升至 51.3%（如表 2-6-2 所示）。

从“十二五”期间的煤炭投资布局来看，中部地区投资所占比重明显下降，由 2010 年的 48.1%下降到 2014 年的 39.1%，西部地区显著提高，由 2010 年的 43.4%提高到 2014 年的 53.4%。其中，西部地区煤矿项目主要集中在甘肃、陕西、内蒙古、新疆。

[1] 在本报告中，未经特别说明，东中西部省区划分如下：东部包括辽宁、河北、北京、天津、山东、江苏、上海、浙江、福建、广东、海南 11 省市，中部包括黑龙江、吉林、山西、河南、安徽、江西、湖北、湖南 8 省，西部包括内蒙古、新疆、甘肃、宁夏、青海、陕西、四川、重庆、贵州、广西、云南、西藏 12 个省市自治区。

表 2-6-2　2007—2014 年分省区煤炭采选业固定资产投资　单位：亿元

省区 \ 年份	2007	2008	2009	2010	2011	2012	2013	2014
北京	0.7	0.7	1.9	2.6	2.7		2.4	1.3
天津	—	—	—	—	3.7	—	—	—
河北	52.2	55.6	71.9	114.1	135.0	164.2	143.5	127.1
山西	363.9	464.1	599.7	99.5	1240.2	1352.2	1158.0	1078.1
内蒙古	328.4	453.0	520.4	528.4	588.7	674.4	852.2	863.8
辽宁	23.8	32.8	31.9	69.9	62.4	72.3	50.1	50.0
吉林	28.9	52.3	57.5	59.9	88.1	97.7	56.3	40.1
黑龙江	55.5	95.4	139.4	201.1	171.7	207.9	193.2	101.1
江苏	3.7	15.9	17.3	17.5	13.9	17.9	5.6	15.7
浙江	—	—	0.1	—	—	0.2	0.2	0.6
安徽	185.1	186.1	198.2	194.0	142.0	206.0	145.9	126.3
福建	5.6	12.9	24.3	18.9	43.7	62.2	90.2	75.0
江西	15.2	24.1	41.4	37.8	78.6	64.8	49.6	47.7
山东	70.7	77.4	99.6	97.2	93.6	79.4	59.9	77.4
河南	203.2	275.9	315.7	231.9	296.1	247.6	187.3	145.5
湖北	3.8	8.2	14.8	19.3	45.6	45.9	51.2	39.7
湖南	40.9	63.6	101.6	146.3	182.1	223.0	241.7	252.5
广东	—	—	—	0.5	0.5	—	—	0.6
广西	4.5	4.8	9.7	11.4	21.5	25.2	14.6	12.7
海南	—	—	—	—	—	—	—	2.3
重庆	34.8	49.4	62.1	69.9	89.8	92.0	99.3	81.1
四川	58.2	64.4	94.5	139.4	252.5	261.1	186.7	174.5
贵州	51.3	95.9	121.2	171.8	360.0	229.1	248.9	174.5
云南	36.2	51.3	60.5	74.9	106.4	175.8	227.3	167.2
西藏	—	—	—	—	—	0.2	0.7	—
陕西	68.3	107.1	205.5	316.0	507.1	593.2	582.4	462.1
甘肃	22.9	30.6	54.5	77.0	111.9	138.5	168.3	117.1
青海	6.5	11.8	7.6	9.4	14.4	23.8	34.3	41.2

续表

省区 \ 年份	2007	2008	2009	2010	2011	2012	2013	2014
宁夏	69.3	79.7	102.0	110.7	119.8	143.8	159.3	155.4
新疆	41.0	49.2	103.5	135.3	135.3	171.9	203.5	253.9

数据来源：国家统计局网站（http://www.stats.gov.cn/）。

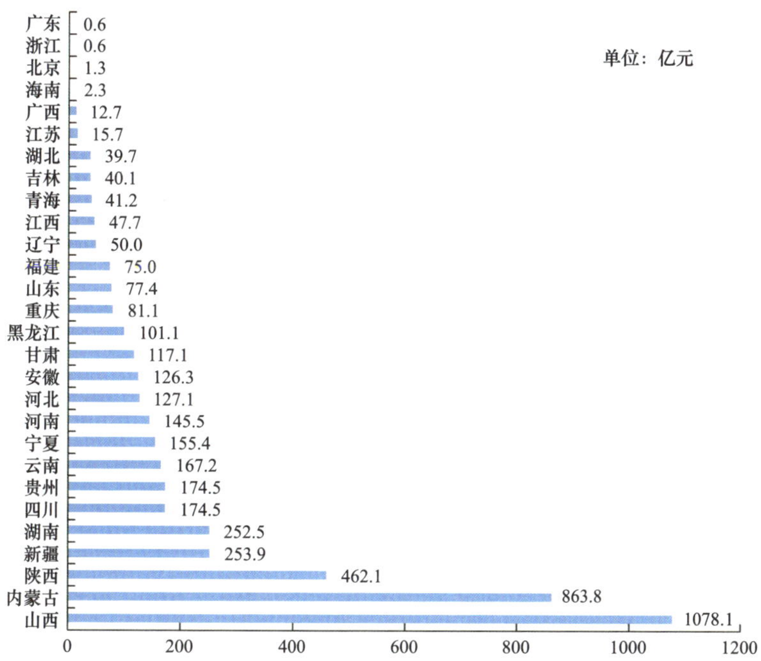

图 2-6-4 2014 年分省区煤炭采选业投资

数据来源：国家统计局网站（http://www.stats.gov.cn/）。

第二节 煤炭资源勘探与开发

2015 年中国新增煤炭查明资源储量有所下降，煤炭产能仍处于净增长阶段，淘汰落后产能工作有序推进，煤矿数量稳步减少。

一、全国煤炭新增查明资源量继续下降

据国土资源部公布的数据，2015 年新发现煤炭大中型矿产地 56 处，新增煤炭查明资源储量 375 亿吨，比 2014 年减少 186 亿吨，下降 33.2%。其中，内蒙古准格尔煤田布尔陶亥—田家石畔地段获得煤炭资源储量 380 亿吨；新

疆在哈密三道岭南获得1000米以上浅煤炭资源量186亿吨，其中详查资源量达114.6亿吨，超过全部资源量的60%；安徽探获华东地区单个最大煤矿，煤炭资源量47.9亿吨；山西煤炭资源量新增50亿吨。结合2014年末的查明资源量数据和2015年的新增查明资源量，估算2015年全国煤炭资源量约为15655亿吨，同比增长2.2%（如图2-6-5所示）。分省区来看，“十二五”期间，山西省累计提交煤炭资源储量766亿吨，山东省累计提交煤炭资源量359亿吨，河南省累计提交煤炭资源量175亿吨。

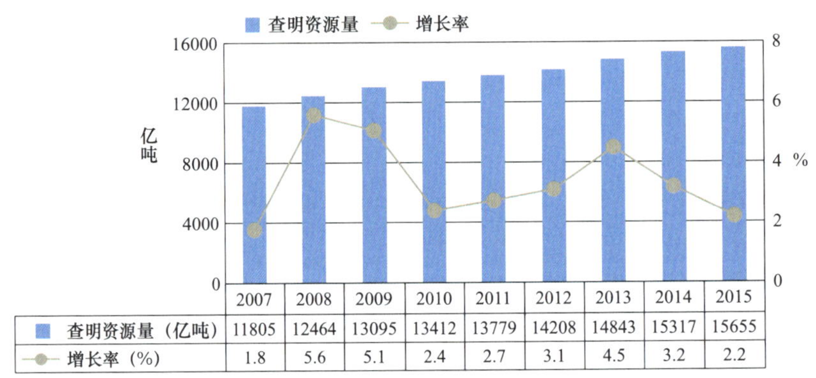

	2007	2008	2009	2010	2011	2012	2013	2014	2015
查明资源量（亿吨）	11805	12464	13095	13412	13779	14208	14843	15317	15655
增长率（%）	1.8	5.6	5.1	2.4	2.7	3.1	4.5	3.2	2.2

图2-6-5　2007—2015年全国煤炭查明资源量及增长率

数据来源：2007—2014年数据来自历年《全国矿产资源储量通报》；2015年数据为课题组预计数。

从世界范围看，根据BP统计数据，截至2014年底，全球煤炭已探明储量为8915亿吨，但全球煤炭储量分布极不均衡，亚太、欧洲和北美等地已探明储量占全球的94.7%。我国的煤炭储量丰富，截至2014年底，我国拥有煤炭可采储量1145亿吨，仅次于美国和俄罗斯，位居世界第三位，占世界资源储量的12.8%。依据可采资源量和产量计算的储采比，中国只有30年，远远低于俄罗斯和美国、澳大利亚等富煤国家，且比世界平均水平低80年。

表2-6-3　　2014年世界及主要国家煤炭探明储量

国家/地区	无烟煤和烟煤（百万吨）	次烟煤和褐煤（百万吨）	总储量（百万吨）	占比（%）	储采比
世界	403199	488332	891531	100	110
OECD国家	155494	229321	384815	43.2	191
非OECD国家	247705	259011	506716	56.8	83

续表

国家/地区	无烟煤和烟煤（百万吨）	次烟煤和褐煤（百万吨）	总储量（百万吨）	占比（%）	储采比
美国	108501	128794	237295	26.6	262
俄罗斯	49088	107922	157010	17.6	441
中国	62200	52300	114500	12.8	30
澳大利亚	37100	39300	76400	8.6	155
印度	56100	4500	60600	6.8	94
欧盟	4883	51199	56082	6.3	111
德国	48	40500	40548	4.5	218
乌克兰	15351	18522	33873	3.8	500+
哈萨克斯坦	21500	12100	33600	3.8	309
南非	30156	—	30156	3.4	116
印度尼西亚	—	28017	28017	3.1	61
土耳其	322	8380	8702	1.0	125

数据来源：《BP 世界能源统计 2015》（BP Statistical Review of World Energy 2015）。

二、煤炭产能进一步增加，安全高效开采和清洁高效利用水平提高

“十二五”期间，煤炭行业淘汰落后产能力度不断加大，累计淘汰落后产能达 6.5 亿吨，其中 2015 年淘汰落后产能 9000 万吨，但由于煤炭黄金十年，煤炭行业固定资产投资增速以年均 36%的速度递增，累计投资 3.6 万亿元，累计新增产能近 30 亿吨，其中，“十二五”期间累计投资 2.35 万亿元，煤炭产能仍处于集中释放期（如图 2-6-6 所示），产能过剩问题相当严重，2015 年煤炭行业产能利用率已降至 65%。据有关部门统计，截至 2015 年底，全国煤炭总规模 57 亿吨，其中，正常生产及改造的煤矿 39 亿吨，停产煤矿 3.1 亿吨，新建改扩建煤矿 15 亿吨，其中约 8 亿吨属于未经核准的违规项目。全国煤矿数量 1.08 万处，其中，年产 120 万吨以上的大型煤矿 1050 处，比 2010 年增加 400 处，产量比重由 2010 年的 58%提高到 2015 年的 68%；年产 30 万吨以下的小型煤矿 7000 多处，比 2010 年减少了 4000 多处，产量比重由 2010 年的 21.6%下降到 2015 年的 10%左右。

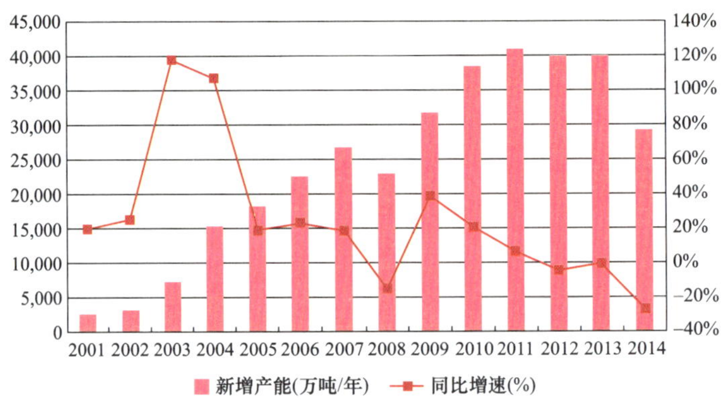

图 2-6-6　2001—2014 年全国原煤开采新增生产能力及增长率

数据来源：2001—2014 年数据来自国家统计局网站（http://www.stats.gov.cn/）。

按照“安全、科学、经济、绿色”的理念，2015 年中国持续鼓励推广使用“充填开采”、“保水开采”和“煤与瓦斯共采”等绿色开采技术。目前，全国已拥有一批代表国际领先水平的大型千万吨安全高效高采出率矿井，针对不同煤层厚度，研发了一系列综合机械化开采技术与装备，实现了单一煤层的安全高效生产。这些技术装备在冀中能源峰峰集团黄沙矿 0.6—1.0 米薄煤层、神东煤炭集团榆家梁矿 1.85 米中厚煤层、神东煤炭集团补连塔矿 7 米厚煤层等均创下新的高产纪录。广西百色矿务局通过实施机械化改造，企业原煤生产能力由年产不足 15 万吨提高到年产 500 万吨。

煤炭加工转化技术成为创新点，技术攻关难度加大。随着能源转型发展，安全高效智能化开采和清洁高效集约化利用已成为煤炭发展的主旋律，煤炭创新技术逐渐在现代煤化工和清洁利用方向发力。现代煤化工示范深入实施，商业化运营需技术升级。神华百万吨煤炭直接液化示范工程长周期平稳运行，兖矿百万吨级煤炭间接液化项目投入运营，神华宁煤 400 万吨煤炭间接液化等一批示范工程建设进展顺利。从技术和产业规模看，我国现代煤化工已经走在了世界的前列。据机构估算，2015 年我国将形成煤制油产能 1200 万吨。但是，受投资大、水资源消耗大、碳排放强度大、对原料要求比较苛刻等因素制约，现代煤化工进一步发展短期内存在一定障碍，2015 年环保部曾多次驳回煤化工项目的环评报告，致使这些项目搁置。

第七章 石油投资与建设

2015年中国石油投资呈下降趋势，石油勘查地质储量稳定增长，炼油能力下降，原油和成品油管道设施建设平稳推进，石油储备建设取得积极进展。全年石油开采固定资产投资完成3424.9亿元，比2014年降低593.1亿元，同比下降14.9%，下降到2013年以前的水平；石油勘查新增探明地质储量首次超过11亿吨，连续9次超过10亿吨。石油管网运输能力进一步完善，原油和成品油管道合计里程超过4万公里。炼油和炼化能力略有下滑，炼油能力达到7.1亿吨/年，深加工装置结构不断调整。

第一节 石油勘探开采与建设

2015年，中国石油和天然气开采业规模以上企业共计296家，行业增加值同比增长1.3%；完成固定资产投资3424.9亿元，同比下降14.9%。2015年，全国石油天然气总产量为3.29亿吨油当量，同比增长2.1%。其中，原油产量为2.15亿吨，同比增长1.7%。

一、石油勘探开发投资下降，民间投资降速远远高于全国

由于全球产能过剩，受世界油价影响，2015年中国完成石油和天然气开采业固定资产投资（不含农户）3424.9亿元，同比下降14.9%，回落至2013年以前的水平（如图2-7-1所示）。“十二五”期间平均增长率3.4%，较“十一五”期间的20.0%低16.6个百分点。

2015年中国石油和天然气开采业固定资产投资第一季度呈大幅度上升趋势，累计增长39.4%；第二季度呈明显下降趋势，且民间投资降速远大于总投资下降速度，达32%左右；至第三季度，7月份总投资和民间投资均有微弱增长，8月份再次回落，9月份略有增长；第四季度呈持续下降趋势，民间投资降速更快（如图2-7-2所示）。

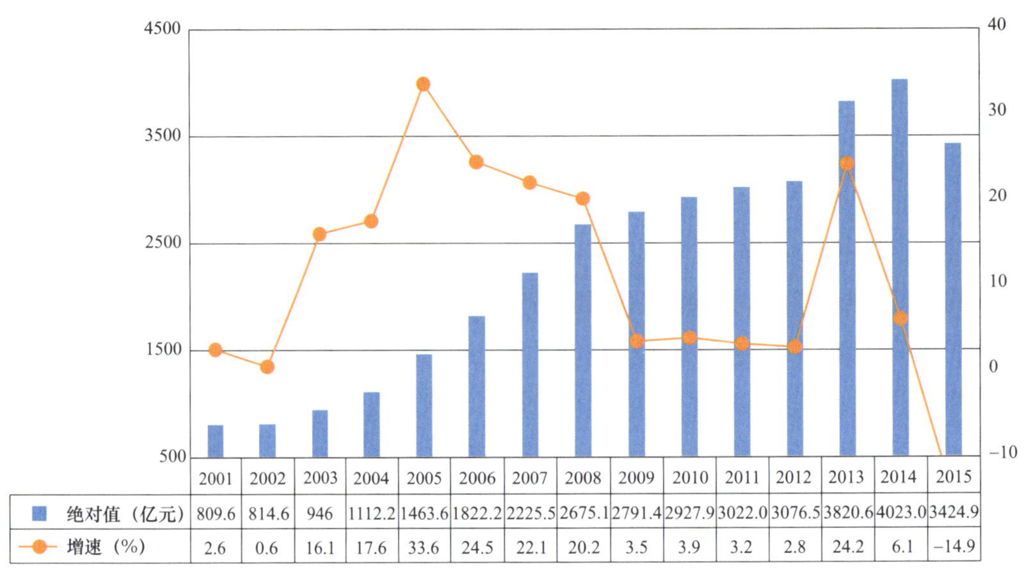

图 2-7-1　2001—2015 年中国石油和天然气开采业固定资产投资（不含农户）

数据来源：国家统计局网站（http://www.stats.gov.cn/）。

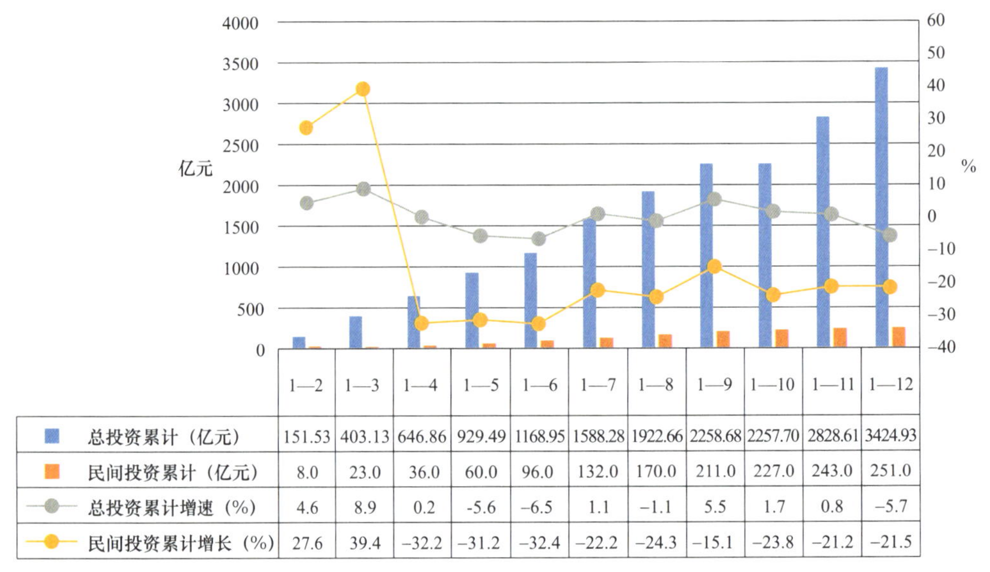

图 2-7-2　2015 年各月石油和天然气开采业固定资产投资（不含农户）

数据来源：国家统计局网站（http://www.stats.gov.cn/）。

2015 年，油气行业步入景气周期低谷，总体仍延续了原油、成品油、天然气供大于求，油价、气价两跌的“三大两跌”总趋势。世界经济复苏缓慢，主要经济体货币和财政政策取向分化；欧佩克成员国增产保市场，美国非常规油气生产展现了较好的韧性，并未如预期减速，世界油气市场严重供大于需，价格低位运行。石油公司油气产量不降反升，业绩大幅下滑。国际石油公司普遍采取控投资、控风险、控成本、控人员和控大事故，保上游投资、保现金流、保科技创新和保股东分红的“五控四保”措施。中国经济运行承压，稳中趋缓，石油供需宽松程度加剧，消费中低速增长，对外依存度首次突破60%。与此同时，我国开始大规模淘汰落后产能，炼油能力依然明显过剩，成品油净出口连续三年大幅递增；天然气消费增速创10年新低，供应总体宽松，但淡季压产旺季紧缺；油气领域改革加速推进，从局部的“点式改革”转向涵盖行业、企业和政府三维的全产业链的“立体式改革”。

2015年，中石油油气勘探开发业务突出质量效益发展。国内勘探业务持续推进储量增长高峰期工程，实施有利区带和层系精细勘探，石油勘探稳步推进；国内开发与生产业务持续优化产能部署，科学安排开发规模和节奏，深化老区精细挖潜，有效控制自然递减，确保整体开发效益。大庆油田持续实现油气当量4000万吨以上稳产，长庆油田继续保持油气当量5000万吨以上高效稳产。国内勘探与生产业务实现原油产量8.1亿桶，同比下降2.1%；油气当量产量12.9亿桶，同比下降1.0%。海外油气合作平稳有效运行，五大油气合作区巩固发展。海外油气勘探坚持整体研究、科学论证、合理部署，从规模增储向有效增储转变。哈萨克斯坦阿克纠宾、PK等项目优化调整产量，伊拉克鲁迈拉等项目持续增产。2015年，海外业务实现油气当量产量2.0亿桶，同比增长38.3%，占公司油气当量产量的13.6%。2015年，勘探与生产业务通过创新驱动和精细管理，不断降本降耗、挖潜增效，实现经营利润339.6亿元。

中石化在勘探方面大力推进高效勘探，在南海北部湾、四川盆地、鄂尔多斯盆地和新疆塔中等地区取得油气资源勘探新发现。在开发方面，完成涪陵页岩气田项目一期50亿立方米/年产能建设，正式启动项目二期50亿立方米产能建设，加强老区精细开发，推进新区产能建设。全年油气当量产量为471.9百万桶，同比下降1.7%。其中，境内原油产量同比下降4.7%，境外原油产量同比增长6.6%，天然气产量同比增长2.6%。受低油价影响，原油探明储量同比下降，但天然气探明储量同比增长12.3%，主要是涪陵页岩气储量大幅增加。

2015年，中国海油高效组织勘探工作，超额完成勘探工作量和储量任务，国内、海外、非常规等多个领域勘探成果丰硕，勘探成功率和资本化率保持较高水平。面对油价“寒冬”，2015年中国海油勘探一路落实“质量效益年”2.0版本，提出“四个优化、三个加强”管理思路，通过统筹协调、优化勘探部署，加大技术革新力度，严控作业费用等措施，勘探成本得到有效控制。

国内石油勘探要坚持寻找大中型油田，充分利用现有装置推进勘探开发一体化，同时探索新区新领域，保证勘探可持续发展；天然气勘探要以规模勘探为主，装置周边或气田周边滚动勘探为辅，扎实推进南海重点区天然气勘探，同时加强对外合作，引进勘探技术，分担勘探投资和风险。海外勘探方面，要以探明经济可采储量为目的，以价值最大化为导向，做好新发现的评价和优质区块的获取，勘探新项目聚焦低风险、常规优质原油领域，用经营勘探做实新项目。

中国的石油开采投资主要集中在石油资源丰富的地区，根据国家统计局的数据，2014 年辽宁、河南、湖北、湖南、陕西、青海、宁夏、黑龙江 8 个省份石油和天然气开采业投资下滑，其中陕西从 2013 年的 502.8 亿元下降到 394.3 亿元，辽宁从 131.5 亿元下降到 96.0 亿元，下降 27%，降幅最大；新疆依然是油气开采业投资最多的省份，完成投资 605.6 亿元，同比增长 15.3%，是全国首个油气开采业投资超过 600 亿元的省份（如表 2-7-1、图 2-7-3 所示）。

表 2-7-1　2006—2014 年中国分地区石油和天然气开采业投资（不含农户）　单位：亿元

地区＼年份	2006	2007	2008	2009	2010	2011	2012	2013	2014
北京	0.03	4.62	18.16	13.16	0.10	0.14	—	1.11	0.61
天津	182.19	179.06	268.25	393.16	306.40	219.77	172.02	286.57	303.82
河北	37.97	74.19	69.60	9.77	33.50	36.79	26.81	39.65	40.70
山西	—	0.44	1.90	16.49	21.6	65.68	88.31	111.63	140.64
内蒙古	35.94	110.18	225.70	187.33	196.60	96.48	53.64	141.31	159.06
辽宁	124.21	144.93	102.75	89.03	145.80	110.40	90.71	131.46	95.98
吉林	111.18	153.82	175.52	206.23	242.40	160.13	228.44	177.90	253.73
黑龙江	212.50	287.45	341.91	332.68	339.90	350.32	312.55	338.93	306.98
上海	2.14	14.80	29.03	8.21	0.30	0.57	—	—	—
江苏	14.97	11.85	19.20	25.34	27.30	15.01	28.20	32.14	35.89
浙江	—	—	—	—	—	—	—	—	—
安徽	0.01	0.20	0.67	0.20	1.60	1.04	0.66	2.04	3.4
福建	—	0.11	—	—	—	—	—	—	11.89
江西	—	—	2.42	—	—	—	—	—	—

续表

地区\年份	2006	2007	2008	2009	2010	2011	2012	2013	2014
山东	139.88	120.81	185.66	206.65	219.10	289.60	283.62	289.08	298.87
河南	55.33	68.40	72.75	75.88	71.50	59.03	59.54	50.28	42.13
湖北	17.87	29.94	30.76	30.53	3.60	4.45	0.56	3.20	0.82
湖南	0.04	—	—	0.59	0.4	2.11	—	0.30	—
广东	26.51	39.43	44.47	54.03	12.30	30.87	28.15	89.18	135.52
广西	0.14	1.38	0.85	1.89	1.80	4.94	0.35	1.90	2.24
海南	0.75	0.73	0.27	4.40	0.30	11.43	3.01	3.30	5.72
重庆	0.65	3.44	7.61	10.27	8.90	23.46	12.19	33.00	115.01
四川	17.53	22.84	26.22	17.55	10.50	—	6.19	13.46	14.35
贵州	0.54	—	0.04	0.42	—	1.08	—	—	—
云南	0.00	—	0.37	0.72	0.80	0.17	—	—	—
西藏	0.03	—	—	—	—	—	—	—	—
陕西	133.92	190.73	177.58	213.62	256.00	301.25	299.49	502.79	394.27
甘肃	8.86	15.19	22.40	17.56	11.70	20.98	75.24	115.70	121.20
青海	31.74	29.38	37.68	33.36	39.40	34.51	39.92	62.34	59.85
宁夏	1.47	1.64	4.00	4.10	1.60	0.95	0.86	8.03	4.52
新疆	308.45	360.56	366.39	323.37	387.90	431.6	440.50	525.30	605.64

数据来源：国家统计局网站（http://www.stats.gov.cn/）。

二、石油新增探明地质储量 11.18 亿吨，新增技术可采储量 2.17 亿吨

据 2016 年 4 月 6 日国土资源部发布的 2015 年中国矿产资源新增储量及节约与综合利用情况，我国石油天然气探明储量保持高位增长，产量稳中有增，页岩气增势迅猛。2015 年石油新增探明地质储量 11.18 亿吨，新增探明技术可采储量 2.17 亿吨，2 个油田新增探明地质储量超过亿吨。“十二五”期间，我国石油每年新增探明地质储量连续五年超过 10 亿吨，累计新增石油探明地质储量 61.27 亿吨，较“十一五”增加 3.75 亿吨，增长 6.5%；新增石油探明地质储量超过 1 亿吨的油田 10 个。“十二五”期间，我国石油总产量为 10.47 亿吨，较“十一五”增加 0.94 亿吨，增长 9.9%。

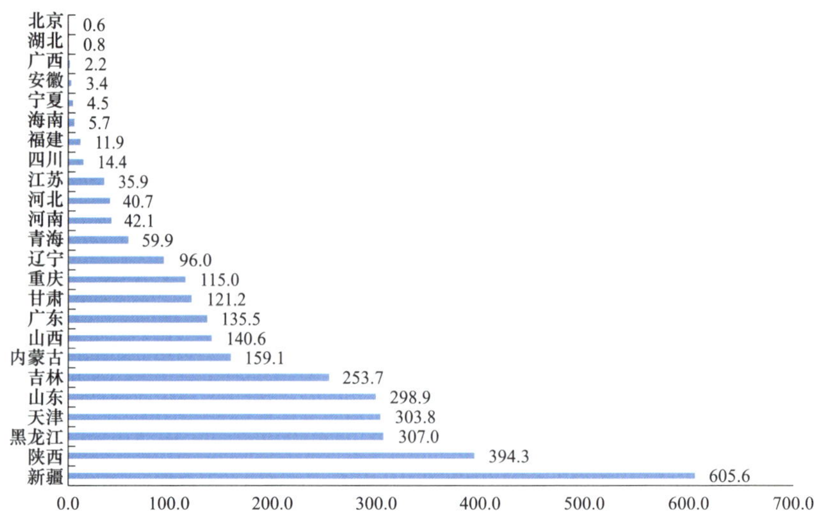

图 2-7-3　2014 年分地区石油和天然气开采业投资（不含农户）

数据来源：国家统计局网站（http://www.stats.gov.cn/）。

据国土资源部数据，截至 2015 年底，我国石油剩余技术可采储量 34.96 亿吨，石油剩余经济储采比为 16 年，与上年基本持平（如图 2-7-4 所示）。

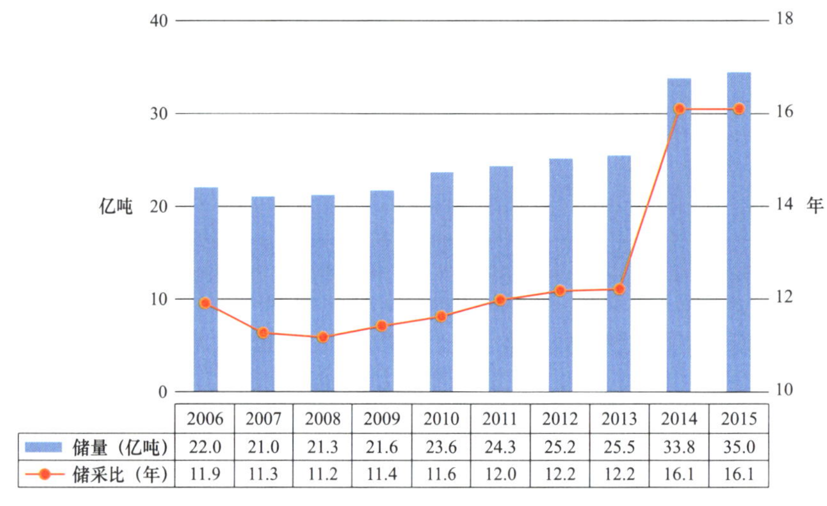

	2006	2007	2008	2009	2010	2011	2012	2013	2014	2015
储量（亿吨）	22.0	21.0	21.3	21.6	23.6	24.3	25.2	25.5	33.8	35.0
储采比（年）	11.9	11.3	11.2	11.4	11.6	12.0	12.2	12.2	16.1	16.1

图 2-7-4　2006—2015 年中国石油剩余经济可采储量与储采比

数据来源：2006—2013 年数据来源于国土资源部历年《全国油气矿产储量通报》，2014 和 2015 年数据来源于中国石油经济技术研究院报告。

从世界范围看，根据 BP 的统计数据，2014 年世界石油剩余经济储采比为 52.5 年，中国石油剩余经济储采比为 11.9 年，不足世界水平的 1/4，排在主要产油国的末位。委内瑞拉、加拿大、伊朗、伊拉克和利比亚的石油剩余经济储采比均超过 100 年。美国的石油剩余经济储采比为 11.4 年，比中国少 0.5 年（如表 2-7-2 所示）。

表 2-7-2 2014 年石油剩余经济可采储量与储采比国际比较

国家（地区）＼指标	储量（亿桶）	占比（%）	储采比（年）
世界	17000	100	52.5
OECD 国家	2486	14.6	30.3
非 OECD 国家	14515	85.4	60.1
OPEC 国家	12165	71.6	91.1
非 OPEC 国家	3417	20.1	24.5
委内瑞拉	2983	17.5	*
沙特阿拉伯	2670	15.7	63.6
加拿大	1729	10.2	*
伊朗	1578	9.3	*
伊拉克	1500	8.8	*
俄罗斯	1032	6.1	26.1
科威特	1015	6	89.0
阿联酋	978	5.8	72.2
美国	485	2.9	11.4
利比亚	484	2.8	*
尼日利亚	371	2.2	43.0
哈萨克斯坦	300	1.8	48.3
卡塔尔	257	1.5	35.5
中国	185	1.1	11.9

注：石油包括原油、致密油、油砂与凝析油，不包括转化衍生液体燃料，如生物质油、煤制油、气制油；非 OPEC 国家不包括苏联地区；*表示超过 100 年。

数据来源：《BP 世界能源统计 2015》(BP Statistical Review of World Energy2015)。

分地区看，2014 年，渤海海域、新疆、黑龙江、陕西和河北分列剩余经济可采储量前五位，剩余经济可采储量分别为 38532.20、38526.41、37242.37、26874.68 和 22588.82 万吨，四川、云南、广东、广西和安徽分列后五位。

从储采比看，全国原油剩余技术储采比为 17.1 年。不考虑云南，剩余技术储采比排名前五的地区依次是广东、东海海域、内蒙古、广西和吉林。其中，广东与东海海域原油剩余技术储采比较高，主要因原油产量较小所致。

（如表 2-7-3 所示）

表 2-7-3　　2014 年分地区原油剩余可采储量与储采比　　单位：万吨/年

指标 地区	剩余技术可采储量	剩余技术储采比	剩余经济可采储量	剩余经济储采比	原油产量
全国	334785.51	17.1	251988.08	12.8	19633.72
天津	2756.59	17.9	1614.97	10.5	154.25
河北	26573.06	32.5	22588.82	27.6	817.71
内蒙古	8354.39	49.8	5924.93	35.3	167.65
辽宁	15730.17	15.6	9498.71	9.4	1010.49
吉林	18122.33	35.5	13359.74	26.2	510.47
黑龙江	45373.78	11.5	37242.37	9.4	3955.88
江苏	2963.81	14.7	1941.07	9.6	202.27
安徽	253.09	28.7	153.56	17.4	8.81
山东	32514.47	11.9	19626.44	7.2	2733.85
河南	4857.90	14.9	2336.21	7.2	326.62
湖北	1284.89	16.3	569.81	7.2	79.00
广东	13.80	230.0	12.60	210.0	0.06
广西	131.62	36.2	16.42	4.5	3.64
海南	296.36	13.8	259.52	12.1	21.51
四川	8.66	1.1	-50.27	-6.3	8.00
云南	12.21	—	12.02	—	0.00
陕西	36300.78	18.0	26874.68	13.3	2019.48
甘肃	21878.39	29.8	15898.78	21.7	733.63
青海	7522.35	34.2	4417.03	20.1	220.00
宁夏	2180.62	17.2	1770.34	14.0	126.50
新疆	53183.65	20.2	38526.41	14.6	2638.54
渤海海域	42287.58	16.3	38532.20	14.8	2597.82
东海海域	504.21	85.0	498.49	84.1	5.93
南海海域	11680.80	9.0	10365.23	8.0	1291.61

数据来源：国土资源部，《2014 年全国油气矿产储量通报》。

从产油盆地看，原油剩余经济可采储量最高的是渤海湾盆地，剩余经济可采储量为 54012.24 万吨，占全国原油剩余经济可采储量的 21.4%。其次是松辽盆地、鄂尔多斯盆地、渤海海域和准格尔盆地，这五个盆地原油剩余经济可采储量总和占全国原油经济可采储量的 82.6%（如表 2-7-4 所示）。五大盆地中，原油产量最高的为渤海湾盆地（4880.42 万吨），原油经济储采比最高的为准格尔盆地（16.4 年）。

表 2-7-4　　2014 年分盆地原油剩余可采储量与储采比　　单位：万吨/年

指标 地区	剩余技术可采储量	剩余技术储采比	剩余经济可采储量	剩余经济储采比	原油产量
全国	334785.51	17.1	251988.08	12.8	19633.72
松辽盆地	62991.54	14.2	49924.91	11.2	4447.42
海拉尔盆地	3922.97	87.2	2999.28	66.6	45.01
依兰伊通盆地	1186.92	34.9	975.02	28.6	34.05
二连盆地	3644.45	33.6	2552.38	23.5	108.39
彰武盆地	139.09	36.8	82.20	21.7	3.78
银根盆地	114.37	115.5	79.50	80.3	0.99
渤海湾盆地	79866.39	16.4	54012.24	11.1	4880.42
苏北盆地	3216.90	15.2	2094.63	9.9	211.08
江汉盆地	1284.89	16.3	569.81	7.2	79.00
南襄盆地	2416.96	15.4	1564.66	10.0	156.86
鄂尔多斯盆地	59000.59	20.8	43758.23	15.5	2830.61
四川盆地	8.66	1.1	−50.27	−6.3	8.00
准格尔盆地	29364.47	22.1	21802.94	16.4	1331.63
吐哈盆地	4407.01	26.8	2111.94	12.9	164.26
焉耆盆地	89.39	22.3	29.26	7.3	4.00
塔里木盆地	18312.88	16.4	13882.62	12.4	1115.31
三塘湖盆地	1009.91	43.3	699.65	30.0	23.34
柴达木盆地	7500.12	34.1	4401.21	20.0	220.00
酒西盆地	1288.86	31.3	745.95	18.1	41.20
酒东盆地	70.37	9.0	39.62	5.1	7.80
民和盆地	22.23	—	15.82	—	0.00
三水盆地	13.80	230.0	12.60	210.0	0.06

续表

地区 \ 指标	剩余技术可采储量	剩余技术储采比	剩余经济可采储量	剩余经济储采比	原油产量
百色盆地	131.62	36.2	16.42	4.5	3.64
景谷盆地	12.21	—	12.02	—	0.00
渤海海域	42287.58	16.3	38532.20	14.8	2597.82
东海盆地	504.21	85.0	498.49	84.1	5.93
珠江口盆地	8024.44	7.6	7182.00	6.8	1054.20
北部湾盆地	3952.72	15.3	3442.75	13.3	258.92

数据来源：国土资源部，《2014 年全国油气矿产储量通报》。

分公司看，2014 年中石油的原油剩余经济可采储量为 16.04 亿吨，占全国原油剩余经济可采储量的 63.6%；中石化和中海油的原油剩余经济可采储量分别为 3.80 亿吨和 4.94 亿吨，分别占全国原油剩余经济可采储量的 15.1%和 19.6%。三大油公司共占据全国原油剩余经济可采储量的 98.3%（如图 2-7-5 所示）。

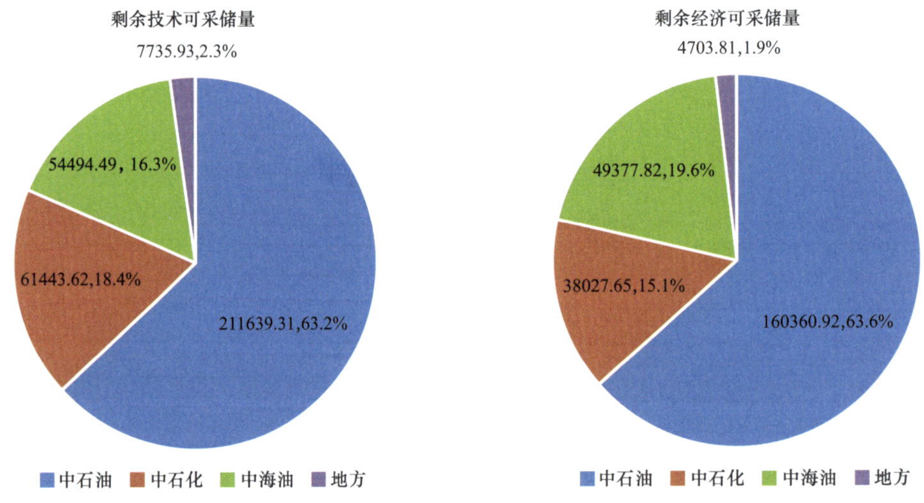

图 2-7-5　2014 年分公司原油剩余可采储量及占比

注：储量单位为万吨。

数据来源：国土资源部《2014 年全国油气矿产储量通报》。

2014 年中石油的原油技术经济可采储量为 21.16 亿吨，占全国原油剩余技术可采储量的 63.2%；中石化和中海油的原油剩余技术可采储量分别为

6.14 亿吨和 5.45 亿吨，分别占全国原油剩余经济可采储量的 18.4%和 16.3%。三大油公司共占据全国原油剩余经济可采储量的 97.8%（如图 2-7-5 所示）。

第二节 石油炼化加工能力建设

截至 2015 年底，我国炼油总能力为 7.1 亿吨/年，净减 1037 万吨/年。其中，新增能力 3020 万吨/年，淘汰落后产能 4057 万吨/年，包括中石化关闭产能 250 万吨/年以及地方炼厂为取得原油进口权和使用权而淘汰的 3807 万吨/年。按照合理开工率计算，目前我国炼油能力仍过剩 1 亿吨/年。全年原油加工量估计为 5.22 亿吨，同比增长 3.8%。全国炼厂平均开工率为 75.4%，较上年略有回升，但明显低于 84%的国际平均水平。其中主营炼厂开工率为 86.2%，地炼开工率为 31.4%。中石化、中石油原油加工量占全国的份额为 75.0%，较上年下降 2 个百分点。整个东部地区主营炼厂和少数地炼积极推进炼厂技改和质量升级，已具备生产国 V 标准车用汽油和柴油的能力。

中石油、中石化和中海油合计 5.13 亿吨，约占全国的 68.6%。2015 年，中石油、中石化和中海油原油加工量合计 4.2 亿吨，约占全国原油加工量的 81.3%；三大油公司成品油产量合计 2.8 亿吨，约占全国总量的 81.8%。

2015 年，中国石油加工业规模以上企业共计 1408 家，行业增加值同比增长 8.5%；主营业务收入为 2.94 万亿元，同比下降 16.6%；利润总额为 765.6 亿元，同比增长 891.4%；上缴税金 6101.8 亿元，同比增长 42.7%，占全国规模工业税金总额的 12.2%；资产总计 1.64 万亿元，同比下降 0.4%；完成固定资产投资 1981.6 亿元，同比降幅为 19.8%。

2015 年，全国原油加工量约 5.22 亿吨，同比增长 3.8%；成品油产量约 3.38 亿吨，同比增长 6.1%，其中柴油产量为 1.80 万吨，同比增长 1.4%。全年出口成品油 2543.7 万吨，同比增长 30.3%；出口总额为 150.0 亿美元，同比下降 21.7%。

2015 年是中国炼油业“十二五”收官之年。“十二五”时期是中国炼油业快速发展的五年，其间无论从规模实力、炼厂布局，还是深加工能力、油品质量、集约化程度等都有了长足的发展，在美国之后稳居世界第二大炼油国（如表 2-7-5 所示）。油品质量从国 III 标准升级至国 IV 表标准，硫含量从 150 微克/克降至 50 微克/克，北上广等部分地区达到国 V 标准，硫含量降至

10 微克/克。炼油技术指标不断优化，轻油收率提高，综合能耗下降，深加工能力占比继续上升。

表 2-7-5　　2010、2015 年中国炼油行业变化情况

项目	2010 年	2015 年	年均增速（%）
炼油能力（万吨/年）	58647	71020	3.9
原油加工量（万吨/年）	42287	52184（估计）	4.3
汽煤柴总产量（万吨）	25277	33749（估计）	5.95
汽煤柴需求（万吨）	24518	31776	5.32
千万吨炼厂数量（个）	20	24	
炼油企业平均规模（万吨/年）	314	323	0.57
三大石油集团合计炼能占比（%）	77.6	68.9	
油品质量	国 III 汽油、国 III 柴油	国 IV 车用汽柴油	
深加工能力占比（%）	88.1	100.8	2.73
开工率（%）	82.2	75.4	
加油站数量（座）	88389	95000（估计）	1.45
轻油收率（%）	76.2	78.01	0.47
综合能耗（千克·eo/t）	62.21	60.61	
综合商品收率（%）	94.5	94.3	
生产柴崎比	2.07	1.49	

数据来源：中国石油集团经济技术研究院。

一、炼油能力略有下降，炼化产能过剩

2000 年以来，中国炼油能力保持稳步增长。截至 2015 年底，全国炼油能力降至 7.1 亿吨/年，净减少 1037 万吨/年，同比下降 1.4%，较 2014 年的增长 5.8%降低 7.2 个百分点，2001—2014 年炼油厂数量呈现上升趋势（如图 2-7-6、表 2-7-6 所示）。2015 年中国大型石油集团炼油能力继续增强，中石油、中石化和中海油占有比均有所增加。中石油和中石化两大集团炼油能力占全国的比重由 2014 年的 62.8%增加到 64.4%，增长了 1.6 个百分点。其中新增炼油能力 3020 万吨/年，淘汰炼油能力 4057 万吨/年（如表 2-7-7 所示）。

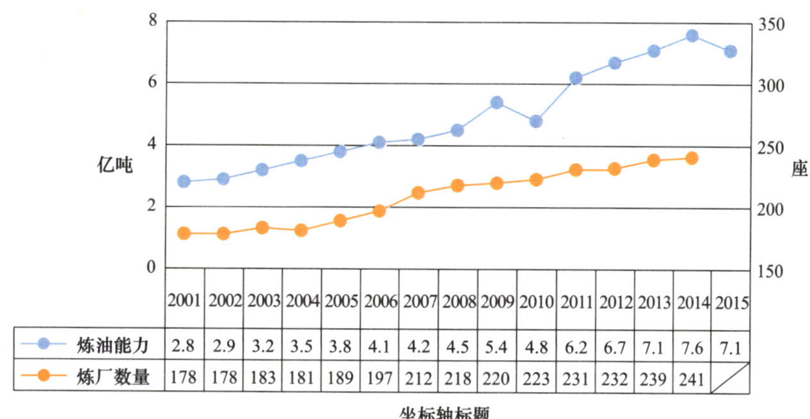

图 2-7-6　2001—2015 中国炼油能力及炼厂数量（炼油能力图例）

数据来源：中石化经济技术研究院。

表 2-7-6　　2005、2014、2015 年中国炼油能力分企业构成

项目	2005		2014		2015	
	能力（万吨/年）	占全国的比例（%）	能力（万吨/年）	占全国的比例（%）	能力（万吨/年）	占全国的比例（%）
全国	32445	—	72057	—	71020	—
中石化	16305	50.39	26370	36.60	26620	37.83
中石油	11935	36.79	18870	26.19	18870	26.57
中海油	—	—	3450	4.79	3450	4.86
其他炼油企业❶	4160	12.82	22323	30.98	20876	29.04
煤基油品企业	—	—	220	0.30	380	0.54
外资企业	—	—	824	1.14	824	1.16

数据来源：中国石油集团经济技术研究院。

表 2-7-7　　2015 年中国新增炼油能力及淘汰落后产能

所属集团	企业	地点	新增能力（万吨/年）	所属集团	企业	地点	淘汰能力（万吨/年）
中石化	九江石化	江西	300	中石化	西安石化	陕西	250
	福建炼化	福建	200	中化	弘润石化	山东	330

❶　不含已被中海油收购的地方炼厂。

续表

所属集团	企业	地点	新增能力（万吨/年）	所属集团	企业	地点	淘汰能力（万吨/年）
	小计		500	地方炼油企业	东明石化	山东	600
地方炼油企业❶	东营联合石化	山东	500		盘锦北燃	辽宁	600
	岚桥港口石化	山东	500		垦利石化	山东	210
	寿光鲁清	山东	350		利津石化	山东	250
	齐成石化	山东	350		亚通石化	山东	230
	胜星化工	山东	200		宝塔石化	宁夏	170
	东方华龙	山东	200		汇丰石化	山东	180
	神驰化工	山东	260		天弘化学	山东	342
	小计		2360		京博石化	山东	230
地方炼油企业	延长榆林煤化	陕西	15		寿光鲁清	山东	215
	延长煤油共炼	陕西	45		齐润石化	山东	190
	兖矿未来能源	陕西	100		海右石化	山东	260
	小计		160				
合计新增能力			3020	合计淘汰能力			4057
合计净增能力：–1037万吨/年							

数据来源：中国石油集团经济技术研究院。

二、中国炼油能力位居世界第二，超过俄罗斯、印度、巴西的总和

从世界范围来看，炼油能力主要分布在经济总量较大或石油资源较丰富的国家或地区。根据BP的统计数据，2014年美国的炼油能力为8.87亿吨/年，居世界第一，占世界炼油能力的18.4%，是排名第二的中国的1.26倍、排名第三的俄罗斯的近3倍。中国的炼油能力为7.03亿吨/年，较2013年增长11.9%，占世界炼油能力的14.6%，比俄罗斯、印度、巴西三国的炼油总和还要大。全球最大产油国沙特阿拉伯的炼油能力为1.41亿吨/年，占世界炼油能力的2.9%，排名世界第七（如图2-7-7所示）。

❶ 不含中海油、中化/中国兵器等所属或控股企业。

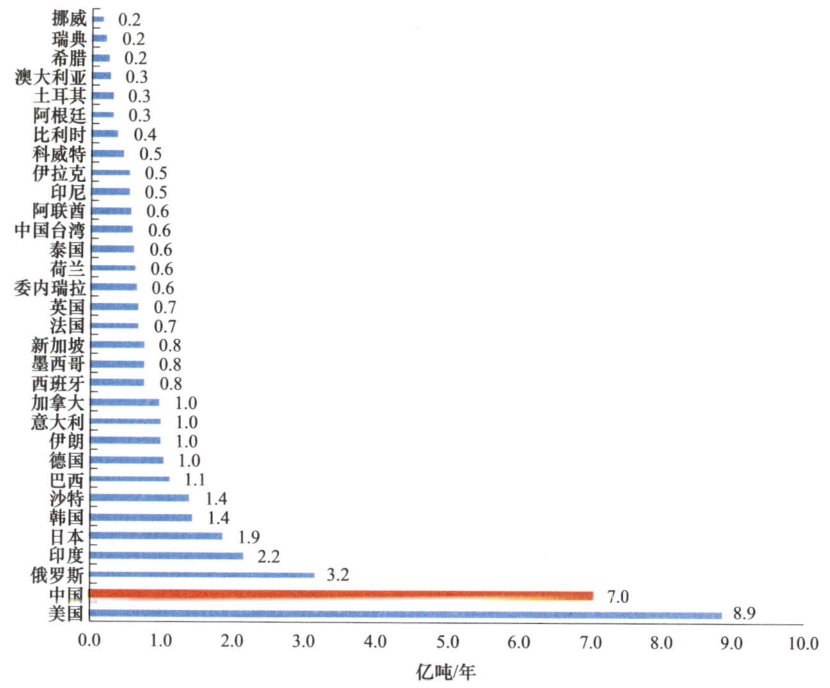

图 2-7-7 2014 年炼油能力世界主要国家和地区比较

数据来源：《BP 世界能源统计 2015》（BP Statistical Review of World Energy 2015）。

三、逐步实现炼化一体化、产业集群化

从区域来看，中国炼油能力主要集中在华北、华南和东北地区，2015 年这三大地区炼油能力分别为 2.43 亿吨/年、1.13 亿吨/年和 1.17 亿吨/年，分别占全国的 34%、16%和 16%，合计占全国的 66%，形成了以东部为主，中、西部为辅的梯次分布。中国成品油流向呈“西油东进，北油南进及东油向西南推进”的格局。分省来看，山东省是中国炼油能力最大的省份，其次为辽宁和广东。地方炼厂最密集的三个省是山东、陕西和辽宁，分别占地炼总能力的 56%、11%和 8%，合计占地炼总能力的四分之三。

装置大型化、炼化一体化、产业集群化是中国炼油工业发展壮大、综合竞争力提高的重要标志。2015 年中国千万级炼油基地达到 24 个，合计炼油能力 3.14 亿吨/年，占全国的 44%。中石油和中石化千万吨炼厂合计炼油能力分别占各自总能力的 55%和 69%。尽管中国大型炼油装置占比大幅度提高，炼厂平均规模中石油已达 726 万吨/年，中石化为 761 万吨/年，但由于中国仍存在不少小装置的炼油企业，全国炼厂总的平均规模仅为 320 万吨/年左右，与世界炼厂 754 万吨/年的平均规模有较大差距。环渤海湾、长江三角洲

和珠江三角洲三大地区已成为炼化一体化程度较高的地区，集中了全国约70%的炼油能力（如表 2-7-8 所示）。

表 2-7-8　　2015 年中国三大地区炼化一体化情况

地　区	炼油能力（万吨/年）	炼油能力占全国总能力比例（%）
环渤海地区（京、津、冀、辽、鲁）	31135	43.84
长江三角洲（沪、苏、浙）	10140	14.28
珠江三角洲（粤、桂）	8090	11.39
合计	49365	69.51

数据来源：中国石油集团经济技术研究院。

四、炼油能力结构性过剩问题依然严峻

2015 年中国炼油能力结构性过剩问题依然严峻。全国全年原油加工量约为 5.22 亿吨，按照 85%的合理开工率计算，只需要炼油能力 6.1 亿吨/年就够了，相比目前 7.1 亿吨/年的国内炼油能力，总体过剩能力达 1 亿吨/年。2015 年低油价水平下一些炼化项目建设热情不减，华锦石化 1500 万吨/年新建项目和老厂区 600 万吨/年增至 1000 万吨/年扩能项目及恒力石化 2000 万吨/年炼化一体化项目 9 月获辽宁省发改委核准，中化泉州改扩建项目获福建省发改委核准，盛虹石化 1600 万吨/年炼油项目已获江苏省发改委核准，由中石化等共同投资的舟山石化 4000 万吨/年（一期 1500 万吨/年）项目已通过核准，“十三五”期间，中国炼油能力过剩形势依旧严峻（如表 2-7-9 所示）。

表 2-7-9　　2015 年“十二五”期间炼化市场供需变化

年份	全国炼油能力（亿吨/年）	原油加工量（亿吨）	开工率（%）	成品油产量（亿吨）	成品油消费量（亿吨）	成品油净出口量（亿吨）
2011	6.1	4.5	81.5	2.7	2.6	0.04
2012	6.5	4.7	79.0	2.8	2.8	0.05
2013	6.8	4.8	77.6	3.0	2.9	0.1
2014	7.2	5	74.8	3.2	3.0	0.15
2015（估计）	7.1	5.2	75.4	3.4	3.2	0.19

数据来源：国家统计局，中国石油集团经济技术研究院。

另外，我国炼化产业主要存在 4 个不平衡：炼油能力的区域分布不平衡；炼厂间主要技术经济指标和装置水平不平衡；生产高清洁、高附加值油品的

能力不平衡；核心竞争力和盈利能力不平衡。这4个不平衡同时产生了4个不过剩。

首先，从炼油能力的区域分布上看，我国华北、东北、华南、西北、华东地区的炼油能力相对集中，占全国总能力的92.2%，但华中、西南地区合计仅占7.8%，其中环渤海湾、长三角、珠三角地区的合计炼油能力已占全国总能力的69.5%。从省份分布看，山东、辽宁和广东已成为全国前三甲的炼油大省，仅山东一省的炼油能力已高达1.39亿吨，占全国总能力的20%，但贵州、云南、西藏却没有炼油能力，四川仅2015年才刚投产一座千万吨级炼厂。因此，从区域分布看，部分省份炼油能力确已过剩，但也有部分省份能力不过剩，甚至空白。

其次，炼厂间主要技术经济指标和装置水平不平衡。目前我国各类炼油市场主体的炼厂规模、装置规模、工艺装置水平、原油加工水平与深加工水平不平衡，炼厂综合能耗、物耗、轻油收率、综合商品率等主要技术经济指标不平衡，达到亚太乃至世界先进水平的炼厂为数不多，并不过剩；相反，装置规模小、工艺水平相对落后、深加工能力弱、技术经济指标落后的炼厂为数不少，处于明显的过剩状态。

再次，生产高清洁、高附加值油品的能力不平衡。为了应对越来越加剧的雾霾天气，国家近年来加快了油品质量标准升级的步伐。虽然目前炼油能力总体过剩，但现在能保质保量生产国Ⅳ、国Ⅴ汽柴油的炼厂并不太多，其能力仍处于较为短缺状态，仍有不少炼厂限于资金、技术水平、工艺装置水平，至今仍较难或虽作努力仍很难达到生产新的质量标准油品的要求。

最后，核心竞争力和盈利能力不平衡，炼化一体化水平不平衡。在炼油总能力过剩的背后是，部分炼厂核心竞争力较强，与周边国家和地区的大炼油企业总体相比，水平大致不相上下，在相同国际油价水平下有较强盈利的能力，但仍有相当一部分炼厂，从绩效评价看，核心竞争力不强、盈利能力不强、管理水平较低或处于亏损局面。从炼化一体化水平看，国内炼厂也参差不齐。一方面，全国22个千万吨级大炼油基地中，已有15个带有乙烯装置，环渤海湾、长三角、珠三角集中了全国约64%的炼油能力和乙烯能力，已成为全国炼化一体化程度最高的三大地区；另一方面，也有相当一部分炼油企业仍未能实现炼化一体化，综合加工水平和资源综合利用能力相对较弱。因此，从总体上看，国际竞争力强、盈利能力强的炼油企业能力也并不过剩。

第三节　石油储运能力建设

截至 2015 年底，我国石油管道总里程约 4.8 万公里，基本形成原油、成品油骨干管网。其中原油管道 2.5 万公里，成品油管道 2.3 万公里，总体流向为西油东运、北油南下（如表 2-7-10 所示）。

表 2-7-10　　2015 年我国主要原油和成品油管道

管道名称	长度（公里）	设计输力（万吨/年）	起点和终点	所属企业
原油管道（输油能力超过 2500 万吨）				
甬沪宁管网线	864	4700	宁波—上海—南京	中国石化
曹津线	195	2800	唐山曹妃甸—天津	
仪长沿江管线	973	2700	江苏仪征—吉林长岭	
庆铁三线	582	2700	大庆—辽宁铁岭	中国石油
产品油管道（输油能力超过 1000 万吨）				
兰郑长管道	1922	800—1500	兰州—郑州—武汉	中国石油
西部成品油管道	1858	1000	乌鲁木齐—兰州市	
珠三角成品油管道	1150	1200	湛江—深圳	中国石化
西南成品油管道	2243	1000	茂名—大理	

数据来源：中石油、中石化统计数字。

2015 年新建成的原油和成品油管道工程：1）原油管道：包括天津港—华北石化原油管道，铁抚（铁岭—抚顺）线改造工程，河南油田春光油田原油外输管道，新东辛输油管道（东营—齐鲁石化），马惠原油管道安全升级改造工程，青海柴西北油区外输管道等；2）成品油管道：包括珠三角成品油管道二期（惠州—揭阳—梅州），江西成品油管道二期东线（樟树—上饶、樟树—赣州），江苏苏北成品油管道剩余工程，贵渝（贵阳—重庆）成品油支线等。

2015 年续建或开工的原油和成品油管道工程：1）原油管道：包括中缅原油管道国内段，中俄原油管道二线，日照—濮阳—洛阳原油管道，仪长（仪征—长岭）原油管道复线仪征至九江段，弘润滨海油库—中化弘润石化基地原油管道，铁大线（铁岭—大连）原油管道安全改造工程鞍山—大连段，漠大线（漠河—大庆）原油管道扩建工程，烟台西港区—淄博原油管道等。2）

成品油管道：包括锦郑（锦州—郑州）线，甬台温（宁波—台州—温州）线，诸暨—桐庐成品油管道，绍兴—杭州成品油管道，兰郑长（兰州—郑州—长沙）成品油管道小李庄支线改线工程，江津—荣昌成品油管道、内江—简阳成品油管道，宁夏石化成品油外输（银川—巴彦淖尔），云南石化成品油外输（安宁—保山、安宁—蒙自、安宁—曲靖），天津—唐山成品油管道，百色—玉溪—昆明成品油管道工程等。

近年来退役封存的主要管道以东北老管道为主，不少原油管道大多建设于 20 世纪 70 年代，至今服役长达 40 多年，均已达到退役期，有的甚至超期服役。这些管道沿线第三方破坏和占压管道的隐患不断增加，加上管道本体腐蚀增多，不少管道管体失效风险显著增大。因此，有必要对这些老管道进行封存退役处理，以消除安全隐患。近年来，中国退役封存的管道绝大多数为原油管道，包括庆铁（大庆—铁岭）一线，庆铁二线，铁岭—鞍山干线，抚鞍（抚顺—鞍山）线，新大复线（辽宁小松岚—石油七厂），铁秦线（铁岭—秦皇岛），秦京管道（秦皇岛—北京房山）及装船支线，石燕线（石楼—燕山石化），任京线（任丘—北京房山），铁抚线（铁岭首站—抚顺东洲末站），中银线（中宁—银川），马惠支线（甘肃马岭镇—宁夏惠安堡）（旧），鲁宁管道扬子分输线等。

第八章　天然气投资与建设

2015 年中国天然气资源勘探开发形势向好，天然气新增探明地质储量 6772.2 亿立方米，新增探明技术可采储量 3754.4 亿立方米，2 个气田新增探明地质储量超过千亿立方米。另外，在 2014 年国家确立天然气管网基础设施“公平开放”制度之后，天然气管网设施市场化改革迈出了实质性步伐。2015 年 12 月 25 日，中石油整合旗下三家管道公司与民间资本共同持股新成立中石油管道有限责任公司（中石油管道），以中石油管道为平台，为未来中石油管道铺平上市的道路，管道企业重组可视为油气改革到来之前的一次预热。2015 年天然气管网建设继续保持稳步增长势头，新增天然气支干线管道长度约为 1000 公里。

第一节　天然气勘探开采

2015 年天然气新增探明技术可采储量 3754.35 亿立方米，天然气剩余技术可采储量达到 51939.45 亿立方米。“十二五”期间，我国煤层气、页岩气等非常规天然气勘探取得重大进展（如图 2-8-1 所示），进入实质商业化开发阶段。根据 BP 的统计数据，截至 2014 年末，中国天然气的储采比为 26，远低于世界平均水平 54.1。

一、天然气新增探明技术可开采储量为 3754.35 亿立方米，页岩气取得重大进展

根据国土资源部公布数据，2015 年天然气新增探明技术可采储量 3754.35 亿立方米，截至 2015 年底中国天然气剩余技术可采储量达到 51939.45 万亿立方米，同比增长 4.14%，增速较上一年下降 3.29 个百分点。

天然气勘探方面，2015 年中国天然气新增探明地质储量 6772.2 亿立方米，同比增速下降了 28%。中国页岩气新查明储量增势比较迅猛，全国页岩气勘查新增探明地质储量 4373.79 亿立方米，同比增长 258.5%；煤层气探明地质储量 26.34 亿立方米，较 2014 年有大幅下降。至 2015 年底，全国页岩

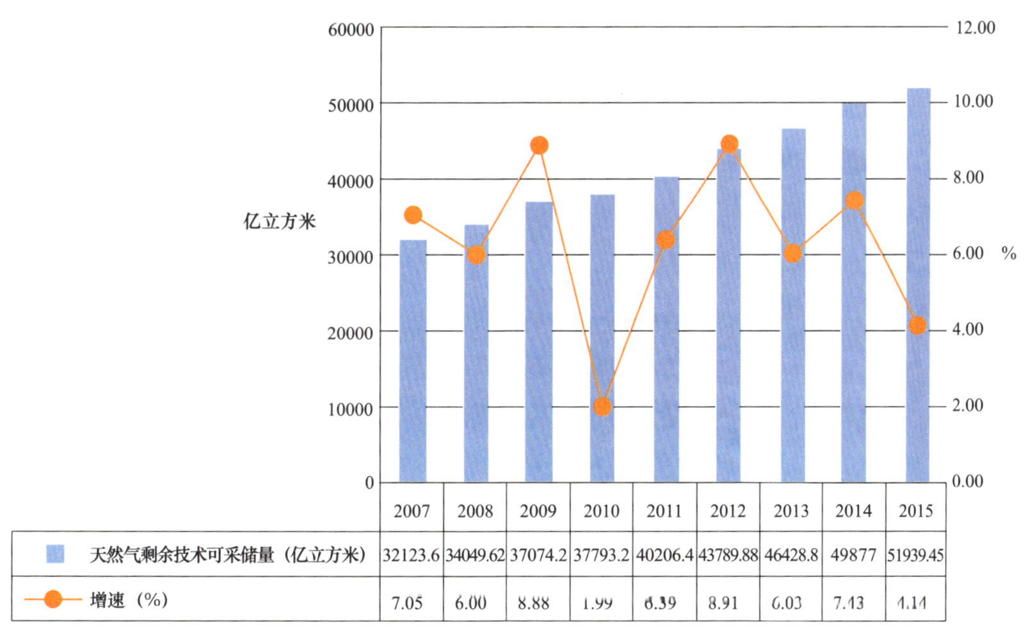

	2007	2008	2009	2010	2011	2012	2013	2014	2015
天然气剩余技术可采储量（亿立方米）	32123.6	34049.62	37074.2	37793.2	40206.4	43789.88	46428.8	49877	51939.45
增速（%）	7.05	6.00	8.88	1.99	6.39	8.91	6.03	7.43	4.14

图 2-8-1　2007—2015 年中国天然气剩余技术可采储量及增长率

数据来源：2007—2014 年数据来自国家统计局，2015 年数据来源于国土资源部。

气剩余技术可采储量 1303.38 亿立方米，占天然气新增储量总量的 19.2%；煤层气新增探明地质储量 26.34 亿立方米，只占 2014 年的 4.4%，2 个气田新增探明地质储量超过千亿立方米。分地区看，四川、新疆、内蒙古剩余技术可采储量位列前三，分别为 11708.6 亿立方米、9746.2 亿立方米和 8098.1 亿立方米，合计占全国的 59.9%（如图 2-8-2 所示）。

“十二五”期间，我国天然气每年新增探明地质储量连续五年超过 5000 亿立方米，累计新增天然气探明地质储量 3.92 万亿立方米，较“十一五”期间增加 8193.39 亿立方米；天然气总产量 6013.17 亿立方米，较“十一五”期间增加 2230.08 亿立方米，增长 54.9%。

二、天然气储采比远低于国际平均水平，资源约束明显

中国页岩气和煤层气可采资源量分别为 10 万亿立方米和 11 万亿立方米（如表 2-8-1 所示），煤层气资源量排世界第三，与排名第一的俄罗斯（67 万亿立方米）相差 31 万亿立方米，与排名第二的美国相差 13 万亿立方米。中国地质调查局发布的《中国页岩气资源调查报告（2014）》称，我国页岩气地质资源量 134 万亿立方米，与美国相当，但我国的页岩气可采资源量排名世界第七，还不到美国（24 万亿立方米）的二分之一。我国的页岩气勘探开采无论是从

技术革新还是政策扶持方面，与美国相比，都需要继续加大投入，攻克难关，增储上产。

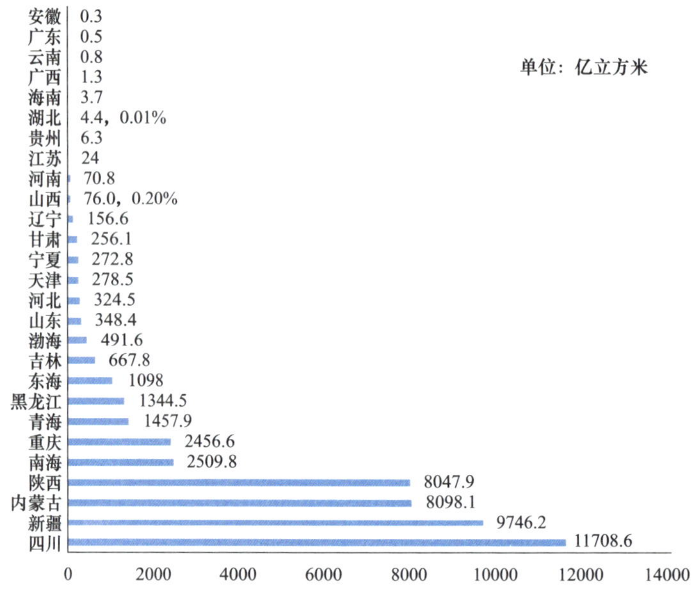

图 2-8-2 2014 年中国分地区天然气剩余技术可采储量

数据来源：国土资源部，剩余技术可采储量世界名次及占比源于《BP 世界能源统计 2015》（BP Statistical Review of World Energy 2015）。

表 2-8-1 中国非常规天然气可采资源量的国际比较

国家	煤层气资源量（万亿立方米）	国家	页岩气可采资源量（万亿立方米）
俄罗斯	67	美国	24
美国	49	阿根廷	22
中国	36	墨西哥	19
加拿大	20	南非	13
澳大利亚	14	澳大利亚	11
乌克兰	12	加拿大	11
印度尼西亚	10	中国	10

数据来源：中国数据来源于国土资源部，其中，煤层气可采资源量为 11 万亿立方米。其他国家数据来源于美国地质调查局。

根据 BP 统计数据，2014 年中国天然气储采比为 26.0 年，远低于世界平均水平 54.1 年，天然气储采比近年来呈现逐渐下降趋势。在天然气年产量超过 1000 亿立方米的国家（美国、俄罗斯、加拿大、伊朗、卡塔尔、中国、挪威和沙特阿拉伯）中，只有伊朗和卡塔尔的储采比超过 100，沙特阿拉伯的储采比为 75.8、俄罗斯为 56.3，而挪威、美国和加拿大的储采比分别为 17.5、13.5 和 12.3（如表 2-8-2）。

表 2-8-2　　2014 年世界主要国家和地区天然气储采比

项目 国家（地区）	储量（亿立方米）	年产量（亿立方米）	储采比（年）
世界	187100	34606	54.1
OECD 国家	19500	12482	15.6
非 OECD 国家	167600	22124	75.8
伊朗	34000	1726	197.0
卡塔尔	24500	1772	138.3
阿拉伯联合酋长国	6100	578	105.5
澳大利亚	3700	553	66.9
沙特阿拉伯	8200	1082	75.8
俄罗斯	32600	5787	56.3
印度	1400	317	44.2
乌克兰	600	186	32.3
中国	3500	1345	26.0
挪威	1900	1088	17.5
美国	9800	7283	13.5
加拿大	2000	1620	12.3
欧盟	1500	1323	11.3
意大利	50	66	7.6
英国	200	366	5.5
墨西哥	300	581	5.2

数据来源：《BP 世界能源统计 2015》（BP Statistical Review of World Energy 2015）。

第二节　天然气储运建设

2004 年以来，天然气管网一直处于高峰建设阶段，目前已初步形成“西气东输、海气登陆、就近供应”供气格局。天然气管道、地下储气库以及 LNG 接收站建设全面提速，特别是地下储气库进入了建设投产高峰阶段。截至 2015 年底，天然气建成干线、支干线长度 6.4 万公里，年输气能力超过 2800

亿立方米；储气库设计工作气量总计达 150 亿立方米；建成 LNG 接收站 11 座，累计接收能力 4080 万吨。

一、储气库建设主要以扩容和注采气为主，设计工作气量达到 150 亿立方米

进入“十二五”，随着天然气的快速发展，储气库在天然气供应链中的调峰作用日益明显，受到各方重视。国家发展改革委在 2014 年 4 月 5 日下发《关于加快推进储气设施建设的指导意见》，为加快储气库建设提供政策支持。在政策的推动作用下，中石油等企业加快了储气库布局建设步伐。

2015 年中国储气库建设主要以已建储气库的扩容和注采气为主。刘庄储气库加入到“冬供”调峰队伍中，可采气量 2.45 亿立方米；相国寺储气库 2014 年实现了冬季采气，2015 年调峰采气超亿方，有力缓解川渝地区冬季用气紧张局面，大幅提高季节性调峰保障能力；文 23 和兴 9 两个储气库正在进行项目的前期准备工作（如表 2-8-3 所示）。截至 2015 年底，中国储气库设计工作气量 150 亿立方米，最大注入率 5708 万立方米/日。

表 2-8-3　截至 2015 年中国建成的主要地下储气库建设情况

储气库	所属公司	地点	类型	工作气能力（亿立方米）	最大注入率（万立方米/日）	投产时间
已建储气库						
萨中东 2-1（已停用）	中石油	大庆	枯竭	0.17	—	1969
喇嘛甸	中石油	大庆	枯竭	1	—	1975
大张坨	中石油	大港	枯竭	6	100	1999 年起陆续投产
板 876	中石油	大港	枯竭	2.17	300	
板中北	中石油	大港	枯竭	10.97	225	
板中南	中石油	大港	枯竭	4.7	360	
板 808	中石油	大港	枯竭	4.17	—	
板 828	中石油	大港	枯竭	2.57	—	
金坛	中石油	江苏	盐穴	1.8	—	2007 年
京 51	中石油	华北	枯竭	1.2	—	2010 年
京 58	中石油	华北	枯竭	3.9	—	
永 22	中石油	华北	枯竭	3	—	

续表

储气库	所属公司	地点	类型	工作气能力（亿立方米）	最大注入率（万立方米/日）	投产时间
刘庄	中石油	江苏	枯竭	2.45	—	2011 年
文 96	中石化	中原	枯竭	2.95	—	2012 年 9 月
双 6	中石油	辽河	枯竭	16	—	2013 年 1 月
呼图壁	中石油	新疆	枯竭	45	1123	2013 年 7 月
相国寺	中石油	重庆	枯竭	23	1380	2013 年 6 月
苏桥储气库群一期	中石油	华北	枯竭	23	1300	2013 年 6 月
板南	中石油	大港	枯竭	5	240	2013 年 10 月
在建储气库						
淮安	中石油	江苏	盐穴	6.42	—	2013 年
长春	中石油	吉林	枯竭	5.43	—	2013 年
云应	中石化	湖北	盐穴	6	—	2015 年
港华金坛	港华燃气	江苏	盐穴	2.175	—	2016 年
开展前期工作储气库						
文 23	中石化	中原	枯竭	39	—	—
兴 9	中石油	华北	枯竭	7.03	—	—

注：苏桥储气库群一期包括苏 1、苏 20、苏 4、苏 9、顾辛庄等 5 座储气库。
数据来源：中石油经济技术研究院《2015 年国内外油气行业发展报告》。

二、天然气干线、支干线新增 1000 公里，管网布局进一步完善

根据国家发展改革委《天然气发展“十二五”规划》，“十二五”期间，中国将新建天然气管道 4.4 万公里，到“十二五”期末，初步形成以西气东输、川气东送、陕京线和沿海主干道为大动脉，连接四大进口战略通道、主要生产区、消费区和储气库的全国主干管网。当前天然气供应的快速增加与基础设施不足的矛盾非常突出，设施滞后形成发展的瓶颈。2014 年 2 月 13 日，国家能源局印发《油气管网设施公平开放监管办法试行》的通知，强调油气管网向民营企业放开，并鼓励分属不同市场主体的上游用户向下游用户直销油气，加快天然气管道建设。

进入 2015 年，天然气管道建设仍保持快速发展势头，中国新增干线、支干线管道约 1000 公里。中国长输管道建设持续推进，中俄东线、西三线中段和东段、西四线、陕京四线等在建线路，总长度超 1 万公里，设计输气能力

约 2180 亿立方米/年。此外，随着页岩气、煤层气等非常规气外输管道建设加速，2015 年，威远页岩气外输干线和涪陵—王场页岩气管道建成投产。截至 2015 年末，中国已建成天然气干线、支干线管道达 6.4 万公里，年输气能力超过 2800 亿立方米（如表 2-8-4 所示）。未来中国将重点建设西气东输三线、西气东输四线、西气东输五线、中俄天然气管道东线、陕京四线、新粤浙管道、鄂安沧管道等为主的主干管网和地区联络线为主的联络管道，全面建成更加合理完善的全国性管网系统，实现国产气与进口气、常规气与非常规气等不同属地、不同气源间的联通。

表 2-8-4　2015 年中国主干、支干线及联络天然气管道建设情况

管道	所属公司	起点	终点	长度（公里）	储气能力（亿立方米/年）	状态
济南—青岛输气管道二线工程	中石化	山东济南	山东青岛	359	50	已建
哈沈输气管道	中石油	长春分输清管站	沈阳	365	90	已建
泰青威管道	中石油	山东泰安市	山东威海市	1067	86	已建
重庆涪陵—王场页岩气输气管道	中石化	涪陵白涛	石柱王场	136.5	70	已建
中俄东线	中石油	黑龙江黑河	上海	3968	380	在建
西三线东段	中石油	江西吉安	福州	817	300	在建
西三线中段	中石油	宁夏中卫	江西吉安	2016	300	在建
西四线	中石油	新疆伊宁	宁夏中卫	2454	300	在建
陕京四线	中石油	陕西靖边	北京市高丽营	1273	300	在建
新粤浙管道	中石化	新疆伊宁	广东韶关末站	8280	300	在建
鄂安沧管道	中石油	陕西榆林	河北沧州	2422	300	在建

数据来源：中石油经济技术研究院《2015 年国内外油气行业发展报告》。

三、地区支线建设速度加快，部分区域管网进入密集建设期

连接区域市场的天然气地区支干线管道和区域性管道建设速度加快，部分区域管网进入密集建设期。2015 年，中国已建天然气管网长度为 7279.35 公里，在建的地区干线、区域管网长度超过 4500 公里。目前，中国的天然气区域管网建设主要集中在云南、广西、广东、海南等中西部地区（如表 2-8-5 所示）。

表 2-8-5　　2015 年中国地区支线、区域管网建设情况

管道	所属公司	覆盖区域	长度（公里）	状态
中缅管道都匀、钦州、曲靖支线	中石油	云南、广西	206.9	已建
博爱—郑州—薛店天然气管道	中石油	河南	108	已建
山东 LNG 外输管道	中石化	山东	120	已建
泰兴—芙蓉天然气管道	中石油	江苏	54.5	已建
中贵线天水支线	中石油	甘肃	51.5	已建
西二线广西段苍梧至贺州支线	中石油	广西	140.7	已建
济青输气管道	中石化	山东	398	已建
广西输气管道工程	中石化	广西、广东	1318	已建
“川气东送”江南联络线	安徽省天然气开发	安徽	100.4	在建
西二线南宁—百色支线	中石油	广西	300	在建
潍东管道	中石油	山东	18	在建
琼粤跨海管线	中海油	海南、广西、广东	—	在建
部分地方管网				
海西天然气管网二期	中海油	福建	43	已建
广东管网二期工程荔湾海输气管道项目	广东省天然气	广东	16.62	已建
广东管网二期工程珠海 LNG 输气管道项目	广东省天然气	广东	19.33	已建
轮吐干支线北四线马兰基地输气管道建设工程	中石油	新疆	102.8	已建
中缅天然气管道云南支线及城市燃气项目	中石油	云南	1700	已建
“气化陕西”二期工程	陕西天然气	陕西	3000	已建
甬台温天然气输气管道	浙江省天然气	浙江	505	在建
江西天然气管网二期工程	浙江省天然气	江西	—	在建
山西天然气管网	国新能源	山西	2000	在建
海南省环岛天然气管网文昌—琼海—三亚输气管道	中海油	海南	265.8	在建
湖南天然气管网	—	湖南	2000	在建

数据来源：中石油经济技术研究院《2015 年国内外油气行业发展报告》。

第三节　LNG 接收站建设

2015 年中国无新增 LNG 接收能力，截至 2015 年底，全国投产 LNG 接收站 11 座，累计接收能力达到 4080 万吨/年。根据在建规模，预计 2017 年接收能力将达到 8320 万吨/年。民营企业开始布局 LNG 业务，促进商用 LNG 储备能力快速增长，接转储运项目和城市调峰项目加速建设。

一、LNG 建设稳步增长，接收能力富余，第三方准入快速推进

2015 年，中国 LNG 接收站第三方公平准入快速推进，截至年底，已有广汇能源、河北华港燃气、北京燃气等企业通过第三方接收站进口 LNG 现货。目前，LNG 接收能力已从 2006 年的 370 万吨/年提高到 2015 年的 4080 万吨/年。全国已投产和试运行的 LNG 接收站有 12 座（如表 2-8-6 所示）。

表 2-8-6　　截至 2015 年中国已投产 LNG 接收站项目

项目名称	所在位置	所属公司	设计能力（万吨/年）		一期投产时间
			一、二期合计	已投产	
广东大鹏 LNG	深圳大鹏湾	中海油	6.8	6.8	2006 年 6 月
福建莆田 LNG	箐田湄洲湾	中海油	6.3	6.3	2008 年 4 月
上海洋山 LNG	洋山深水港	中海油	6	3	2009 年 10 月
江苏如东 LNG	如东洋口港	中石油	6.5	3.5	2011 年 6 月
辽宁大连 LNG	大连大孤山半岛	中石油	6	3	2011 年 7 月
浙江宁波 LNG	宁波白峰镇中宅	中海油	6	3	2012 年 12 月
珠海金湾 LNG	广东珠海高栏港	中海油	7	3.5	2013 年 10 月
河北曹妃甸 LNG	唐山市曹妃甸港区	中石油	6.5	3.5	2013 年 12 月
天津浮式 LNG	天津港南疆港区	中海油	6	2.2	2013 年 12 月
海南洋浦 LNG	洋浦经济开发区	中海油	6	3	2014 年 8 月
山东青岛 LNG	青岛胶南董家口	中石化	3	3	2014 年 11 月
广西北海 LNG	北海市铁山港区	中石化	3	3	2016 年 4 月

数据来源：中石油经济技术研究院《2015 年国内外油气行业发展报告》。

二、在建规模继续扩大，2017 年接收能力将达 8320 万吨/年

目前，中国已核准在建的 LNG 接收站有 8 座（见表 2-8-7），在建新增接

收站5座，加上大连、如东、宁波等二期在建项目，在建能力超2100万吨。但中国LNG接收站效率低，利用负荷从2014年的48.7%降至47.7%，LNG接收能力过剩问题显现。预计到2017年，中国LNG接收站总接收能力还将达到8320万吨/年（如图2-8-3所示）。

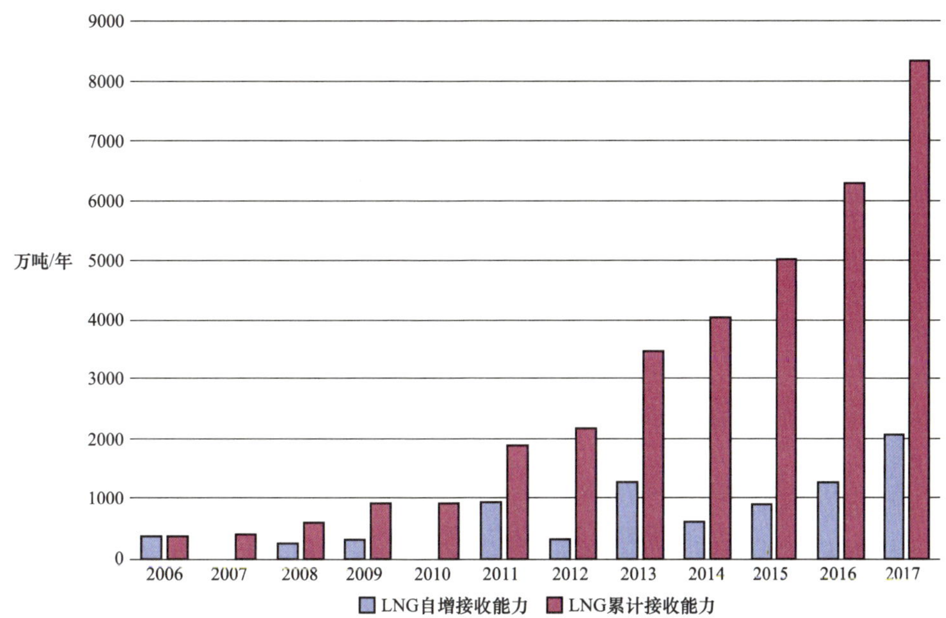

图2-8-3 2006—2017年中国LNG接收能力发展状况及预测

数据来源：中石油经济技术研究院《2014年国内外油气行业发展报告》。

表2-8-7 截至2015年中国在建LNG接收站项目

项目名称	所在位置	所属公司	设计能力（百万吨/年）
深圳迭福LNG	大鹏湾迭福片区	中海油	4
天津南港LNG	滨海新区南港工业园	中石化	3
浙江舟山LNG	舟山经济开发区	新奥	3
广东揭阳LNG	揭阳市惠来县	中海油	2
浙江宁波二期LNG	宁波白峰镇中宅	中海油	3
辽宁大连二期LNG	大连大孤山半岛	中石油	3
江苏如东二期LNG	如东洋口港	中石油	3
广西北海LNG	北海市铁山港区	中石化	3

数据来源：中石油经济技术研究院《2015年国内外油气行业发展报告》。

三、LNG 储备能力增强，接转储运和城市储备项目继续推进

2014 年 2 月 28 日，国家发展改革委发布《天然气基础设施建设与运营管理办法》，首次明确了天然气销售企业的调峰责任，要求在 2020 年前，拥有不低于其合同销售量 10%的工作气量，以满足季节性调峰及供气安全，而燃气集团公司需承担日调峰责任。在政策推动下，中国接转储运和城市储备项目继续推进（如表 2-8-8 所示）。

表 2-8-8　中国部分已建、在建、拟建的 LNG 接转储运中心

项目名称	所在位置	所属公司	设计能力（百万吨/年）	项目状态	投产年份
五号沟 LNG 项目	上海	申能	0.5	已建	2008
九丰 LNG 项目	东莞红梅沙田镇	九丰	1	已建	2012
深南 LNG 项目	海口澄迈县	中石油	0.5	已建	2013
广西防城港 LNG 项目	广西防城港	中海油	0.6	已建	2016
启东 LNG 项目	南通港吕四港区	广汇	0.6	已建	2016
深圳市天然气储备与调峰库工程	广东深圳市大鹏新区	深圳市燃气	—	已建	2016
福建江阴 LNG 项目	福州江阴牛头尾港	中石油	0.1	拟建	待定
宁德 LNG 转运站	福建宁德	中海油	0.8	拟建	2018
沧州 LNG 转运站	河北黄骅港综合港区	太平洋油气	2	拟建	待定
阳江 LNG 调峰储气库及配套码头项目	广东阳江港海陵湾港区	太平洋油气	1	拟建	待定

数据来源：中石油经济技术研究院《2015 年国内外油气行业发展报告》。

第九章 电力投资与建设

电力投资方面，2015 年我国主要电力企业电力工程建设完成投资同比增长 11.4%，电源工程建设完成投资和电网工程建设完成投资同比均超过 10%，非化石能源发电装机比重进一步上升，电网投资增速首次达到两位数。

电源建设方面，2015 年基建新增发电装机容量 12974 万千瓦，累计达到 15.1 亿千瓦；电网建设方面，新增 220 千伏及以上输电线路回路长度、变电设备容量分别为 33152 公里、21785 万千伏安。

第一节 电力投资

2015 年中国电力工程建设完成投资 8694 亿元，其中，电源工程建设完成投资 4091 亿元，同比上升 11.0%；电网工程建设完成投资 4603 亿元，同比增长 11.7%，电网投资增速首次达到两位数（如图 2-9-1 所示）。

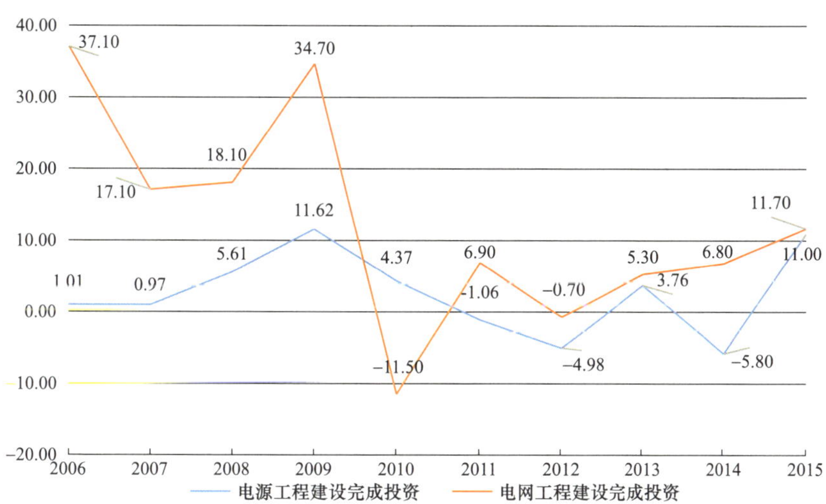

图 2-9-1 2006—2015 年电源、电网投资增速

数据来源：2006—2013 年数据来自历年《电力工业统计资料汇编》，2014、2015 年数据来自国家能源局网站（http://www.nea.gov.cn/）。

2015 年，我国电网建设投资继续加大，速度不断加快，全年完成 4603 亿元，投资比重与上年基本持平。

电源建设方面，水电基本建设投资完成额同比下降 17.0%，火电、核电基本建设投资完成额同比分别增长 22.0%和 5.2%。

一、电网投资占电力总投资的 52.9%，投资比重继续超过电源投资

“十二五”以来，电网工程建设完成投资年年有不同程度的提升。其中，2011 年完成 3682 亿元，同比增长 6.8%；2012 年完成 3693 亿元，同比增长 0.2%；2013 年完成 3894 亿元，同比增长 5.4%；2014 年突破 4000 亿元大关，达 4118 亿元，同比增长 5.8%；2015 年完成 4603 亿元，同比增长 11.7%，为 2010 年以来最快增速。

从电力投资结构上看，2015 年电源、电网投资分别占电力工程建设完成投资的 47.1%和 52.9%（如图 2-9-2 所示）。近年来，电网投资落后于电源投资的局面在逐步改变，2013 年以来连续三年电网投资超过电源投资。

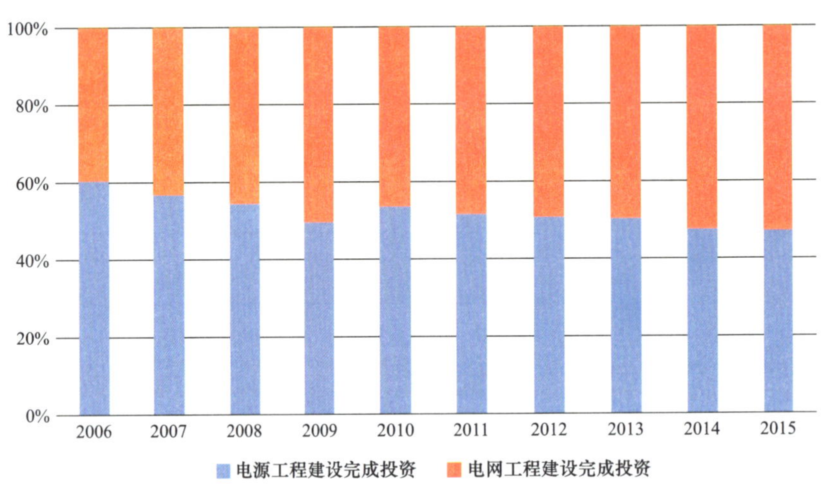

图 2-9-2　2006—2015 年电源、电网投资比重

数据来源：2006—2013 年数据来自历年《电力工业统计资料汇编》，2014、2015 年数据来自国家能源局网站（http://www.nea.gov.cn/）。

二、“十二五”以来火电投资比重下降，水电、风电比重上升

2015 年，在总额 4091 亿元的电源投资中，水电、火电、核电、风电、太阳能及其他分别为 782 亿元、1396 亿元、560 亿元、1100 亿元和 253 亿元。从电源投资结构上看，2015 年水电完成投资占电源投资总额的 19.1%，较上年下降 7.2 个百分点；火电比重为 34.1%，较上年增加了 8 个百分点；核电

比重为 13.7%，较上年降低 1.9 个百分点；风电比重占 26.9%，较上年下降了 0.3 个百分点，太阳能及其他比重占 6.2%，较上年上升了 1.5 个百分点（如图 2-9-3 所示）。与“十一五”期间整体对比来看，“十二五”以来，火电投资比重下降，水电、风电和太阳能发电比重上升。

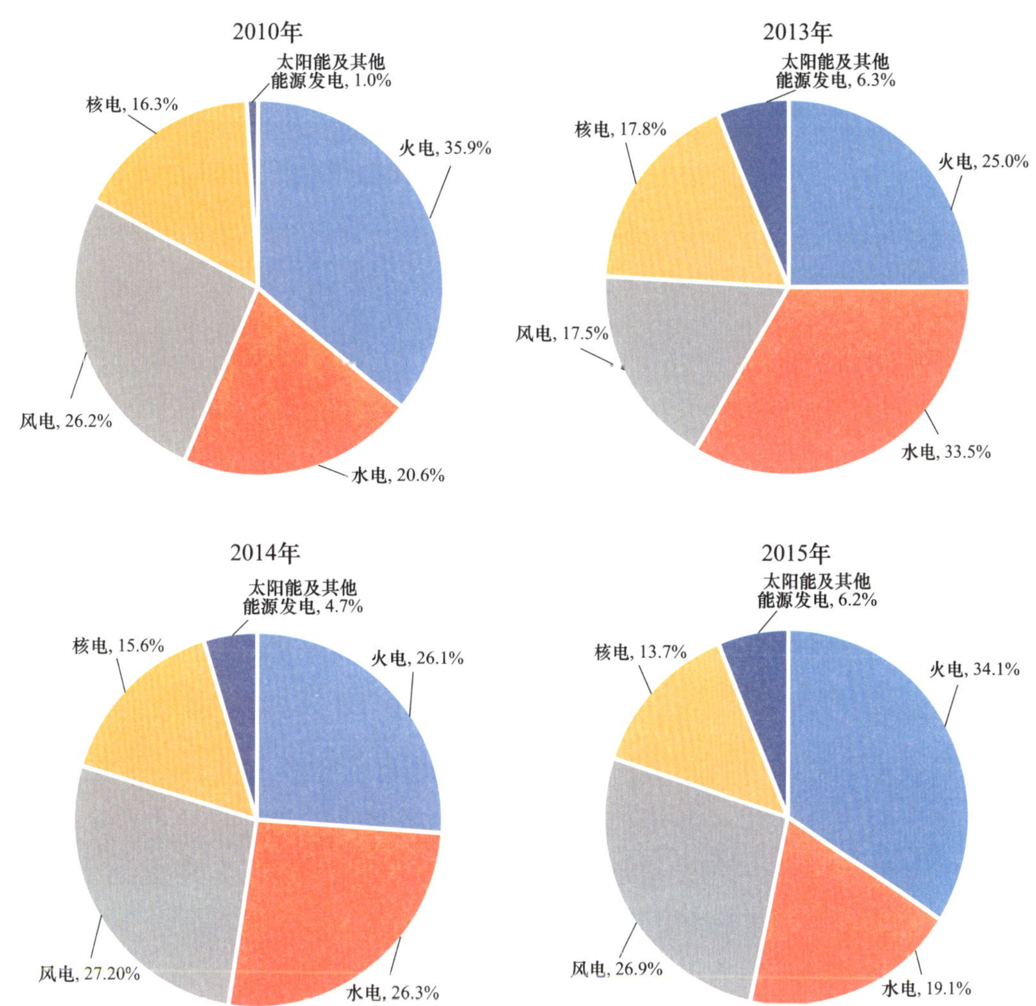

图 2-9-3　2010、2013、2014、2015 年电源投资结构

数据来源：《电力工业统计资料汇编》，国家能源局网站（http://www.nea.gov.cn/）、中国电力企业联合会公布统计数据。

第二节　电源建设

2015 年我国发电装机实现平稳较快发展，同比增长 10.5%。从结构上看，火电装机比重同比下降 1.6 个百分点，核电、风电、太阳能发电装机比重同比分别提高 0.2、1.6 和 1.0 个百分点。“十二五”以来，火电、水电装机比重分别下降 7.7 和 1.2 个百分点，核电、风电、太阳能发电装机比重分别提高 0.6、5.5 和 2.8 个百分点。

一、2015 年累计发电装机容量 15.1 亿千瓦，同比增长 10.5%

据国家能源局数据，2015 年我国基建新增发电装机容量 1.3 亿千瓦，累计发电装机容量达到 15.1 亿千瓦，同比增长 10.5%（如图 2-9-4 所示）。

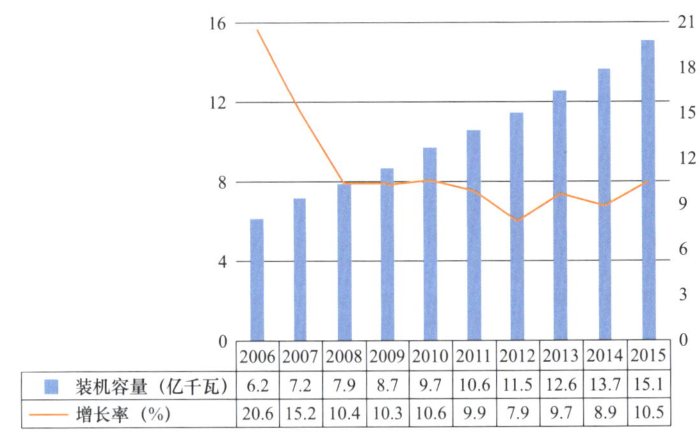

	2006	2007	2008	2009	2010	2011	2012	2013	2014	2015
装机容量（亿千瓦）	6.2	7.2	7.9	8.7	9.7	10.6	11.5	12.6	13.7	15.1
增长率（%）	20.6	15.2	10.4	10.3	10.6	9.9	7.9	9.7	8.9	10.5

图 2-9-4　2006—2015 年我国累计发电装机容量增速

数据来源：国家能源局发展规划司《能源数据分析手册 2015》。

中国发电装机规模全球第一，但人均发电装机容量与其他国家尤其是发达国家差距较大。根据国际能源署（IEA）统计数据，2014 年世界发电装机容量 60.99 亿千瓦，中国发电装机容量为世界发电装机容量的 22.5%。2014 年，美国、日本、德国人均发电装机容量分别为 3.66、2.41、2.33 千瓦。2014 年中国的人均发电装机仅为美国的 27.3%、日本的 41.5%、德国的 42.9%（如表 2-9-1 所示）。

表 2-9-1　　2014 年发电总装机容量及人均装机容量的国际比较

国家（地区）	发电装机容量（百万千瓦）	人口数（亿人）	人均发电装机容量（千瓦/人）
美国	1166	3.19	3.66
加拿大	133	0.36	3.69
墨西哥	65	1.25	0.52

续表

国家（地区）	发电装机容量（百万千瓦）	人口数（亿人）	人均发电装机容量（千瓦/人）
巴西	139	2.06	0.67
英国	93	0.64	1.45
法国	129	0.64	2.02
德国	189	0.81	2.33
意大利	125	0.60	2.08
西班牙	106	0.46	2.30
俄罗斯	237	1.43	1.66
澳大利亚	65	0.24	2.71
中国	1370	13.69	1.00
印度	259	12.95	0.20
日本	306	1.27	2.41
韩国	92	0.50	1.84
南非	45	0.54	0.83
世界	6099	72.36	0.84
OECD 国家	2915	12.69	2.30
非 OECD 国家	3184	59.67	0.53

注：各国数据均为 2014 年数据；中国原始数据来源于美国能源信息管理局；人口数来源于联合国。

数据来源：数据来自国网能源研究院《2016 全球能源分析与展望》，其数据主要源自国际能源署、联合国、美国能源信息管理局、英国石油公司、中国电力企业联合会。

二、“十二五”以来火电装机比重下降 7.7 个百分点，核电、风电、太阳能发电装机比重均有提高

截至 2015 年底，火电、水电、核电、并网风电、并网太阳能发电装机容量分别为 99021 万千瓦、31937 万千瓦、2608 万千瓦、12934 万千瓦和 4318 万千瓦，分别占总装机容量的 65.7%、21.2%、1.7%、8.6%和 2.9%。与 2014 年相比，火电、水电发电装机比重分别下降 1.6、1.0 个百分点，核电、风电和太阳能发电装机比重分别提高 0.2、1.6 和 1.0 个百分点。非化石能源装机

容量合计 5.2 亿千瓦，约占总装机的 34.3%，比 2010 年提升 7.8 个百分点。

根据国家能源局统计，“十二五”期间，我国核电、水电、风电、太阳能发电装机规模分别增长 2.6 倍、1.4 倍、4 倍和 168 倍，带动非化石能源消费比重提高了 2.6 个百分点（如图 2-9-5、图 2-9-6、图 2-9-7、图 2-9-8、图 2-9-9 所示）。

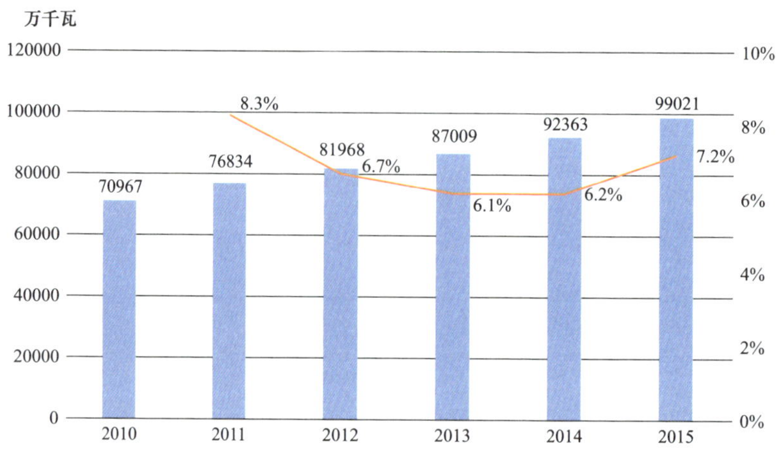

图 2-9-5　2010—2015 年我国火电发电装机容量及增速

数据来源：2010—2014 年数据来自中国电力企业联合会公布统计数据，2015 年数据来自国家能源局发展规划司《能源数据分析手册 2015》。

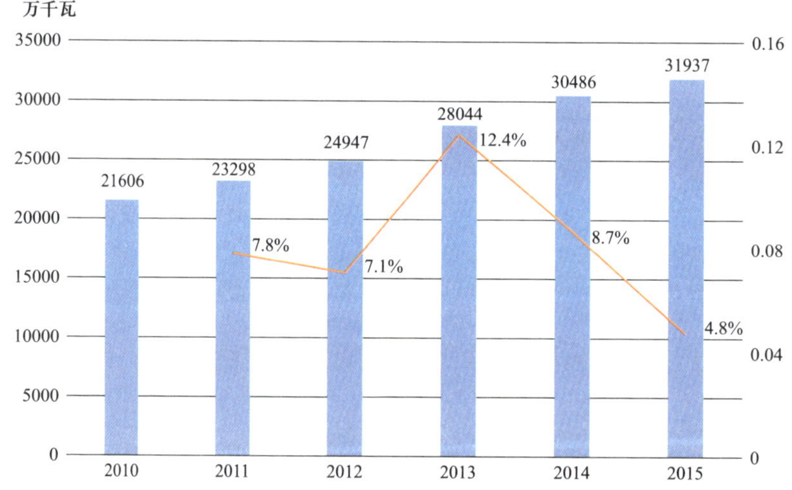

图 2-9-6　2010—2015 年我国水电发电装机容量及增速

数据来源：2010—2014 年数据来自中国电力企业联合会公布统计数据，2015 年数据来自国家能源局发展规划司《能源数据分析手册 2015》。

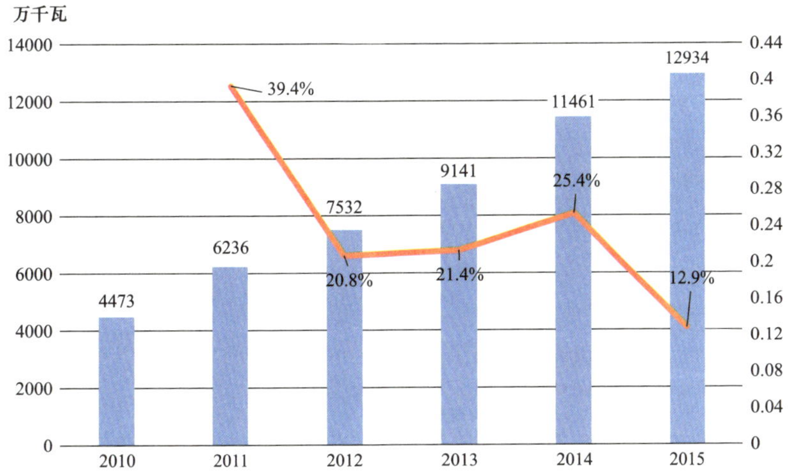

图 2-9-7 2010—2015 年我国风电发电装机容量及增速

数据来源：2010—2014 年数据来自中国电力企业联合会公布统计数据，2015 年数据来自国家能源局发展规划司《能源数据分析手册 2015》。

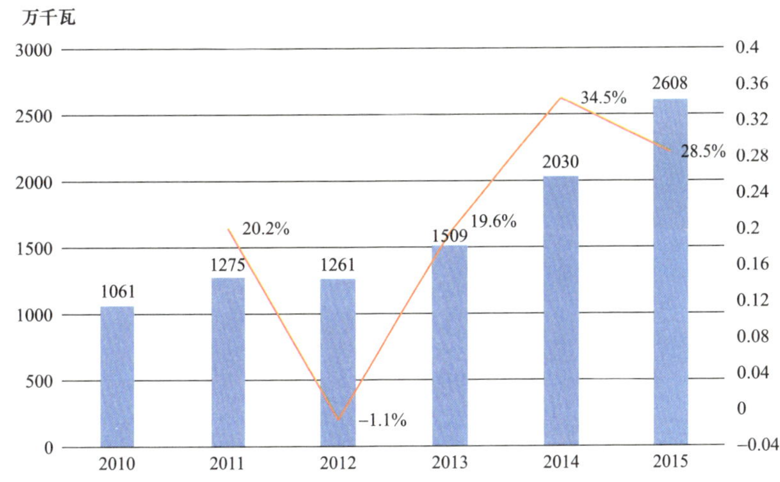

图 2-9-8 2010—2015 年我国核电发电装机容量及增速

数据来源：2010—2014 年数据来自中国电力企业联合会公布统计数据，2015 年数据来自国家能源局发展规划司《能源数据分析手册 2015》。

“十二五”以来，火电、水电装机比重分别下降 7.7 和 1.2 个百分点，核电、风电、太阳能发电装机比重分别提高 0.6、5.5 和 2.8 个百分点（如图 2-9-10 所示）。火电装机比重大幅下降，主要是因为：一方面，受火电厂连年严重亏损的影响，企业火电项目投入明显减少；另一方面，国家大力鼓励发展新能源和可再生能源，尤其是为了改善大气污染状况，要求压减燃煤，对火电发展产生很大影响。

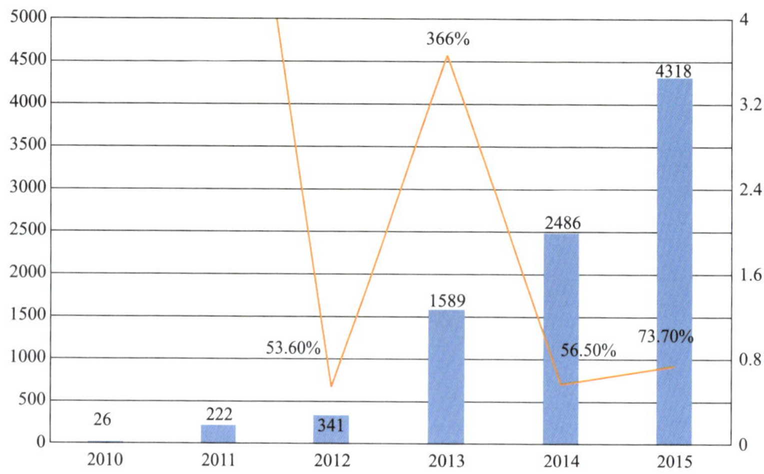

图 2-9-9　2010—2015 年我国太阳能发电装机容量及增速

数据来源：2010—2014 年数据来自中国电力企业联合会公布统计数据，2015 年数据来自国家能源局发展规划司《能源数据分析手册 2015》。

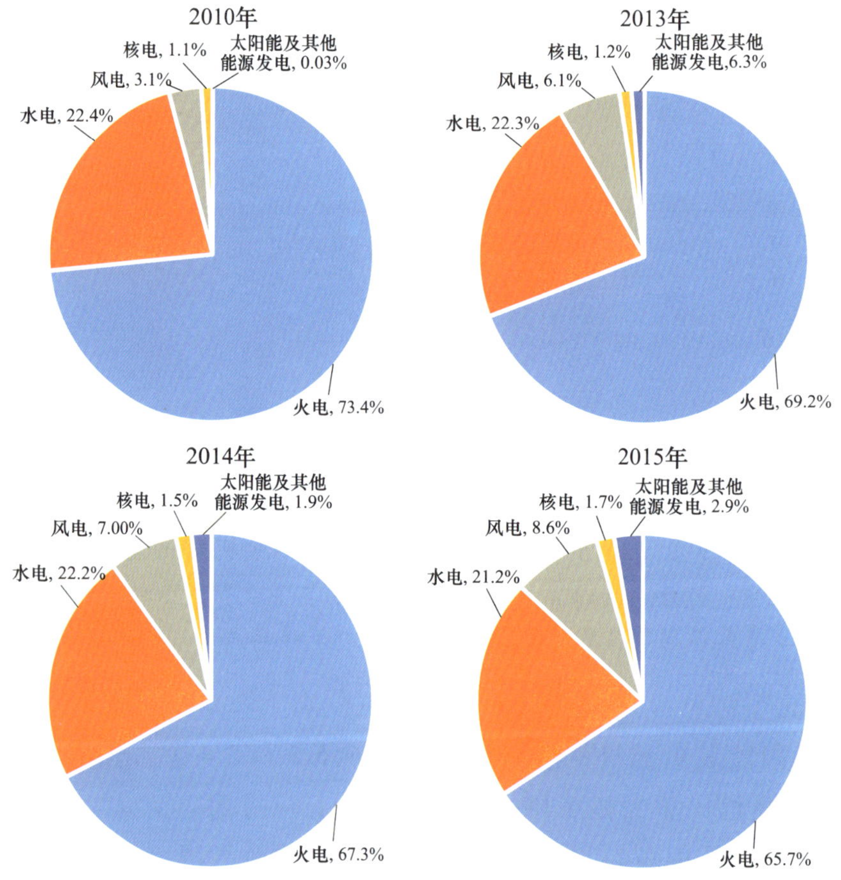

图 2-9-10　2010、2013、2014、2015 年我国发电装机结构

数据来源：2010、2013、2014 年数据来自中国电力企业联合会公布统计数据，2015 年数据来自国家能源局发展规划司《能源数据分析手册 2015》。

从世界范围看，火电装机占全球总装机的 63.7%，仍然占主导地位，全球非水可再生能源装机比重增加到 10.9%，而水电、核电装机比重有所下降。相比来说，中国 2014 年火电装机比重 65.3%，与世界、北美火电装机比重基本相同，比欧洲高，比美国低。中国核电装机比重较低，根据国网研究院及联合国统计数据，2014 年世界核电装机容量占总装机容量的 6.2%，而中国核电装机比重为 1.5%，较世界平均水平低了近 5 个百分点。根据国网研究院统计数据，2014 年美国火电、水电、核电和太阳能等其他发电装机占比分别为 73.7%、8.7%、8.7%和 9.0%，2014 年中国水电和风电占比较 2011 年美国高 13.5 和 2.0 个百分点，火电、核电占比较 2011 年美国低 8.4 和 7.2 个百分点（如表 2-9-2 所示）。

表 2-9-2　　2014 年发电装机结构的国际比较　　单位：%

国家（地区）\项目	火电	水电	核电	地热、风能、太阳能等发电
北美	68.5	14.0	8.5	9.0
美国	73.7	8.7	8.7	9.0
加拿大	21.2	57.9	10.2	10.7
墨西哥	72.8	19.3	2.2	5.8
中南美	39.4	52.4	1.0	7.2
巴西	18.9	66.5	1.4	13.2
欧洲	52.2	20.1	10.7	17.0
英国	61.1	4.3	10.4	24.2
法国	19	19.7	49.0	12.4
德国	42.8	5.7	6.4	45.1
意大利	56.9	17.6	0.0	25.5
西班牙	45.3	18.3	7.4	29.1
俄罗斯	67.8	21.9	10.2	0.1
亚太	66.2	19.3	3.9	10.6
澳大利亚	74.6	11.1	0.0	14.3
中国	65.3	22.2	1.5	11.0
印度	68.9	17.3	2.2	11.6
日本	59.1	16.0	14.5	10.4
韩国	66.7	7.0	22.4	3.9
中东	94	5.4	0.3	0.3

续表

国家（地区）\项目	火电	水电	核电	地热、风能、太阳能等发电
非洲	80.3	16.0	1.1	2.6
南非	89.9	1.5	4.1	4.4
世界	63.7	19.2	6.2	10.9

数据来源：国网能源研究院《2016全球能源分析与展望》、英国石油公司、国际能源署。

三、主要发电企业装机容量

2015年中国主要发电企业集团发电装机合计约8.3亿千瓦，占全国总装机容量的55.3%，其中华能集团装机容量约为1.6亿千瓦，位居第一（如图2-9-11所示）。

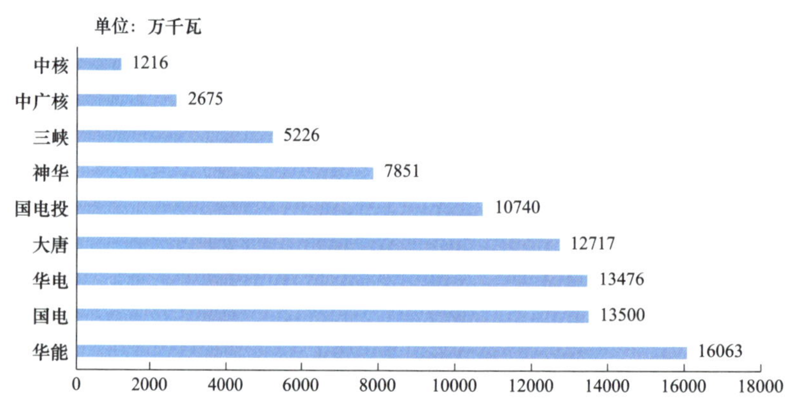

图2-9-11　2015年中国主要发电企业装机容量

数据来源：数据来自国家能源局发展规划司《能源数据分析手册2015》。

第三节　电网建设

2015年中国新增220千伏及以上输电线路回路长度、公用变电设备容量分别为35483公里、18154万千伏安。

沿着“十二五”电网发展轨迹，电网骨干网架日趋坚强，配网、农网供电水平稳步提升，电网服务清洁能源发展能力显著增强。

特高压进入大规划建设时代。2015年，列入国家大气污染防治行动计划的“四交四直”和酒泉—湖南特高压直流工程全面开工，准东—皖南±1100

千伏特高压直流工程获得核准。国家电网公司特高压跨区跨省输送电量 1534 亿千瓦时，同比增长 12.2%（如表 2-9-3 所示）。

2015 年，国家电网公司完成 30 个重点城市市区和 30 个非重点城市核心区配电网建设改造，解决了 10 个县域电网与主网联系薄弱和 664 万农村用户“低电压”问题。

比较来看，我国电网投资的饱和程度还远不及电源投资，我国在可再生能源消纳能力和供电可靠性等方面仍然急需电网持续投资。从电网建设内部结构来说，重“输”轻“配”已是过去时。随着新电改政策落地、全社会用电量增速放缓，以及大部分电源供给及输电线路骨架逐步完善，再加上能源互联网时代的到来，轻“配”现象将一去不返。

表 2-9-3　　截至 2015 年底投运和在建特高压工程项目情况

特高压线路	电压等级	线路长度（公里）	投入运行时间	所属公司	路　径
晋东南—南阳—荆门	1000 千伏	640	2009.01	国网	起于山西晋东南（长治）变电站，经河南南阳开关站，止于湖北荆门变电站，跨越黄河、汉江
云南—广东	±800 千伏	1373	2009.12	南网	西起云南楚雄，横贯云南、广西、广东 3 省，东至广东增城
向家坝—上海	±800 千伏	1907	2010.07	国网	起于四川宜宾复龙换流站，止于上海奉贤换流站，途经四川、重庆、湖北、湖南、安徽、浙江、江苏、上海等 8 省市，四次跨越长江
锦屏—苏南	±800 千伏	2059	2012.12	国网	起点四川西昌市裕隆换流站，落点江苏省苏州市同里换流站，途经四川、云南、重庆、湖南、湖北、安徽、浙江、江苏 8 省市
云南普洱—广东江门	±800 千伏	1451	2013.09	南网	起于云南普洱换流站，止于广东江门换流站
淮南—上海	1000 千伏	双回路 2×649	2013.09	国网	起于安徽淮南变电站，经安徽皖南变电站、浙江浙北变电站，止于上海沪西变电站，途经安徽、浙江、江苏、上海 4 省市，跨越淮河、长江
哈密南—郑州	+800 千伏	2210	2014.01	国网	起于新疆哈密南换流站，止于河南郑州换流站，途径新疆、甘肃、宁夏、陕西、山西、河南
溪洛渡左岸—浙江金华	±800 千伏	1653	2014.07	国网	起于四川宜宾换流站，止于浙江金华换流站，途经四川、贵州、湖南、江西、浙江 5 省

续表

特高压线路	电压等级	线路长度（公里）	投入运行时间	所属公司	路　　径
浙北—福州	1000千伏	双回路 2×603	2014.12	国网	工程包括四站三线，起于浙江浙北变电站，止于福建福州变电站
锡盟—山东	1000千伏	2×730	2016	国网	内蒙古—河北—天津—山东
蒙西—天津南	1000千伏	2×608	2016	国网	准格尔旗—晋北—北京西—天津南
榆横—潍坊	1000千伏	2×1049	2017	国网	陕西—山西—河北省—山东
宁东—浙江	±800千伏	1720	2016	国网	宁夏—陕西—山西—河南—安徽—浙江
酒泉—湖南	±800千伏	238	2017	国网	甘肃—陕西—重庆—湖北—湖南
晋北—江苏	±800千伏	1119	2017	国网	山西—河北—河南—山东—安徽—江苏
锡盟—泰州	±800千伏	1620	2017	国网	起点为内蒙古锡林浩特市，途径河北省、天津市、山东省、终点为江苏省泰州市
上海庙—山东	±800千伏	1238	2017	国网	陕西—山西—河北—山东

数据来源：课题组整理。

表2-9-4　列入大气污染防止行动计划的“四交四直”特高压工程

	工程项目	电压等级	线路长度（公里）	变电/换流容量（万千伏安/万千瓦）	投运时间
交流	淮南—南京—上海	1000千伏	2×780	1200	2016年
	锡盟—山东	1000千伏	2×730	1500	2016年
	蒙西—天津南	1000千伏	2×608	2400	2016年
	榆横—潍坊	1000千伏	2×1049	1500	2017年
直流	宁东—浙江	±800千伏	1720	1600	2016年
	晋北—南京	±800千伏	1119	1600	2017年
	上海庙—山东	±800千伏	1300	1280	2017年
	锡盟—江苏	±800千伏	1620	1440	2017年

数据来源：课题组整理。

第十章 非化石能源投资与建设

2015 年，中国清洁能源投资保持高速增长，增长势头呈现放缓趋势。全球清洁能源投资总额达 3289 亿美元，创历史新高，同比增加 4.0%，其中，中国投资额达 1105 亿美元，同比增 17.0%。非化石能源电源建设投资占电源投资的比重进一步下降，由 2014 年的 73.9%降至 65.9%。非化石能源发电工程建设完成投资中，水电、核电投资延续下降趋势，降幅均有所收窄，风电、光伏发电投资保持强劲增长，新增装机容量皆创历史新高。全年非化石能源装机容量大幅增加，其中，新增水电装机 1608 万千瓦，总装机达到 3.2 亿千瓦，并网风电新增容量 3297 万千瓦，创历史新高，全国并网风电容量近 1.3 亿千瓦，光伏发电新增装机容量 1513 万千瓦，连续三年新增装机超过 1000 万千瓦，创历史新高，累计并网容量达到 4318 万千瓦，成为世界光伏第一大国。从总量上看，目前水电、风电、光伏发电总容量合计 4.9 亿千瓦，占比已达到 32.5%。

第一节 水电投资与建设

2015 年，全国水电投资额已连续第三年下降，基建新增水电装机规模延续萎缩趋势，截至 2015 年底，水电装机容量 3.2 亿千瓦，超额完成“十二五”规划目标，抽水蓄能投资建设缓慢，装机容量仅 2300 万千瓦，未完成“十二五”规划目标。

一、水电投资建设放缓，投资额连续三年下降

2015 年，中国水电投资完成 782 亿元，比 2014 年减少 178 亿元，下降 17.0%（如图 2-10-1 所示），为“十二五”以来最低，占电源基建投资总额的 19.1%，比 2014 年下降 7.2 个百分点。“十二五”期间，水电累计投资 5174 亿元，比“十一五”累计投资额增长 23.8%。

“十二五”期间水电新开工规模明显萎缩，随着西南大中型水电项目相继投产，2015 年底全国主要发电企业常规水电在建规模仅有 3200 万千瓦，全

年水电投资同口径同比下降 17.0%，已连续三年下降，预计未来几年水电新增规模较小。

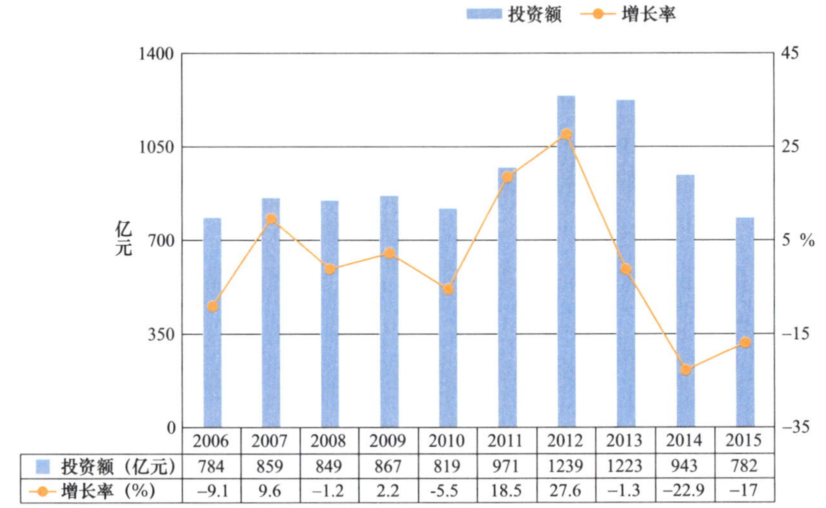

	2006	2007	2008	2009	2010	2011	2012	2013	2014	2015
投资额（亿元）	784	859	849	867	819	971	1239	1223	943	782
增长率（%）	-9.1	9.6	-1.2	2.2	-5.5	18.5	27.6	-1.3	-22.9	-17

图 2-10-1　2006—2015 年水电投资额及增长率

数据来源：历年《电力工业统计资料汇编》，

国家能源局网站（http://www.nea.gov.cn）。

二、水电装机容量达 3.2 亿千瓦，超额完成“十二五”目标

2015 年中国基建新增水电装机 1608 万千瓦，同比减少 577 万千瓦，下降 26.2%，截至 2015 年底，水电装机容量 3.19 亿千瓦，同比增长 4.9%（如图 2-10-2 所示），降幅比 2014 年收窄 3.6 个百分点。根据《能源发展“十二五”规划》确定的目标，到 2015 年，全国水电装机容量达到 2.9 亿千瓦，完成目标的 110%。

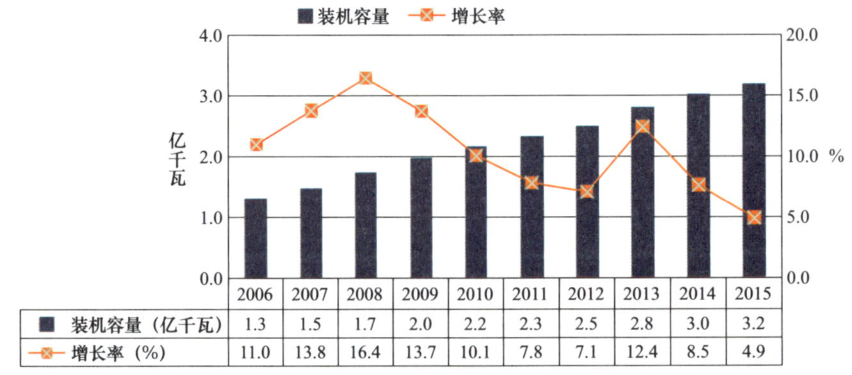

	2006	2007	2008	2009	2010	2011	2012	2013	2014	2015
装机容量（亿千瓦）	1.3	1.5	1.7	2.0	2.2	2.3	2.5	2.8	3.0	3.2
增长率（%）	11.0	13.8	16.4	13.7	10.1	7.8	7.1	12.4	8.5	4.9

图 2-10-2　2006—2015 年水电装机容量及增长率

数据来源：历年《电力工业统计资料汇编》，

国家能源局网站（http://www.nea.gov.cn）。

水电建设规模继续大幅缩水。从新投产情况看，2015 年全国水电工程投产仅 8 个项目，装机容量 158 万千瓦，占发电投产总容量的 1.5%，远低于风电的 22.3%和光伏发电的 11.1%。在建工程方面，2015 年水电在建工程仅有 13 个，占在建电源工程总量的 1.6%左右。

三、抽水蓄能发电装机容量增长提速，未完成“十二五”规划目标

截至 2015 年底，中国抽水蓄能电站装机容量 2300 万千瓦（如图 2-10-3 所示），增长 5.4%，增幅比 2014 年提高 3.9 个百分点，占水电装机总容量的 7.2%，与 2014 年持平。在一系列有关抽水蓄能建设管理体制和电价机制等相关政策的支持下，抽水蓄能电站建设速度有所提高，2015 年新增装机容量 117 万千瓦，比 2014 年多增加 85 万千瓦。

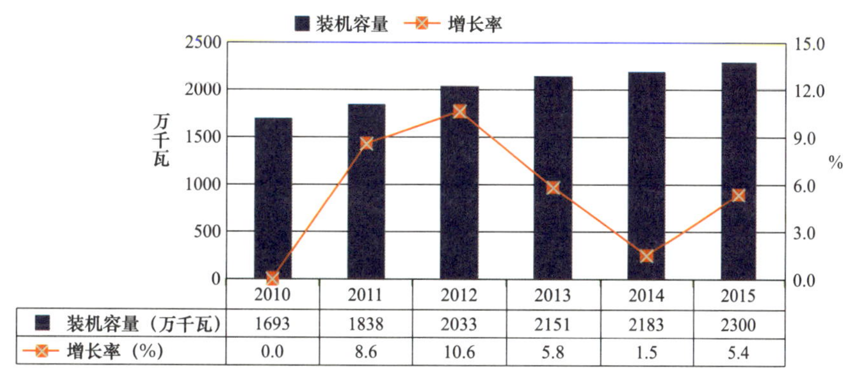

	2010	2011	2012	2013	2014	2015
装机容量（万千瓦）	1693	1838	2033	2151	2183	2300
增长率（%）	0.0	8.6	10.6	5.8	1.5	5.4

图 2-10-3 2010—2015 年中国抽水蓄能发电装机容量及增长率

数据来源：历年《电力工业统计资料汇编》，中国电力企业联合会网站（http://www.cec.org.cn）。

“十二五”以来，抽水蓄能新增装机总体放缓，累计新增装机容量 607 万千瓦，年均增长 6.3%。《能源发展“十二五”规划》提出抽水蓄能装机目标是 3000 万千瓦，仅完成 76%。

随着能源互联网的实质性发展，国家电网加快了抽水蓄能电站建设步伐。2015 年 6 月，安徽金寨、山东沂蒙、河南天池三座抽水蓄能电站同时开工，9 月，河北丰宁（二期）、山东文登、重庆蟠龙抽水蓄能电站工程再次同时开工，标志着我国抽水蓄能电站进入了加快发展的新阶段。目前，国家电网公司经营区域内在运抽水蓄能电站装机容量达到 1674.5 万千瓦，在建规模达到 1880 万千瓦。预计到 2017 年左右，我国抽水蓄能装机将达到 3300 万千瓦，超过美国成为世界上抽水蓄能电站第一大国。抽水蓄能

电站具有启动灵活、调节速度快的优势，是技术成熟、运行可靠且较为经济的调峰电源与储能电源，是推进特高压电网建设、服务清洁能源发展的重要电源形式。

四、西藏水电发展大飞跃

2015 年以来，西藏重大水电项目陆续投产，不仅缓解了西藏的电力短缺问题，也开启了“藏电外送”的历史。2015 年 6—11 月，西藏水电累计外送电量达 3.3 亿千瓦时；10 月 13 日，西藏最大水电工程藏木水电站 6 号机组正式并网发电，标志着在雅鲁藏布江干流上规划建设的首个水电站全面建成并投入商业运行。藏木水电站安装 6 台 8.5 万千瓦水轮机组，总装机容量 51 万千瓦，年发电量 25 亿千瓦时，是西藏电力史上由 10 万千瓦级跨入 50 万千瓦级的标志性工程，藏木水电站的投产，更是实现了西藏电力史上由 10 万千瓦级到 50 万千瓦级的重大飞跃，西藏从此迈入“大水电”时代；12 月 1 日，西藏墨脱县亚让水电站首台机组及其线路延伸工程完成试运行联调各项试验，正式并网送电，标志着西藏首个可再生能源局域网示范工程初步建成；12 月底，西藏第二大水电站——昌都果多水电站首台机组投产发电，预计到 2016 年 6 月，四台发电机组全部运行，届时年发电量将达 8.3 亿千瓦时。

第二节　核电投资与建设

根据世界核能协会的数据，2015 年全球核电产业取得了小幅度增长，新增 10 座反应堆并网发电，另有 8 座永久性退役。并网发电的新增反应堆总功率达 9497 兆瓦，比 2014 年增长了 4763 兆瓦。其中，中国有 8 台机组投入运行，韩国与俄罗斯各有 1 台机组投入运行。

2015 年是中国核电重启之年，共计 8 台机组拿到了核准“路条”，而 2014 年这个数字为“0”。除防城港核电 4 号机组、田湾核电 6 号机组外，其余核准的新机组均开工建设，我国在建核电机组增至 26 台。

据国家能源局数据，2015 年中国核电完成投资 560 亿元，同比增长降低 1.6%，连续三年负增长。截至 2015 年底，我国核电总装机容量达到 2608 万千瓦，约占全国电力总装机容量的 1.73%。

投产方面，2015 年全年共有 6 台核电机组正式投入商业运行，分别是方家山 2 号机组、阳江 2 号机组、宁德 3 号机组、红沿河 3 号机组、福清 2 号机组、昌江 1 号机组。至此，我国投入商业运行的核电机组达到 28 台。

然而与其他核能发电比例较高国家比较，如与法国、美国、韩国等相比，我国核电发电量仅占全国发电量的 3.0%，排在所有有核电国家的末尾。无论是 2016 年，还是更长远来看，我国核电产业发展依旧任重道远。

一、核电完成投资 560 亿元，投资持续下滑

2015 年中国核电投资额为 560 亿元，较 2014 年减少 9 亿元，同比下降 1.58%。（如图 2-10-4 所示）。中国核电建设正在加速。2015 年，中国共有 8 台核电机组获批。截至 2015 年底，中国投入运行的核电机组共 28 台，在建的为 24 台，在建核电机组数量世界第一。

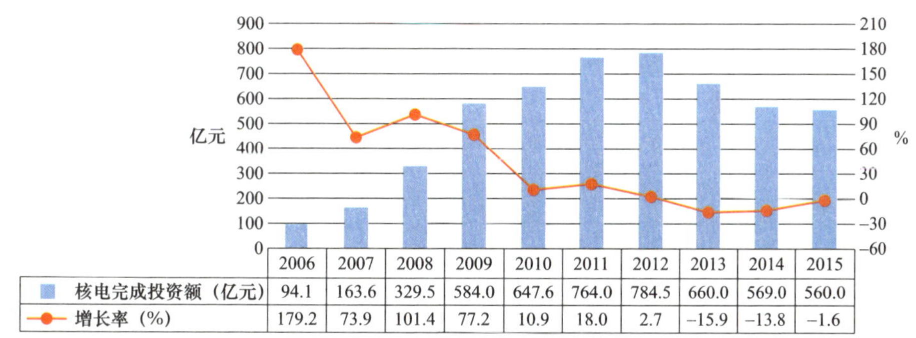

	2006	2007	2008	2009	2010	2011	2012	2013	2014	2015
核电完成投资额（亿元）	94.1	163.6	329.5	584.0	647.6	764.0	784.5	660.0	569.0	560.0
增长率（%）	179.2	73.9	101.4	77.2	10.9	18.0	2.7	−15.9	−13.8	−1.6

图 2-10-4 2006—2015 年中国核电投资额及增速

数据来源：历年《电力工业统计资料汇编》、国家能源局网站（http://www.nea.gov.cn/）。

一、在运核电机组达 28 台，居世界第五

根据中国核能行业协会的数据，截至 2015 年底，中国共有 6 台核电机组正式投入商业运行，分别是方家山核电厂 2 号机组、阳江核电厂 2 号机组、宁德核电厂 3 号机组、红沿河核电厂 3 号机组、福清核电厂 2 号机组、昌江核电厂 1 号机组。此外，防城港 1 号机组、阳江核电 3 号机组也已投入运行，尚未正式商运。

2015 年 1—12 月，中国 28 台正式商业运行的核电机组，累计装机容量约 2608 万千瓦，比 2014 年同期上升了 31.2%（如图 2-10-5 所示）；累计上网电量为 1583 亿千瓦时，比 2014 年同期上升了 29.0%（如表 2-10-1 所示）。

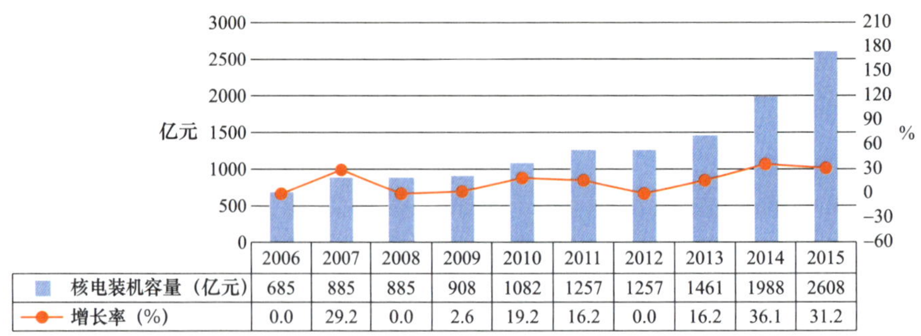

图 2-10-5　2006—2015 年核电装机容量及增速

数据来源：历年《电力工业统计资料汇编》、国家能源局网站（http://www.nea.gov.cn/）。

表 2-10-1　　截至 2015 年底中国在运及在建核电机组分布

在运机组				在建机组			
省份	项目名称	台数	总装机（万千瓦）	省份	项目名称	台数	总装机（万千瓦）
浙江 647 万千瓦	秦山一期	1	31	浙江 250 万千瓦	三门一期	2	250
	秦山二期	4	260140				
	秦山三期	2	216	山东 271 万千瓦	海阳一期	2	250
	方家山	2			荣成石岛湾	1	21
广东 827 万千瓦	大亚湾	2	196.8	广东 782 万千瓦	阳江 3—6 号	4	432
	岭澳一期	2	198		台山一期	2	350
	岭澳二期	2	216	广西 334 万千瓦	防城港 1—3 号	3	334
	阳江 1—2 号	2	216				
福建 540 万千瓦	福清 1—2 号	2	216	福建 554 万千瓦	福清 3—6 号	4	446
	宁德 1—3 号	3	324		宁德 4 号	1	108
辽宁 324 万千瓦	红沿河 1—3 号	3	324	辽宁 324 万千瓦	红沿河 4—6 号	3	324
江苏 212 万千瓦	田湾一期	2	212	江苏 332 万千瓦	田湾二期	2	224
					田湾 5 号	1	108
海南 65 万千瓦	昌江 1 号	1	65	海南 65 万千瓦	昌江 2 号	1	65

数据来源：总装机数据来源于中国电力企业联合会，分省及各项目装机数据为行业统计。

从世界范围看，截至 2016 年 1 月 1 日，包括位于中国台湾在内的 6 台在运核反应堆，全球在运核电反应堆共 439 座，总装机共计 38.25 万兆瓦，在建反应堆 66 座，装机容量达 7.03 万兆瓦，拟建设核电反应堆 158 座，装机容量 17.92 万兆瓦。其中，美国动力堆数量达到 99 座，居全球首位；法国 58 座，居第二，中国共有 30 座，居全球第五（如图 2-10-6 所示）。在建反应堆 66 座，装机容量达 7.03 万兆瓦，其中中国 24 座，居世界第一。

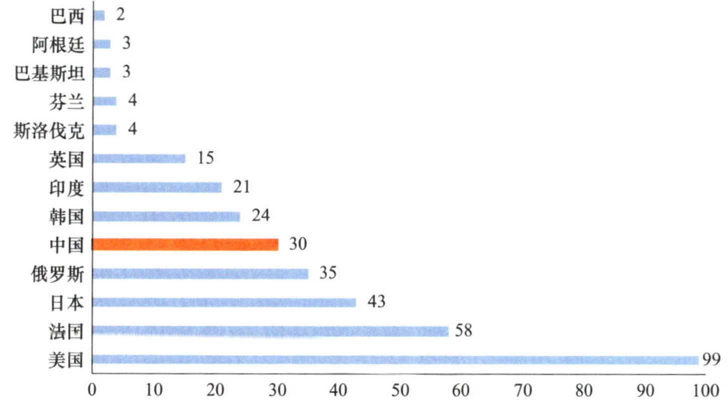

图 2-10-6 截至 2015 年底全球主要核电大国在运行核电机组数

数据来源：世界核能协会。

第三节 风电投资与建设

2015 年风电行业仍处于快速发展阶段，全年完成投资额 1100 亿元，超过水电、核电。全网基建新增并网风电装机容量 3297 万千瓦，累计并网装机容量达到 12934 万千瓦，同比增长 35%。已完成了《能源发展“十二五”规划》提出的“到 2015 年风电装机容量达到 1 亿千瓦”目标。

一、风电完成投资 1100 亿元，同比增长 10.8%

受风电上网电价政策调整影响，开发商投资风电场的积极性提高，风电投资继续增长。2015 年中国风电投资 1100 亿元，高于水电、核电投资额，同比增长 10.8%，较上一年增速放缓（如图 2-10-7 所示）。

二、基建新增并网风电容量 3297 万千瓦，风电项目仍处于快速发展阶段

从 2011 年开始，国家能源局制订风电项目核准计划。2015 年 4 月 24 日，“十二五”第五批风电项目核准计划下发，五批风电核准项目规模分别为 2683 万千瓦、1676 万千瓦（后又增补 852 万千瓦）、2797 万千瓦、2760 万千瓦和

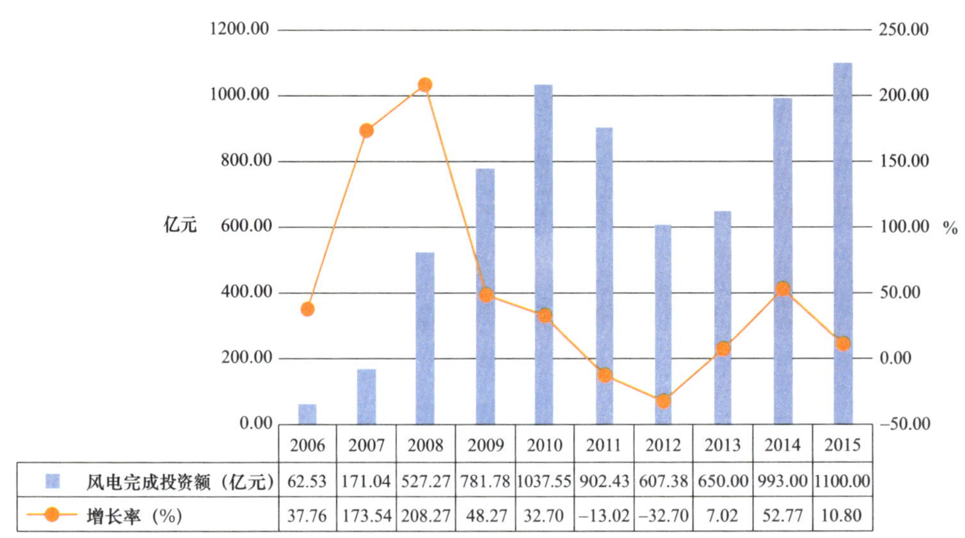

	2006	2007	2008	2009	2010	2011	2012	2013	2014	2015
风电完成投资额（亿元）	62.53	171.04	527.27	781.78	1037.55	902.43	607.38	650.00	993.00	1100.00
增长率（%）	37.76	173.54	208.27	48.27	32.70	-13.02	-32.70	7.02	52.77	10.80

图 2-10-7　2006—2015 年中国风电投资额及增速

数据来源：历年《电力工业统计资料汇编》、中国电力企业联合会网站（http://www.cec.org.cn/）。2015 年数据来源于《2015 年国内外油气行业发展报告》。

3400 万千瓦。为规范风电项目开发建设，促进风电产业持续健康发展，2015 年 1 月，国家能源局印发《关于取消第二批风电项目核准计划未核准项目有关要求的通知》，通知要求自 2015 年 1 月 1 日起，已列入“十二五”第二批风电项目核准计划的项目，不再纳入核准管理，取消核准资格。同时要求“加快落实第三、第四批核准计划项目的各项要求，争取在文件规定期限内完成核准工作”，全国被取消核准资格的项目达 51 个，总装机规模 226.26 万千瓦。在第五批风电核准计划中，西北地区占比由第一批的 26.8%，下降为 18.8%，2015 年这一比重又进一步下降至 9.73%，华中、华南地区占比明显上升。

分地区看，中国风电装机容量排名前三的地区依次是内蒙古（2425 万千瓦）、新疆（1691 万千瓦）、甘肃（1252 万千瓦），分别占比 18.7%、13.1%、9.7%，这三个省区合计风电并网装机容量占全国总装机容量的 41.5%，排名后三位的省区为风能资源较为匮乏或者经济总量较小的西藏、北京、重庆，这三个省区风电并网装机容量占全国总装机容量的 0.31%。我国风能资源主要集中在“三北”地区，截至 2015 年底，三北地区风电并网装机容量 10448 万千瓦，华东、华中地区 1430 万千瓦，南方地区 1055 万千瓦，分别占全国风电总装机的 80.8%、11%和 8.2%（如

图 2-10-9 所示）。

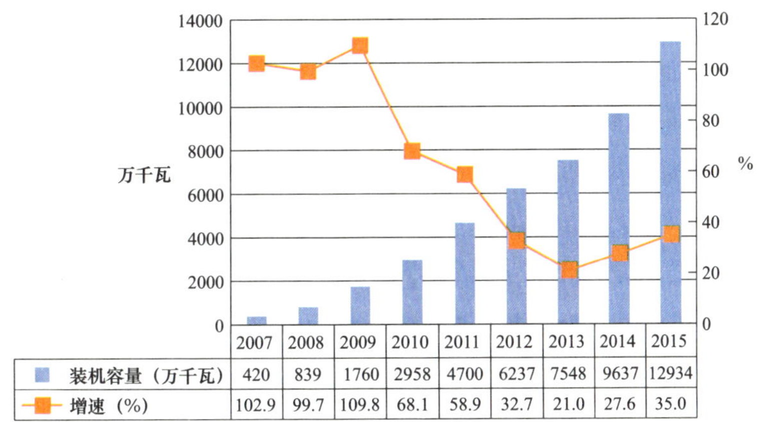

	2007	2008	2009	2010	2011	2012	2013	2014	2015
装机容量（万千瓦）	420	839	1760	2958	4700	6237	7548	9637	12934
增速（%）	102.9	99.7	109.8	68.1	58.9	32.7	21.0	27.6	35.0

图 2-10-8 2007—2015 年中国风电装机容量及增速

数据来源：历年《电力工业统计资料汇编》、国家能源局网站（http://www.nea.gov.cn/）。

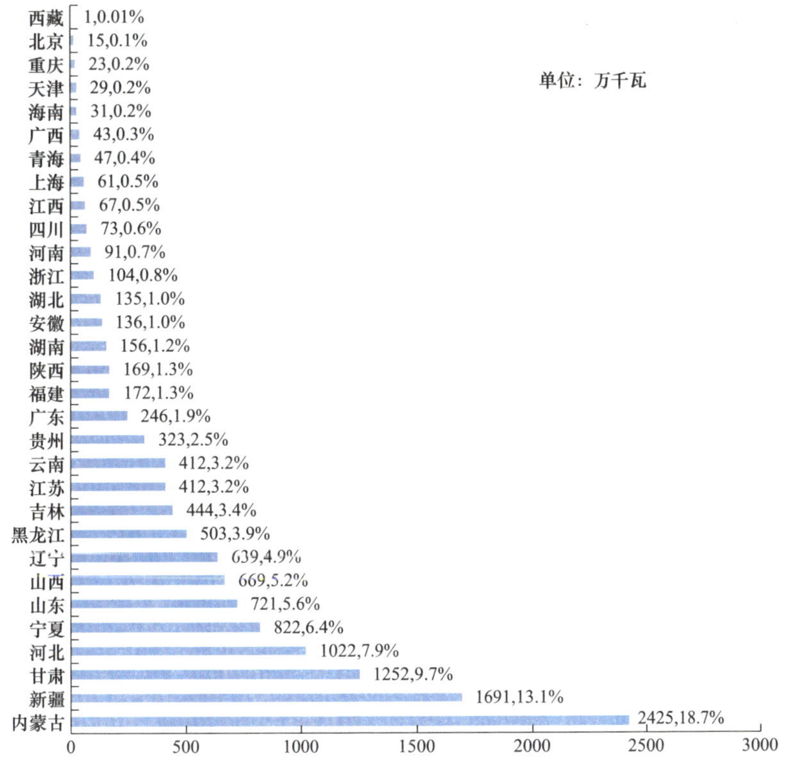

图 2-10-9 2015 年中国分地区并网风电装机容量

数据来源：中国电力企业联合会。

海上风电建设方面，2015 年，全球新增风场大多数由欧洲国家建设，中国的海上风电装机增长低于预期。2014 年 12 月 8 日，国家能源局印发《全国海上风电开发建设方案（2014—2016）》，涉及 44 个海上风电项目，装机容量共计 1053 万千瓦。列入此次开发建设方案的项目视同列入核准计划，在有效期（2 年）内核准。海上风电领域因为自然环境、技术、成本等方面的限制，推进速度较为缓慢。但从长远来看，海上风电因为风速大且稳定，风电场离人口密集区、对用电量需求比较大的大中型城市较近，因此更具发展潜力。

根据英国石油公司（BP）的统计数据，2014 年全球风电装机容量 37296 万千瓦，其中，中国风电装机容量 11461 万千瓦，占世界总量的 30.7%，居全球第一。2014 年中国风电装机容量是美国（6615 万千瓦）的 1.7 倍、德国（4050 万千瓦）的 2.8 倍、印度（2245 万千瓦）的 5.1 倍（如表 2-10-2 所示）。

表 2-10-2　　2010—2014 年世界主要国家和地区风电装机容量比较　　单位：万千瓦

国家（地区）＼年份	2010	2011	2012	2013	2014	2014 年占比（%）
世界	19774	23900	28465	32094	37296	100
中国	4478	6241	7532	9141	11461	30.7
美国	4027	4708	6021	6129	6615	17.7
德国	2719	2907	3132	3470	4050	10.9
印度	1307	1618	1842	2015	2247	6.0
英国	540	646	889	1121	1281	3.4
意大利	579	673	800	845	856	2.3
法国	594	681	763	821	914	2.5
加拿大	401	528	621	781	968	2.6
澳大利亚	208	248	283	349	406	1.1
巴西	93	143	251	345	623	1.7
日本	243	260	267	272	284	0.8
墨西哥	77	112	151	199	251	0.7
埃及	55	55	55	63	69	0.2
韩国	34	37	45	51	55	0.1

数据来源：2016《全球能源分析与展望》。

第四节 太阳能发电投资与建设

2015 年全国光伏产业整体呈现稳中向好、有序发展的局面。截至 2015 年底，全国并网太阳能发电装机容量 4318 万千瓦，同比增长 62.8%，占全国发电总装机的 2.9%（如图 2-10-10 所示），成为全球光伏发电装机容量最大的国家。其中，光伏电站 3712 万千瓦，分布式 606 万千瓦。2015 年新增装机容量 1513 万千瓦，完成了 2015 年度新增并网装机 1500 万千瓦的目标，占全球新增装机的 1/4 以上。

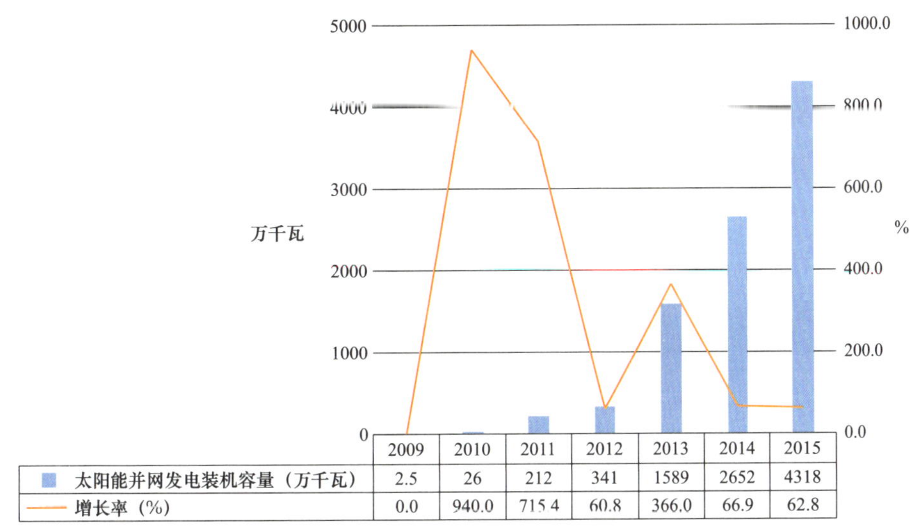

	2009	2010	2011	2012	2013	2014	2015
太阳能并网发电装机容量（万千瓦）	2.5	26	212	341	1589	2652	4318
增长率（%）	0.0	940.0	715.4	60.8	366.0	66.9	62.8

图 2-10-10 2009—2015 年并网太阳能发电装机容量及增速

数据来源：2009—2014 年数据来自历年《电力工业统计资料汇编》，2015 年数据来自国家能源局发展规划司《能源数据分析手册 2015》。

从地区分布来看，中国光伏发电呈现东、中、西部共同发展格局。东、中、西部的总装机分别为 1126 万千瓦、405 万千瓦和 2786 万千瓦，分别占全国太阳能发电总装机的 26.1%、9.4%和 64.5%。中东部地区有 6 个省累计装机容量超过 100 万千瓦，分别是江苏（422 万千瓦）、河北（239 万千瓦）、浙江（164 万千瓦）、山东（133 万千瓦）、安徽（121 万千瓦）和山西（113 万千瓦）。新疆（含兵团）、内蒙古和江苏新增装机位居前三，分别为 210 万千瓦、187 万千瓦和 165 万千瓦（如表 2-10-3 所示）。分布式光伏发电装机容量较大的地区有浙江（121 万千瓦）、江苏（119 万千瓦）和广东（57 万千瓦）。

表 2-10-3　　2015 年中国光伏发电装机容量区域分布　单位：万千瓦，%

省（区、市）	累计装机容量	新增装机容量	累计装机容量占比（%）
总计	4318	1513	100.0
甘肃	610	93	14.1
青海	564	151	13.1
内蒙古	489	187	11.3
江苏	422	165	9.8
新疆	406	131	9.4
宁夏	309	92	7.2
河北	239	89	5.5
浙江	164	90	3.8
新疆兵团	160	79	3.7
山东	133	73	3.1
安徽	121	71	2.8
陕西	117	62	2.7
山西	113	69	2.6
云南	65	30	1.5
广东	63	11	1.5
湖北	49	35	1.1
江西	43	4	1.0
河南	41	18	0.9
四川	36	30	0.8
湖南	29	0	0.7
海南	24	5	0.6
上海	21	4	0.5
西藏	17	2	0.4
北京	16	2	0.4
辽宁	16	6	0.4
福建	15	3	0.3
天津	12	3	0.3
广西	12	3	0.3
吉林	7	1	0.2
贵州	3	3	0.1

续表

省（区、市）	累计装机容量	新增装机容量	累计装机容量占比（%）
黑龙江	2	1	0.0
重庆	0	0	0.0

数据来源：国家能源局网站（http://www.nea.gov.cn/）。

根据国网能源研究院、英国石油公司（BP）及国际能源署统计数据，2014年世界光伏发电装机容量18493万千瓦，中国光伏发电装机容量2822万千瓦，占世界总量的15.3%。2014年中国光伏发电装机容量低于德国（3820万千瓦），高于意大利（1847万千瓦）、日本（2330万千瓦）、美国（2011万千瓦）（如表2-10-4所示）。2010—2014年，全球太阳能装机容量由4247万千瓦增加到1.8亿千瓦，保持了高速增长。全球太阳能发电装机主要分布在欧洲和亚太地区。截至2015年底，中国光伏发电装机容量达4318万千瓦，超越德国成为全球光伏发电装机容量最大的国家。

表2-10-4　2010—2014年并网太阳能发电装机容量的国际比较

单位：万千瓦，%

国家（地区）＼年份	2010	2011	2012	2013	2014	2014年占比（%）
北美	279	510	869	1422	2201	11.9
美国	248	450	787	1290	2011	10.9
加拿大	28	56	77	121	171	0.9
中南美	20	20	37	55	102	0.6
巴西	—	—	—	1	1	0.0
欧洲	3244	5565	7522	8747	9644	52.1
英国	9	99	175	278	524	2.8
法国	120	297	409	473	566	3.1
德国	1790	2540	3300	3630	3820	20.7
意大利	351	1282	1646	1808	1847	10.0
西班牙	498	590	732	759	762	4.1
亚太	666	1157	1935	4052	6376	11.5
澳大利亚	57	139	243	324	415	2.2
中国①	80	331	681	1766	2822	15.3
中国②	26	222	341	1589	2486	—

续表

国家（地区）\年份	2010	2011	2012	2013	2014	2014年占比（%）
印度	7	20	25	64	89	0.5
日本	362	491	663	1360	2330	12.6
韩国	66	74	103	148	238	1.3
中东	—	—	—	12	12	0.1
非洲	38	43	69	73	158	0.9
南非	4	7	8	12	97	0.5
世界	4247	7295	10432	14361	18493	100.0

注：中国①原始数据主要来源于英国石油公司、彭博新能源财经；中国②数据来源于中国电力企业联合会，前者为吊装容量，后者为并网容量。

数据来源：国网能源研究院《2016全球能源分析与展望》、英国石油公司、国际可再生能源署、彭博新能源财经。

第三篇 能源生产与供应

2015 年，中国一次能源生产总量为 36.2 亿吨标准煤，与上年持平，能源自给率为 84.4%。其中，原煤产量 37.5 亿吨，同比下降 3.3%；原油产量 2.15 亿吨，同比增长 1.5%；天然气产量 1346 亿立方米，同比增长 3.4%；发电量 5.81 万亿千瓦时，同比增长 0.3%，其中火电发电量 4.24 万亿千瓦时，同比下降 2.7%，水电发电量 1.13 万亿千瓦时，同比增长 5.0%，核电发电量 1708 亿千瓦时，同比增长 28.9%。

2015 年，中国煤炭净进口量为 1.98 亿吨，同比下降 29.9%，对外依存度 5.0%；原油净进口量为 3.3 亿吨，同比增长 8.1%，对外依存度 63.5%；天然气进口量为 624 亿立方米，同比增长 4.7%，对外依存度 32.7%（如表 3-0-1 所示）。

表 3-0-1　　2015 年中国能源生产与供应情况

品种	单位	产量	增长率	净进口量	对外依存度（%）
能源消费总量	亿吨标准煤	36.2	0.0	6.7	15.6
煤炭	亿吨	37.5	–3.3	1.98	5.0
原油	亿吨	2.15	1.7	3.3	63.5%
天然气	亿立方米	1346	3.4	591.5	32.7
全社会发电量	亿千瓦时	58106	0.3	—	—

注：对外依存度=净进口量/表观消费量，其中表观消费量=产量+净进口量。

数据来源：国家统计局《2015 年国民经济和社会发展统计公报》。

第十一章　煤炭生产与供应

2015 年，中国原煤产量延续下降趋势，降幅略有扩大，原煤生产增量集中于中西部资源大省，“三西”地区煤炭产量超过 60%。煤炭净进口规模进一步萎缩，降至“十二五”以来最低水平。2014 年以来，煤炭对外依存度持续下降，略高于“十二五”初期水平。

第一节　煤炭生产

2015 年中国原煤产量 37.5 亿吨，同比下降 3.3%，占世界原煤产量的比重为 46.4%，位居世界首位。分地区产量差异显著，随着近年来煤炭投资集中在西部，原煤生产重心进一步西移。

一、原煤产量保持负增长，降幅进一步扩大

根据国家统计局《2015 年国民经济和社会发展统计公报》，2015 年中国原煤产量 37.5 亿吨，同比下降 3.3%，降幅比上年扩大 0.8 个百分点（如图 3-11-1 所示）。人均煤炭产量约 2.73 吨/人，比上年减少 0.11 吨/人，日均煤炭产量为 1027 万吨，比上年减少 33 万吨。“十二五”期间，煤炭产量由增转

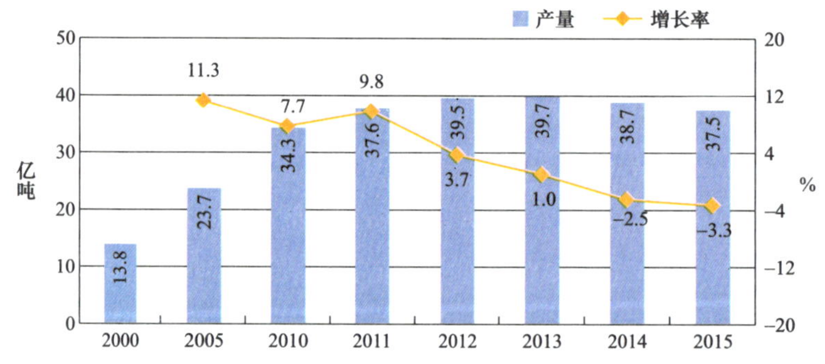

图 3-11-1 2000—2015 年部分年份中国原煤产量及增长率

注：2005、2010 年对应增长率分别为“十五”、“十一五”年均增长率。

数据来源：2000—2014 年数据来自《中国能源统计年鉴 2015》，2015 年数据来自《2015 年国民经济和社会发展统计公报》。

降，2013 年煤炭产量达到“准峰值”，年均增长约 1.8%，比“十一五”年均增幅收窄 5.9 个百分点，比“十五”年均增幅收窄 9.8 个百分点。

2015 年煤炭市场持续下行，煤炭企业非常困难，有关部门建立了煤炭行业脱困联席会议机制，号召煤炭企业“控制总量”，管理部门对煤矿违规、超能力生产治理力度明显加大，2015 年“打违治超”力度空前。2015 年 4 月 14 日，国家发改委等六部门下发了《关于开展煤矿违法违规建设生产情况核查工作的通知》；5 月 7 日，国家能源局、国家煤矿安监局联合印发《关于严格治理煤矿超能力生产的通知》；6 月 3 日，国家发改委、国家能源局和煤矿安监局共同下发《关于落实违法违规煤矿煤炭相关治理措施的通知》；7 月 27 日，十二部委联合发布《关于对违法违规建设生产煤矿实施联合惩戒的通知》；9 月 18 日，国家发改委连发两份通知，旨在严控煤炭产能；9 月 25 日，国家安监总局、国家煤矿安监局印发《深化煤矿安全生产大检查“打非治违”和专项整治工作实施方案》。与此同时，受市场需求疲软影响，煤炭市场持续下跌，煤炭企业生产积极性下降。在市场与行政“两只手”的共同作用下，全年各月煤炭产量皆维持同比下降的状态，5 月产量降幅降至年内最低，6 月起降幅呈现总体收窄趋势（如图 3-11-2 所示）。

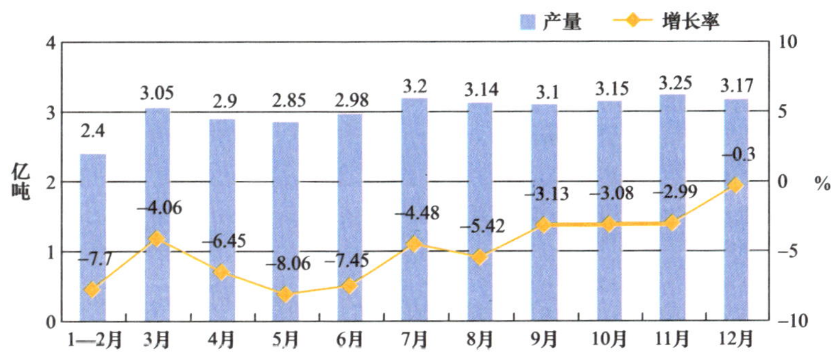

图 3-11-2　2015 年各月中国规模以上企业原煤产量及增长率

数据来源：中国煤炭市场网（http://www.cctd.com.cn/）。

根据 BP 统计数据，2014 年世界原煤产量为 39.3 亿吨油当量。其中，中国原煤产量为 18.4 亿吨油当量，占世界总产量的 46.9%，比上年下降 0.5 个百分点。世界原煤产量前五位的国家依次是中国、美国、印度尼西亚、澳大利亚、印度，上述五国原煤产量总和占世界的 80.3%，比上年下降 0.4 个百分点（如表 3-11-1 所示）。

表 3-11-1 2008—2014 年世界主要国家和地区煤炭产量 单位：百万吨油当量

国家（地区）\年份	2008	2009	2010	2011	2012	2013	2014	2014年占比（%）
世界	3420.6	3412.7	3604.3	3869.4	3912.9	3961.4	3933.5	100
OECD 国家	1054.7	993.7	1013.1	1015.1	991.8	983.8	999.0	25.4
非 OECD 国家	2365.9	2419	2591.2	2854.3	2921.1	2977.6	2934.4	74.6
中国	1491.4	1538	1664.9	1852.6	1872.5	1893.7	1844.6	46.9
美国	596.7	540.8	551.2	556.1	517.8	500.9	507.8	12.9
印度	195.6	210.8	217.5	215.7	229.1	228.8	243.5	6.2
欧盟	178.0	167.8	165.4	169.8	169.4	157.6	151.4	3.9
澳大利亚	224.9	232.6	240.5	233.4	250.4	268.2	280.8	7.1
印度尼西亚	147.8	157.6	169.2	217.3	237.3	276.2	281.7	7.2
俄罗斯	153.8	142.3	151.4	158.8	169.5	168.8	170.9	4.3
南非	141.0	139.7	144.1	143.2	146.6	145.3	147.7	3.8
德国	50.1	46.4	45.9	46.7	47.8	44.7	43.8	1.1
波兰	60.5	56.4	55.5	56.6	58.8	57.6	55.0	1.4
哈萨克斯坦	56.8	51.5	54.0	56.2	58.6	58.2	55.3	1.4
乌克兰	41.4	38.5	40.0	44.1	45.3	44.4	31.5	0.8
哥伦比亚	47.8	47.3	48.3	55.8	57.9	55.6	57.6	1.5
加拿大	35.6	33.1	35.4	35.5	35.9	36.6	36.7	0.9
土耳其	16.7	17.4	17.5	17.8	16.9	15.3	17.8	0.5

数据来源：《BP 世界能源统计 2015》(BP Statistical Review of World Energy 2015)。

据相关部门发布的最新数据显示，2015 年世界主要产煤国中，澳大利亚、俄罗斯、印度煤炭产量增长，中国、美国、印尼煤炭产量下降。据美国能源信息管理局数据，2015 年美国煤炭产量大约为 9 亿吨，同比下降 10%，创近 30 年以来的最低水平。据印度高级官员称，2014—2015 财年国企印度煤炭公司（CIL）的煤炭产量将达 5.5 亿吨，创历史新高。据澳大利亚联邦产业部发布的《资源和能源季报（四季度）》数据显示，2015 年澳大利亚动力煤产量 2.49 亿吨，同比增长 0.65%，炼焦煤产量 1.93 亿吨，同比增长 5.3%。根据印尼能源和矿产资源部资料，2015 年印尼煤炭产量 3.92 亿吨，同比下降 14.4%。据俄罗斯联邦能源部统计数据，2015 年俄罗斯煤炭产量 3.72 亿吨，同比增长 41%。

二、大部分煤炭主产地产量下滑，“三西”地区产量比重微升

据中国煤炭资源网数据，2015 年全国规模以上原煤产量为 36.95 亿吨，同比下降 4.5%。分地区来看，东、中、西部地区煤炭产量分别为 3.27 亿吨、13.9 亿吨和 19.7 亿吨，分别下降 1.1%、3.0%和 6.1%，分别占全国煤炭总产量的 8.8%、37.7%和 53.4%，东部和中部的比重分别比上年提高了 0.3 和 0.6 个百分点，西部的比重下降了 0.9 个百分点。

分省区来看，2015 年全国规模以上企业原煤产量排在前五名的省区依次为山西、内蒙古、陕西、贵州及山东，合计产量 26.8 亿吨，占全国原煤产量的 72.6%；“三西”地区原煤产量合计 23.6 亿吨，占全国原煤产量的 64.0%，比上年略微提高 0.2 个百分点。煤炭产量超过亿吨的省区有 8 个（如图 3-11-3 所示），分别是山西、内蒙古、陕西、贵州、山东、安徽、新疆、河南，产量分别为 9.6 亿吨、9.0 亿吨、5.0 亿吨、1.67 亿吨、1.52 亿吨、1.35 亿吨、1.34 亿吨和 1.28 亿吨，分别增长–1.6%、–8.1%、–1.7%、–10.0%、2.8%、5.7%、–6.4%和–5.9%，合计产量 30.8 亿吨，占全国原煤总产量的 83.4%。主要产煤省中，仅山东和安徽两个东部省份煤炭产量小幅增长。

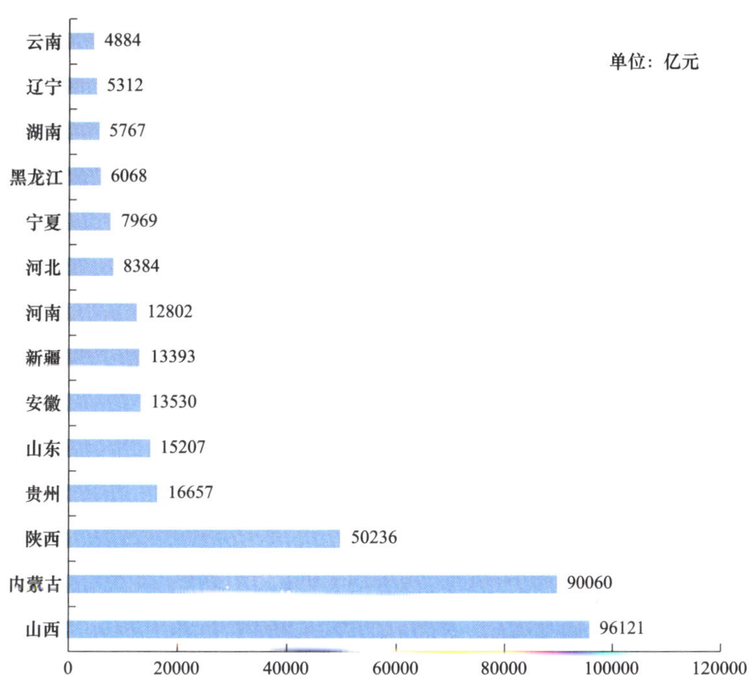

图 3-11-3 2015 年中国主要产煤省煤炭产量

数据来源：中国煤炭资源网（http://www.sxcoal.com/）。

三、大基地建设稳步推进，产业集中度提高

国务院在 2014 年发布的《能源发展战略行动计划（2014—2020 年）》中确定，将重点建设晋北、晋中、晋东、神东、陕北、黄陇、宁东、鲁西、两淮、云贵、冀中、河南、内蒙古东部、新疆 14 个亿吨级大型煤炭基地大基地建设稳步推进，该行动计划明确到 2020 年，煤炭基地产量占全国产量的比重达到 95%。《2015 年中国煤炭工业改革发展情况通报》显示，2015 年 14 个大型基地产量占全国总产量的 92.3%左右，比 2010 年提高 4.3 个百分点；前 4 家煤炭企业产量 7.84 吨，占全国的 23.6%，比 2010 年提高 1.6%，前 8 家企业产量 11.95 亿吨，占全国的 35.5%，提高了 5.4 个百分点。神华、同煤、山东能源、陕煤化、中煤、兖矿、山西焦煤、冀中能源、河南能源 9 家企业产量超亿吨，比 2010 年增加 4 家，合计产量 12.88 亿吨，占全国的 38.2%，提高了 13.0 个百分点。

表 3-11-2　2015 年 1—11 月前 10 家煤炭企业产量　单位：亿吨

排名	企业	2015 年 1—11 月煤炭产量	排名	企业	2015 年 1—11 月煤炭产量
1	神华集团	3.93	6	兖矿集团	0.99
2	同煤集团	1.59	7	山西焦煤集团	0.97
3	山东能源集团	1.22	8	河南能源集团	0.94
4	陕煤化集团	1.16	9	冀中能源集团	0.93
5	中煤集团	1.15	10	开滦集团	0.84

数据来源：国家煤炭工业网。

第二节　煤炭贸易

由于中国煤炭需求持续下滑，加之人民币汇率贬值等因素影响，2015 年中国煤炭进口量大幅减少，创 2011 年以来新低，煤炭对外依存进一步下降，主要进口来源国仍是印度尼西亚、澳大利亚、俄罗斯、蒙古和朝鲜。

一、煤炭净进口规模萎缩，对外依存度持续下滑

2009—2013 年，我国煤炭进口量爆发式增长，并达到历史高点，五年间中国煤炭进口量从 2008 年的 4034 万吨增加到 2013 年的 3.27 亿吨，年均增长 52.0%。2014 年起，煤炭进口量呈现下滑趋势，据海关总署数据，2015 年

中国进口煤炭 2.04 亿吨，同比下降 29.9%，出口 533 万吨，同比下降 7.1%，净进口 1.98 亿吨，同比下降 30.4%。2015 年中国煤炭对外依存度 5.0%，较上年下降 1.9 个百分点。

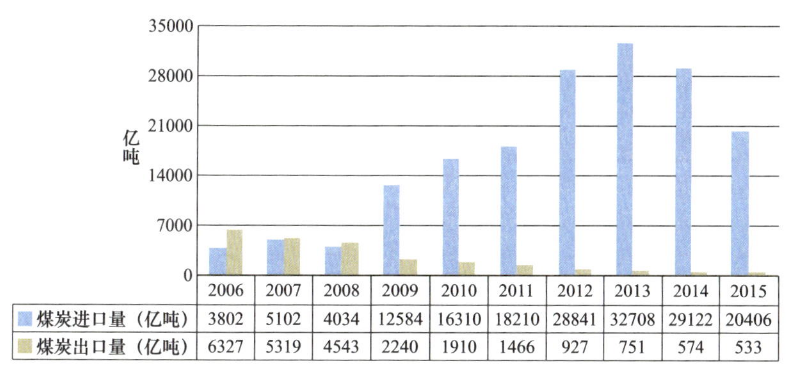

图 3-11-4 2006—2015 年中国煤炭进出口情况

数据来源：《中国能源统计年鉴 2015》。

分进口来源国看，2015 年中国进口煤炭主要来自印度尼西亚、澳大利亚、朝鲜、俄罗斯、蒙古等国，来自上述五国的煤炭进口量分别为 7376 万吨、7091 万吨、1958 万吨、1580 万吨和 1439 万吨，分别占进口总量的 36.1%、34.7%、9.6%、7.7%和 7.1%（如表 3-11-3、图 3-11-5 所示）。澳大利亚和印尼是中国最主要的煤炭进口来源国，2015 年中国来自这两国的煤炭进口量占比达到 70.8%，比上年下降 2.1 个百分点。上述 5 个主要进口来源国中，仅来自朝鲜的煤炭进口量增长，其余四国不同程度下降，其中，来自朝鲜的进口量增长 26.9%，来自澳大利亚的下降 25.0%，来自蒙古的下降 25.3%，来自印尼的下降 30.7%，来自俄罗斯的下降 37.8%。从来源国进口量占比变化来看，朝鲜煤比重由 2014 年的 5.3%提高至 9.6%，蒙古煤比重由 2014 年的 6.6%提高至 7.1%，俄罗斯煤比重由 2014 年的 8.7%降至 7.7%。

表 3-11-3　　2010—2015 年中国分来源国煤炭进口量　　单位：万吨

年份 国家	2010	2011	2012	2013	2014	2015	2015 年占比（%）
合计	16483	18240	28851	32708	29122	20406	100.0
印度尼西亚	5503	6470	11847	12570	10636	7376	36.1
澳大利亚	3696	3255	5953	8821	9451	7091	34.7
朝鲜	464	1117	1187	1654	1547	1958	9.6

续表

国家＼年份	2010	2011	2012	2013	2014	2015	2015年占比（%）
俄罗斯	1159	1057	2019	2728	2539	1580	7.7
蒙古	16559	2015	2213	1749	1927	1439	7.1
加拿大	520	450	836	1197	836	571	2.8
菲律宾	59	15	263	280	486	274	1.3
越南	1805	2207	1741	1311	683	72	0.4
新西兰	—	—	—	—	—	28	0.1
美国	477	490	932	846	362	12	0.1

数据来源：海关总署。

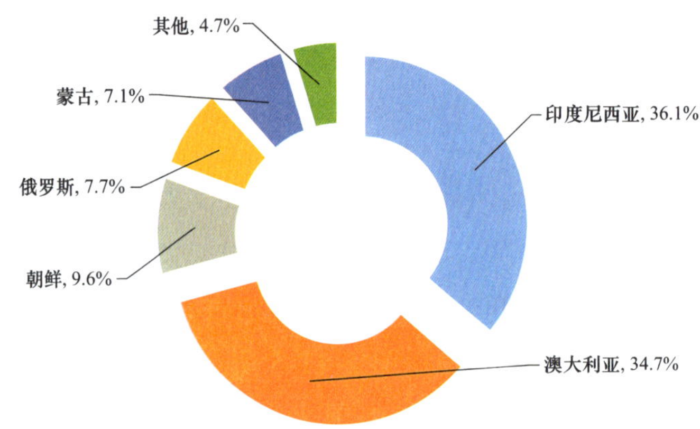

图 3-11-5 中国进口煤主要来源分布

数据来源：海关总署。

分煤种来看，2015年中国煤炭进口量最大的品种是动力煤，然后依次是褐煤、炼焦煤和无烟煤，动力煤进口量8311万吨，同比下降38.5%，占进口总量的40.7%；褐煤进口量4825万吨，同比下降24.1%，占比23.6%；炼焦煤进口量4800万吨，同比下降23.1%，占比23.5%；无烟煤进口量2477万吨，同比下降18.4%，占比12.1%。

动力煤方面，中国进口动力煤最多的国家是澳大利亚，进口量为4354万吨，同比下降27.7%；排在第二位的是印度尼西亚，出口中国煤炭2812万吨，同比下降40.1%。

褐煤方面，印尼褐煤占中国全部进口褐煤的94%，全年累计进口印尼褐煤4542万吨，同比下降22.7%。

炼焦煤方面，中国进口炼焦煤最多的国家仍是澳大利亚，进口量为 2570 万吨，同比下降 17.8%；其次是蒙古，全年累计从蒙古国进口炼焦煤 1272 万吨，同比下降 14.0%。上述两个国家合计进口炼焦煤 3842 万吨，占炼焦煤进口量的 80.0%。

二、中国煤炭进口量占全球煤炭贸易量的比重下降

据国网能源研究院发布的《全球能源分析与展望 2016》数据，2014 年全球约有 17 亿吨煤炭通过国际贸易的方式在全球范围内流动，约占全球煤炭消费量（约 74.8 亿吨）的 22.7%。其中，煤炭进口量超过亿吨的国家有中国、日本、印度、韩国，分别净进口煤炭 2.9 亿吨、2.6 亿吨、2.4 亿吨、1.7 亿吨，分别占全球煤炭贸易量的 17.1%、15.3%、14.1%和 10.0%。从 2014 年数据来看，中国依然是世界最大的煤炭进口国（如表 3-11-4 所示）。

表 3-11-4　　2014 年世界主要国家和地区煤炭进口情况　单位：亿吨，%

国家（地区）＼项目	产量	进口量	净进口量	对外依存度（%）
世界	81.7	17.0	—	—
OECD 国家	20.5	8.6	1.4	6.4
非 OECD 国家	61.2	8.5	-1.4	—
中国	38.7	2.9	2.9	7.0
欧盟	5.4	3.3	2.6	32.5
日本	0.0	2.6	2.6	100
印度	6.4	2.4	2.4	27.3
韩国	0.0	1.7	1.7	100
德国	1.9	0.8	0.8	29.6
英国	0.1	0.5	0.5	83.3
意大利	0.0	0.3	0.3	100

数据来源：《全球能源分析与展望 2016》。

出口方面，澳大利亚、印度尼西亚、俄罗斯、美国、南非是世界前五大煤炭出口国，2014 年上述五国分别出口煤炭 4.6 亿吨、4.1 亿吨、1.8 亿吨、1.4 亿吨和 1.0 亿吨，分别占全球煤炭出口量的 27.1%、24.1%、10.6%、8.2%和 5.9%。主要煤炭出口国中，澳大利亚、印度尼西亚和哥伦比亚生产的煤炭主要依靠国际市场消纳，其出口量分别占本国产量的 93.9%、87.0%和 84.7%（如表 3-11-5 所示）。

最新数据显示，据澳大利亚联邦产业部发布的《资源和能源季报（四季度）》数据，2015 年澳大利亚动力煤出口 2.02 亿吨，同比增长 0.5%，焦煤出口 1.87 亿吨，同比增长 0.5%；据印尼能源和矿产资源部资料，2015 年印尼煤炭出口 2.95 亿吨，比上年下降 22.9%；据俄罗斯联邦能源部统计数据，2015 年俄罗斯煤炭出口量 15141.6 万吨，同比下降 0.3%；据哥伦比亚货运代理商深蓝公司数据，2015 年哥伦比亚煤炭出口量 8079 万吨，同比增长 7.6%。

表 3-11-5　　2014 年世界及主要煤炭出口国情况　　单位：亿吨，%

国家（地区）\项目	产量	出口量	净出口量	净出口量/产量（%）
世界	81.7	17.0	—	—
OECD 国家	20.5	7.1	1.4	6.8
非 OECD 国家	61.2	9.9	1.4	2.3
澳大利亚	4.9	4.6	4.6	93.9
印度尼西亚	4.6	4.1	4.1	87.0
俄罗斯	3.6	1.8	1.5	41.7
美国	9.1	1.4	1.3	14.3
南非	2.6	1.0	1.0	38.5
哥伦比亚	0.9	0.8	0.8	84.7
加拿大	0.7	0.5	0.4	57.1

数据来源：《全球能源分析与展望 2016》。

第十二章　石油生产与供应

2015 年中国原油产量增速继续放缓，全年生产原油 2.15 亿吨，成品油生产稳步增长，全年生产成品油 3.37 亿吨。

第一节　石油生产

2015 年中国原油产量增速继续放缓，全年生产原油 2.15 亿吨，同比增长 2.2%，连续六年产量保持在 2 亿吨以上。原油加工量 47869 万吨，增长 3.5%，成品油产量 30030 万吨，增长 4.2%；成品油表观消费量 27616 万吨，增长 1.2%，其中，汽油增长 7.0%，柴油下降 3.7%。年底成品油库存较上年增加 153 万吨，处于较高水平。

一、原油产量 2.15 亿吨，同比增长 2.2%

2015 年中国原油产量为 2.15 亿吨，比 2014 年增加 400 万吨，同比增长 2.2%，增长率较 2014 年上升 1.4 个百分点，较“十一五”期间年均增长率低 0.3 个百分点。“十二五”期间原油产量已累计增长 6%（如图 3-12-1 所示）。

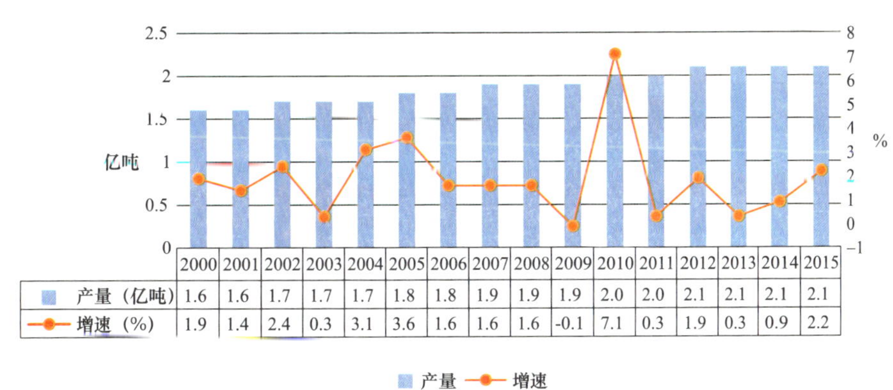

	2000	2001	2002	2003	2004	2005	2006	2007	2008	2009	2010	2011	2012	2013	2014	2015
产量（亿吨）	1.6	1.6	1.7	1.7	1.7	1.8	1.8	1.9	1.9	1.9	2.0	2.0	2.1	2.1	2.1	2.1
增速（%）	1.9	1.4	2.4	0.3	3.1	3.6	1.6	1.6	1.6	-0.1	7.1	0.3	1.9	0.3	0.9	2.2

图 3-12-1　2000—2015 年中国原油产量及增速

数据来源：国家统计局网站（http://www.stats.gov.cn/）。

分月来看，1—4 月份，中国各月天然原油产量同比缓慢增加，5 月份增速下降，6、7 月份增速升高，8—10 月增速再次下降，10 月增速呈断崖式下降，至 11 月产量基本与上年持平，12 月中国天然原油产量下降（如图 3-12-2 所示）。

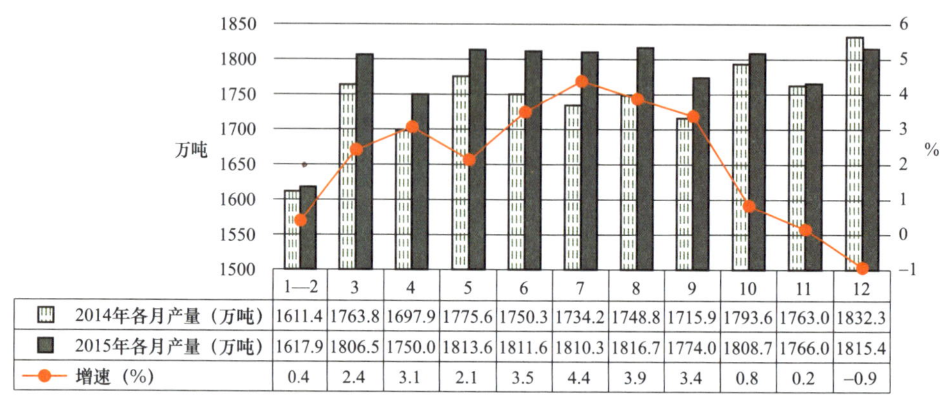

	1—2	3	4	5	6	7	8	9	10	11	12
2014年各月产量（万吨）	1611.4	1763.8	1697.9	1775.6	1750.3	1734.2	1748.8	1715.9	1793.6	1763.0	1832.3
2015年各月产量（万吨）	1617.9	1806.5	1750.0	1813.6	1811.6	1810.3	1816.7	1774.0	1808.7	1766.0	1815.4
增速（%）	0.4	2.4	3.1	2.1	3.5	4.4	3.9	3.4	0.8	0.2	−0.9

图 3-12-2　2014、2015 年各月中国天然原油产量及增速

数据来源：国家统计局网站（http://www.stats.gov.cn/）。

根据 BP 的统计数据，2014 年世界原油产量为 42.20 亿吨，其中中国原油产量为 2.11 亿吨，占全世界产量的 5.0%，为世界第四大产油国。世界第一大原油生产国沙特阿拉伯产量为 5.43 亿吨，为中国产量的 2.57 倍。俄罗斯、美国及加拿大分别位居第二、第三和第五大产油国。前五大石油生产国原油产量占全世界总产量的 47.9%（如表 3-12-1 所示）。

表 3-12-1　2006—2014 年世界主要国家和地区石油年产量　单位：百万吨

国家（地区）＼年份	2006	2007	2008	2009	2010	2011	2012	2013	2014	2014 年占比（%）
世界	3961.2	3948.6	3988.6	2885.8	3975.4	4008.1	4116.4	4126.6	4220.6	100
OECD 国家	904.3	889.2	857.8	853.6	857.3	857.8	903.7	955.0	1039.7	24.6
非 OECD 国家	3056.9	3059.3	3130.8	3032.2	3118.1	3150.4	3212.6	3171.6	3180.9	75.4
OPEC 国家	1708.2	1689.2	1746.0	1622.6	1667.0	1705.3	1779	1734.1	1729.6	41.0
非 OPEC 国家	1648.5	1631.2	1611.9	1614.0	1645.6	1638.2	1668.8	1715.9	1814.0	43.0
沙特阿拉伯	508.9	488.9	509.9	456.7	473.8	525.9	549.8	538.4	543.4	12.9

续表

国家（地区）\年份	2006	2007	2008	2009	2010	2011	2012	2013	2014	2014年占比（%）
俄罗斯	485.6	496.8	493.7	500.8	511.8	518.8	526.1	531.0	534.1	12.7
美国	304.6	305.2	302.3	322.3	333.1	345.4	394.7	448.5	519.9	12.3
中国	184.8	186.3	190.4	189.5	203.0	202.9	207.5	210.0	211.4	5.0
加拿大	150.6	155.3	152.9	152.8	160.3	169.8	182.6	194.4	209.8	5.0
伊朗	209.2	210.9	214.5	205.5	208.7	208.8	177.3	165.8	169.2	4.0
阿联酋	144.3	139.6	141.4	126.2	133.3	151.4	154.9	165.7	167.3	4.0
伊拉克	98.0	105.1	119.3	119.9	121.5	136.7	152.5	153.2	160.3	3.8
科威特	133.7	129.9	136.1	121.2	123.4	140.8	154	151.5	150.8	3.6
墨西哥	182.5	172.2	156.9	146.7	145.6	144.5	143.9	141.8	137.1	3.2
委内瑞拉	171.0	165.5	165.6	155.7	145.7	140.5	139.3	137.9	139.5	1.1
尼日利亚	116.6	110.2	102.8	106.6	120.9	117.8	115.5	110.7	113.5	2.7
巴西	93.8	95.2	98.9	105.8	111.4	114.1	112.1	109.8	122.1	2.9
挪威	129	118.6	114.8	108.7	98.8	93.8	87.3	83.2	85.6	2.0
安哥拉	69.3	82.1	93.1	87.6	90.5	83.8	86.9	87.3	83.0	2.0
卡塔尔	56.8	57.9	65.0	62.4	71.7	78.5	83.4	84.3	83.5	2.0
哈萨科斯坦	65.0	67.1	70.7	76.5	79.5	80.0	79.2	81.8	80.8	1.9
阿尔及利亚	86.2	86.5	85.6	77.2	73.8	71.7	67.2	64.8	66.0	1.6
哥伦比亚	27.9	28.0	31.1	35.3	41.4	48.2	49.9	52.9	52.2	1.2
阿曼	36.5	35.2	37.6	40.2	42.8	43.8	45.0	46.1	46.2	1.1
阿塞拜疆	32.3	42.6	44.5	50.4	50.8	45.6	43.4	43.5	42.0	1.0
印度	36.0	36.4	37.8	38.0	41.3	42.9	42.5	42.5	41.9	1.0
印度尼西亚	50.2	47.8	49.4	48.4	48.6	46.3	44.6	42.7	41.2	1.0
利比亚	85.3	85.3	85.5	77.4	77.6	22.5	71.7	46.4	23.3	0.6

注：石油包括原油、致密油、油砂与凝析油，不包括转化衍生液体燃料，如：生物质油、煤制油、气制油；非 OPEC 地区不包含苏联地区。

数据来源：《BP 世界能源统计 2015》（BP Statistical Review of World Enrgy 2015）。

二、汽油产量同比增长 9.73%，“十二五”以来累计增长 57.7%

2015 年中国汽油产量为 1.21 亿吨，同比增长 9.73%，增速较上年下降 2.47 个百分点（如图 3-12-3 所示），“十二五”期间，中国汽油产量累计增长 57.7%。

	2001	2002	2003	2004	2005	2006	2007	2008	2009	2010	2011	2012	2013	2014	2015
产量（亿吨）	0.4	0.5	0.5	0.5	0.5	0.6	0.6	0.6	0.7	0.8	0.8	0.9	1.0	1.1	1.2
增速（%）	0.5	5.1	10.0	10.1	3.0	3.4	7.2	5.9	13.4	6.7	6.1	10.3	9.6	12.2	9.7

图 3-12-3　2001—2015 年中国汽油产量及增速

数据来源：国家统计局网站（http://www.stats.gov.cn/）。

分月来看，2015 年 1—5 月，增速持续上升，6 月有所下降，7—8 月开始回升，9—12 月，除 11 月有短暂上行之外，增速均呈递减趋势，单月增速最高的为 8 月，达 17.9%（如图 3-12-4 所示）。

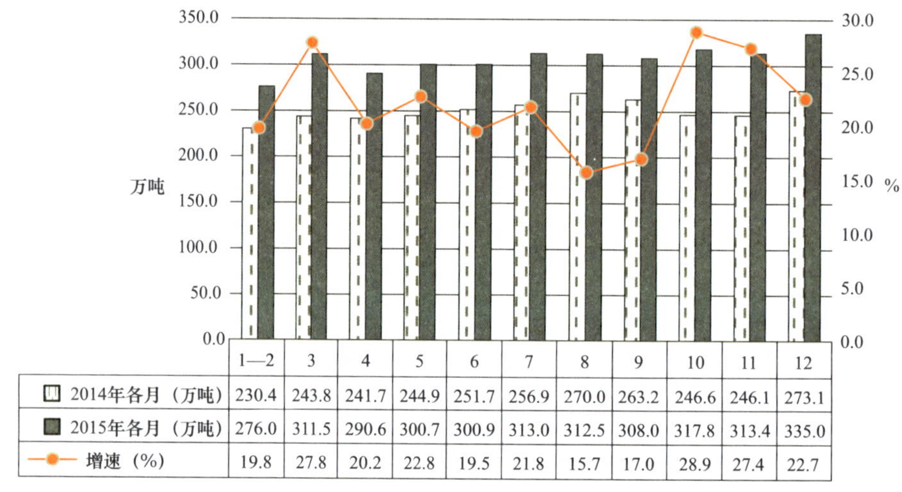

	1—2	3	4	5	6	7	8	9	10	11	12
2014年各月（万吨）	230.4	243.8	241.7	244.9	251.7	256.9	270.0	263.2	246.6	246.1	273.1
2015年各月（万吨）	276.0	311.5	290.6	300.7	300.9	313.0	312.5	308.0	317.8	313.4	335.0
增速（%）	19.8	27.8	20.2	22.8	19.5	21.8	15.7	17.0	28.9	27.4	22.7

图 3-12-4　2014、2015 年各月中国汽油产量及增速

数据来源：国家统计局网站（http://www.stats.gov.cn/）。

三、煤油产量继续上升，增速创“十二五”以来新高

2015 年中国煤油油产量达到 3659 万吨，同比增长 21.9%，增速较上年

提高 2.3 个百分点（如图 3-12-5 所示），“十二五”期间，中国煤油产量累计比“十一五”期间翻一番。

分月来看，2015 年中国各月煤油产量增速震荡上行，1—3 月增速直线上升，4 月出现小幅下调，5 月大幅度回升，7 月继 6 月小幅下降后出现短暂回升，8 月再次小幅下降，9、10、11 月连续回升，于 10 月达到全年最高，12 月有所下降。单月增速最高的为 10 月，达 28.9%（如图 3-12-6 所示）。

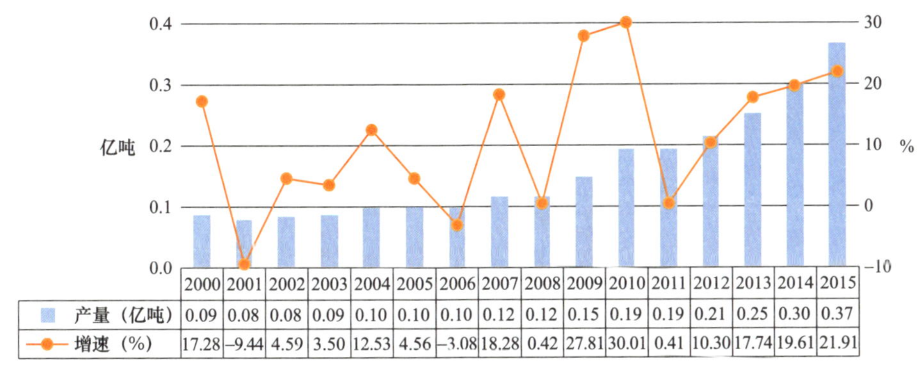

	2000	2001	2002	2003	2004	2005	2006	2007	2008	2009	2010	2011	2012	2013	2014	2015
产量（亿吨）	0.09	0.08	0.08	0.09	0.10	0.10	0.10	0.12	0.12	0.15	0.19	0.19	0.21	0.25	0.30	0.37
增速（%）	17.28	–9.44	4.59	3.50	12.53	4.56	–3.08	18.28	0.42	27.81	30.01	0.41	10.30	17.74	19.61	21.91

图 3-12-5 2000—2015 年中国煤油产量及增速

数据来源：国家统计局网站（http://www.stats.gov.cn/）。

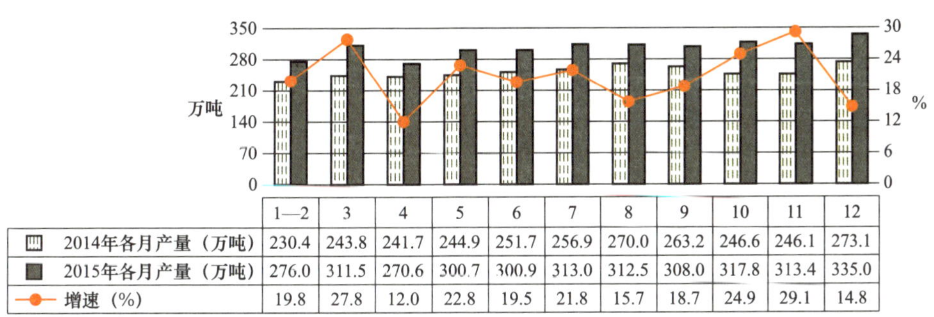

	1—2	3	4	5	6	7	8	9	10	11	12
2014年各月产量（万吨）	230.4	243.8	241.7	244.9	251.7	256.9	270.0	263.2	246.6	246.1	273.1
2015年各月产量（万吨）	276.0	311.5	270.6	300.7	300.9	313.0	312.5	308.0	317.8	313.4	335.0
增速（%）	19.8	27.8	12.0	22.8	19.5	21.8	15.7	18.7	24.9	29.1	14.8

图 3-12-6 2014、2015 年各月中国煤油产量及增速

数据来源：国家统计局网站（http://www.stats.gov.cn/）。

四、柴油产量增速基本与上年持平，“十二五”以来累计增长 20.7%

2015 年中国柴油产量达到 1.8 亿吨，同比增长 2.1%，增速基本与上年持平，较“十一五”期间年平均增速下降 4.8 个百分点（如图 3-12-7 所示），“十二五”期间中国柴油产量累计增长 20.7%。

分月来看，2015 年中国各月柴油产量，除 1—2、10—12 月同比下降，其余各月均同比增长，其中 3 月产量最高，达 1557.6 万吨，1—2 月累计同比降幅最大，达到－5.2%，5 月同比增幅最大，达到 8.8%（如图 3-12-8 所示）。

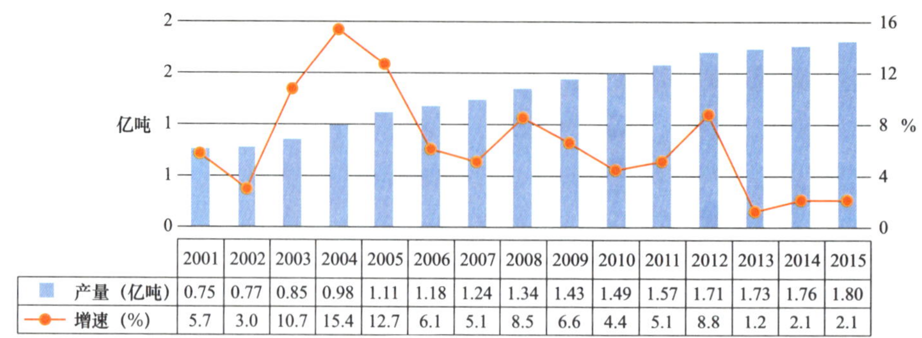

	2001	2002	2003	2004	2005	2006	2007	2008	2009	2010	2011	2012	2013	2014	2015
产量（亿吨）	0.75	0.77	0.85	0.98	1.11	1.18	1.24	1.34	1.43	1.49	1.57	1.71	1.73	1.76	1.80
增速（%）	5.7	3.0	10.7	15.4	12.7	6.1	5.1	8.5	6.6	4.4	5.1	8.8	1.2	2.1	2.1

图 3-12-7　2001—2015 年中国柴油产量及增速

数据来源：国家统计局网站（http://www.stats.gov.cn/）。

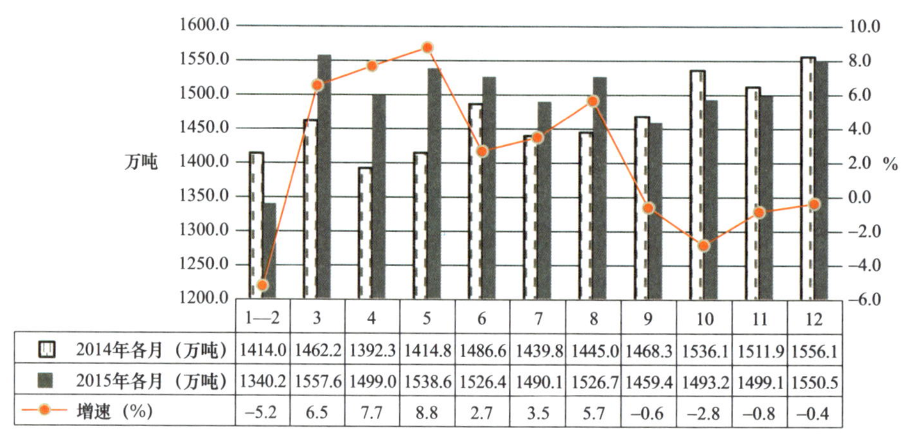

	1—2	3	4	5	6	7	8	9	10	11	12
2014年各月（万吨）	1414.0	1462.2	1392.3	1414.8	1486.6	1439.8	1445.0	1468.3	1536.1	1511.9	1556.1
2015年各月（万吨）	1340.2	1557.6	1499.0	1538.6	1526.4	1490.1	1526.7	1459.4	1493.2	1499.1	1550.5
增速（%）	−5.2	6.5	7.7	8.8	2.7	3.5	5.7	−0.6	−2.8	−0.8	−0.4

图 3-12-8　2014、2015 年各月中国柴油产量及增速

数据来源：国家统计局网站（http://www.stats.gov.cn/）。

第二节　石油贸易

2015 年中国原油进口加速增长，全年进口量与净进口量均在 3 亿吨以上；成品油三大油品维持全面净出口，且净出口维持高速增长，全年中国包括原油、成品油、液化石油气（LPG）和其他产品在内的石油净进口量高达 3.443 亿吨（如表 3-12-2、表 3-12-3 所示），同比增幅为 7.4%，全年石油产品消费量同比增长约 4.8%，达到 5.42 亿吨。石油净进口量占中国石油消费量的比例（进口依存度）由 2014 年的 62.0%提高到 63.5%，为历史最高纪录。

表 3-12-2　　2015 年中国石油进出口量　　单位：万吨，%

产品名称	进口量			出口量			净进口量		
	2014 年	2015 年	增减（%）	2014 年	2015 年	增减（%）	2014 年	2015 年	增减（%）
原油	30835.68	33549.13	8.8	60.02	286.56	377.4	30775.66	33262.57	8.1
成品油[1]	2997.67	2993.91	-0.1	2927.60	3615.96	23.5	70.07	-622.04	—
汽油	3.39	17.01	401.7	498.39	589.87	18.4	-495.00	-572.87	15.7
石油脑	369.77	664.76	79.8	13.11	—	-100	356.66	664.76	86.4
航空煤油	391.44	346.11	-11.6	1051.07	1235.86	17.6	-695.63	-889.75	34.9
轻柴油	47.39	42.80	-9.7	399.82	716.37	79.2	-352.43	-673.57	91.1
燃料油	1782.55	1556.16	-12.7	940.19	1052.85	12.0	842.36	503.32	-40.2
5-7 号燃料油	1768.97	1544.20	-12.7	932.53	1036.87	11.2	836.44	507.33	-39.3
其他燃料油	13.59	11.96	-11.9	7.67	15.97	108.4	5.92	-4.01	—
润滑油	31.77	32.61	2.6	12.57	11.88	-5.5	19.20	20.72	8.0
润滑油基础油	270.99	257.60	-4.9	1.52	1.87	23.0	269.47	255.73	-5.1
其他成品油	100.37	76.85	-23.4	10.92	7.25	-33.6	89.45	69.6	-22.2
液化石油气[2]	710.13	1208.81	70.2	143.82	144.13	0.2	566.32	1064.69	88.0
其他石油产品	946.98	1059.94	11.9	312.71	332.27	6.3	634.28	727.67	14.7
石蜡	0.99	0.69	-31.0	48.16	61.65	28.0	-47.16	-60.96	29.3
石油焦	534.97	588.66	10.0	244.24	241.92	-0.9	290.73	346.75	19.3
石油沥青	411.02	470.59	14.5	20.31	28.70	41.3	390.71	441.89	13.1
石油合计	25490.47	38811.80	9.4	3444.14	4378.91	27.1	32046.33	34432.89	7.4

数据来源：海关总署和中石化经济技术研究院。

低油价下的存储需求和市场逐步放开，促使中国原油进口量在 2015 年继续保持近 9%（8.8%）的较高增速。原油净进口量占国内炼油厂加工量的比

[1] 成品油中除汽油、石油脑、煤油、柴油和燃料油外，还包括液体石蜡和润滑油脂等。
[2] 液化石油气包括丙烷、丁烷和混合液化石油气。

例达到 63.7%，2014 年为 61.2%。由于原油加工能力过剩和国内石油市场的逐步放开，2015 年，中国自 1991 年以来首次成为成品油净出口国，净出口量达到 622 万吨。柴油净出口量 30 年来首次超过汽油，燃料油净进口量则降到 21 年来的最低水平。液化石油气进口量在 2015 年轻易迈过千万吨门槛，在化工原料需求和用气成本降低的推动下，中国以 1200 万吨的年进口量跃升为全球最大的液化石油气进口国。

表 3-12-3　1990—2015 年部分年份中国石油净进出口量　单位：万吨

产品名称＼年份	1990	1995	2000	2005	2010	2013	2014	2015
原油	−2106	−176	5983	11902	23627	28052	30776	33263
成品油	−224	1025	978	1746	1000	1107	70	−622
汽油	−163	−170	−455	−563	−517	−469	−495	−573
石油脑	−54	40	−56	−143	204-	−319	357	665
航空煤油	−44	39	46	51	−118	−385	−660	−890
轻柴油	46	468	−30	−94	−287	−251	−352	−674
燃料油	6	582	1392	2373	1312	1212	842	503
其他成品油	−16	65	81	123	406	681	378	346
液化石油气	11	224	480	611	228	295	566	1065
石蜡	−18	−27	−100	−81	246	820	417	492
未煅烧石油焦	−13	−17	−29	−60	−78	−118	−127	−146
已煅烧石油焦	0	13	124	314	395	315	391	442
石油沥青	1	13	124	314	395	315	391	442
石油合计	−2350	1016	7384	14361	25367	30422	32046	571.2

数据来源：海关总署和中石化经济技术研究院。

经济增长滑坡和柴油需求滞缓使 2015 年中国炼厂加工量增长放缓，但原油进口量继续保持较高增速。增加的进口原油需求主要来自三个方面：大石油公司旗下主渠道炼厂特别是沿海炼厂加工量提高；进口权限逐步放开后地方炼厂增加进口原油加工量；商业库存和战略储备继续增加存储。2015 年全年中国共进口原油 3.355 亿吨，增速为 8.8%，略低于 2014 年的 9.4%，但明显高于 2011—2013 年的增速，是连续第 14 年增长。中国炼厂原油加工量自 1982 年以来一直保持上升势头，2015 年加工量增速为 3.8%，虽然明显低于 2014 年的 6.4%，但高于 2012 年和 2013 年。

受经济增速放缓和柴油需求疲软的影响，2015 年中国炼厂产能过剩，炼厂在维持经济合理的开工率的情况下，增加油品出口的压力陡增。2015 年，中国政府发放包括汽油、煤油、柴油和石脑油 4 种油品在内的成品油出口配额共 4 批，合计 2865 万吨，远超 2014 年的 1950 万吨。全年成品油（海关分类的液体石油产品）出口量升至 3616 万吨，比上年跃升 23.5%，为历史最高水平。

出口的成品油除上述 4 个品种外，还包括燃料油和润滑油等其他几个液体产品。2015 年，由于石脑油进口量大增抵销了燃料油进口量的下降，中国成品油进口量维持在近 3000 万吨的水平，使得中国由 2014 年净进口 70 万吨的成品油净进口国变为净出口 622 万吨的成品油净出口国。

一、原油加工量提高促使中国进口原油需求量上升

2015 年中国经济经历了困难的一年，全年 6.9%的国内生产总值（GDP）增长率是 25 年来最低的。制造业、房地产和货运市场滑坡引起的柴油需求减退，导致成品油销量增长放缓。因汽油、航空煤油和液化石油气市场旺销，并适度增加成品油出口，才使得 2015 年中国炼厂原油加工量仍维持近 4%的增速，原油加工量提高到 5.220 亿吨。由于 2015 年中国原油产量仅增加约 360 万吨，炼厂原油加工量的增量即 1910 万吨原油主要由增加进口量来满足。

2015 年原油加工量增加的主要集中在中国石化位于沿海、沿江省份的炼厂和山东省的地方炼厂，以及位于福建和四川等省的新建和扩建炼厂。中国原油进口的逐步放开使地方炼厂比以往更容易获得进口原油（过去地方炼厂一直以进口燃料油为主要进料），随着越来越多的地方炼厂获得原油非国营贸易进口资质和进口原油使用配额，地方炼厂进口原油加工量将不断提高。

二、油价下跌为增加原油存储带来良机

2015 年，中国炼厂 1910 万吨原油加工增量中约有 1550 万吨来自进口，而 2015 年全国增加的原油净进口量达 2490 万吨，估计有多达 900 万吨的进口原油囤入商业储备或政府战略库存。2015 年，国际原油价格从过去 3 年高达 100 美元/桶的平均价格几乎折半，跌至 54 美元/桶以下，为增加原油存储特别是战略储备带来了良机。2015 年，进口原油平均到岸成本比上年降低 46%，降至每吨 400 美元（约 54.53 美元/桶）。同时，中国存储能力的扩大也为增加原油进口创造了条件。

三、原油净进口持续上涨，增速较上年有所下降

伴随着中国原油需求增速回升，原油产量逐渐放缓，2014 年中国原油

全年进口与净进口均在3亿吨以上，原油净进口增速为8.1%，较上年回落1.7个百分点。“十二五”期间，中国原油净进口增长41.8%（如图3-12-9所示）。

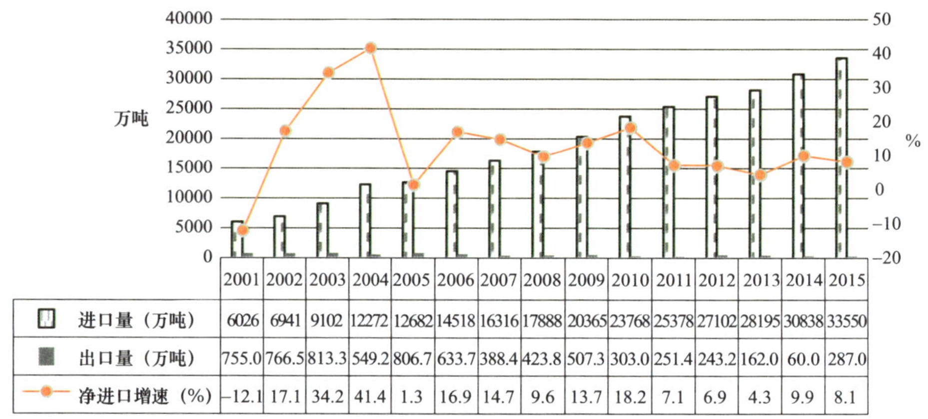

	2001	2002	2003	2004	2005	2006	2007	2008	2009	2010	2011	2012	2013	2014	2015
进口量（万吨）	6026	6941	9102	12272	12682	14518	16316	17888	20365	23768	25378	27102	28195	30838	33550
出口量（万吨）	755.0	766.5	813.3	549.2	806.7	633.7	388.4	423.8	507.3	303.0	251.4	243.2	162.0	60.0	287.0
净进口增速（%）	-12.1	17.1	34.2	41.4	1.3	16.9	14.7	9.6	13.7	18.2	7.1	6.9	4.3	9.9	8.1

图3-12-9　2001—2015年中国原油进出口及增速

数据来源：2013年以前的数据来源于国家统计局网站，2013年以后的数据来源于中国海关总署。

分月来看，除3、4和5月外，中国原油净进口均同比增长，其中6、7月份同比增长超过20%，其余各月增速均低于10%，单月增速最高的为7月（27.9%）（如图3-12-10所示）。

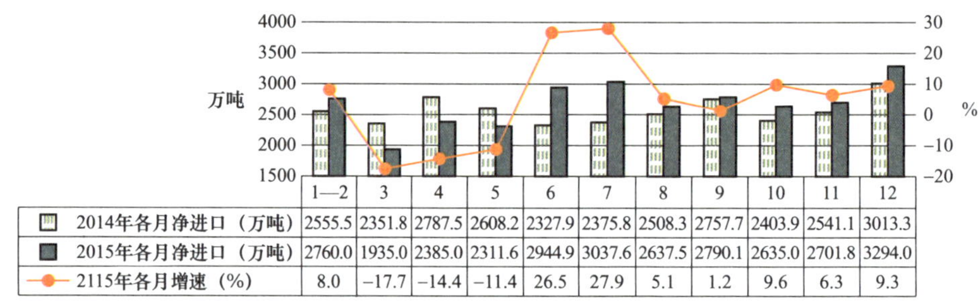

	1—2	3	4	5	6	7	8	9	10	11	12
2014年各月净进口（万吨）	2555.5	2351.8	2787.5	2608.2	2327.9	2375.8	2508.3	2757.7	2403.9	2541.1	3013.3
2015年各月净进口（万吨）	2760.0	1935.0	2385.0	2311.6	2944.9	3037.6	2637.5	2790.1	2635.0	2701.8	3294.0
2115年各月增速（%）	8.0	-17.7	-14.4	-11.4	26.5	27.9	5.1	1.2	9.6	6.3	9.3

图3-12-10　2014、2015年各月中国原油净进口及增速

数据来源：根据海关总署相关数据计算得出。

四、中国24年来首次成为成品油净出口国

2015年下半年是近几十年来中国成品油出口贸易最活跃的时期，6个月的时间全都处于净出口状态，仅第四季度成品油净出口量就接近500万吨。12月份，成品油出口量达到空前的432万吨，比一年前多150万吨。第三季度末发放的第4批990万吨出口配额是第四季度成品油出口量迅速上升并达

到创纪录高峰的关键推手。在两个中间馏分油品种——柴油和航空煤油出口量双双达到历史最高水平的推动下，2015 年第四季度中国成品油出口量创纪录地达到 1170 万吨，并将 2015 年全年净出口量提高到 625 万吨，使中国自 1991 年以来首次成为成品油净出口国，而且是 30 年来最多的一年。

2015 年汽油、柴油和煤油进口量达到 2990 万吨，出口量达到 3615 万吨，汽油、柴油和煤油净出口 625 万吨，较 2014 年呈下降趋势（如图 3-12-11 所示）。

分月来看，2015 年除 1 月、2 月、3 月和 6 月净出口为负值外，其余月份均表现为正值，实现净出口，其中 11 月净出口最多，达到 222.4 万吨，而 7 月份环比增幅最大，达到 1506.82%（如表 3-12-11 所示）。

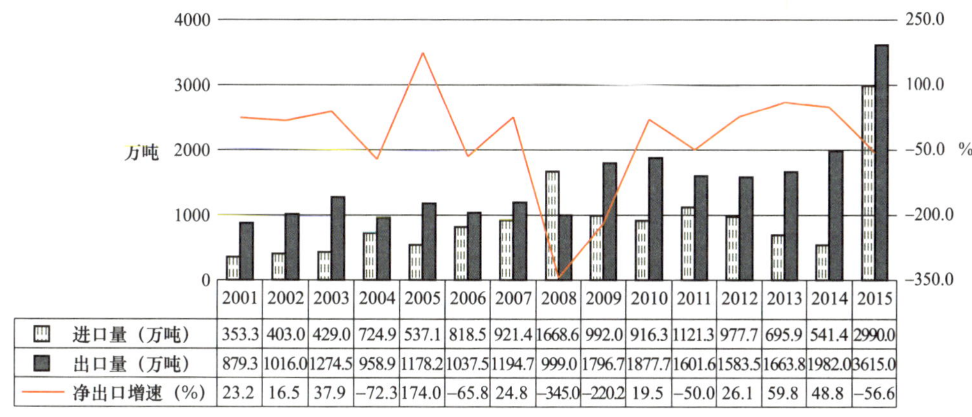

	2001	2002	2003	2004	2005	2006	2007	2008	2009	2010	2011	2012	2013	2014	2015
进口量（万吨）	353.3	403.0	429.0	724.9	537.1	818.5	921.4	1668.6	992.0	916.3	1121.3	977.7	695.9	541.4	2990.0
出口量（万吨）	879.3	1016.0	1274.5	958.9	1178.2	1037.5	1194.7	999.0	1796.7	1877.7	1601.6	1583.5	1663.8	1982.0	3615.0
净出口增速（%）	23.2	16.5	37.9	−72.3	174.0	−65.8	24.8	−345.0	−220.2	19.5	−50.0	26.1	59.8	48.8	−56.6

图 3-12-11　2001—2015 年中国成品油（汽油、煤油、柴油）进出口

数据来源：根据海关总署相关数据计算得出。

表 3-12-4　2014、2015 年各月中国成品油净出口及增速

月份	2014 年				2015 年			
	出口（万吨）	进口（万吨）	净出口（万吨）	增速（%）	出口（万吨）	进口（万吨）	净出口（万吨）	增速（%）
1	226.0	376.2	−150.2	—	207.4	234.7	−27.3	—
2	201.6	241.4	−39.8	73.50	167.7	267.9	−100.2	−267.03
3	274.0	237.0	37.0	2077.57	283.1	287.4	−4.3	95.71
4	219.7	254.4	−34.7	−193.78	271.3	247.1	24.2	662.79
5	222.0	181.4	40.6	217.00	243.9	232.0	11.9	−50.83
6	224.7	236.2	−11.5	−128.33	305.5	309.9	−4.4	−136.97
7	231.0	186.5	44.5	486.96	300.4	238.5	61.9	1506.82
8	273.1	253.0	20.1	−54.83	311.5	231.3	80.2	222.82

续表

月份	2014 年				2015 年			
	出口（万吨）	进口（万吨）	净出口（万吨）	增速（%）	出口（万吨）	进口（万吨）	净出口（万吨）	增速（%）
9	215.3	247.2	-31.9	258.71	355.1	270.2	84.9	5.86
10	314.4	228.1	86.3	370.53	328.0	202.8	125.2	47.47
11	244.0	237.1	6.9	-92.0	410.1	187.7	222.4	77.64
12	282.4	319.6	-37.2	-639.13	432.0	284.5	147.5	-33.68

数据来源：根据海关总署相关数据计算得出。

2015 年中国成品油净出口中，汽油、煤油、柴油全面维持净出口。其中，煤油净出口 89 万吨，比例最高（如图 3-12-12 所示）。

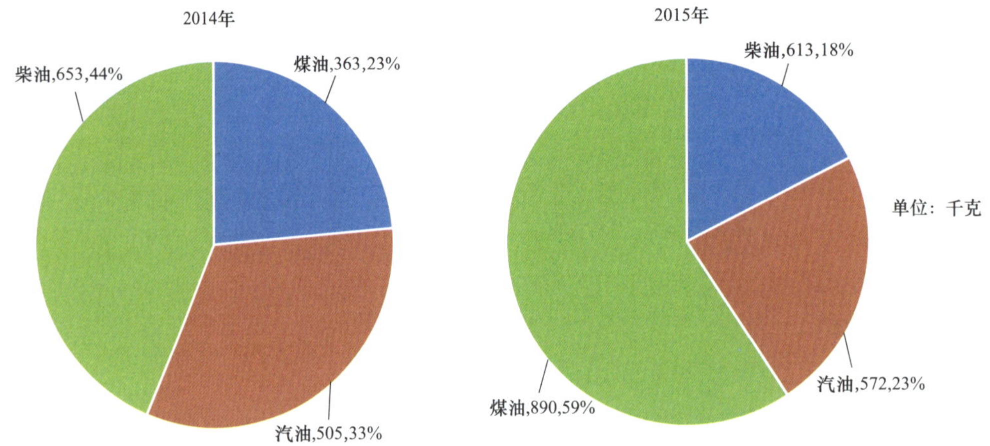

图 3-12-12 2014—2015 年中国成品（汽油、煤油、柴油）净出口构成

油数据来源：根据海关总署相关数据计算得出。

五、柴油净出口量 30 年来首超汽油

2014 年和 2015 年，中国与经济运行状况密切相关的柴油需求量仅增长 1%左右，远低于 2009—2013 年年均 4.8%的水平。供应过剩使柴油和与其馏分重叠的航空煤油成为出口量最多的成品油品种，2015 年柴油净出口量自 1985 年以来首次超过汽油，包括柴油和航煤在内的中间馏分油品净出口量合计创纪录地达到 1563 万吨，比 2014 年增加 550 万吨。柴油出口量超过汽油并不令人意外，因为中国成品油市场受经济增长速度下降影响最大的正是柴油。在制造业和原材料运输不景气以及替代燃料的影响下，2015 年中国柴油表观需求量（产量加净进口量）同比增幅低于 1%。与此同时，在创纪录的汽车销量和较低油价的推动下，汽油需求量增长达 11%。2015 年，中国炼厂的柴油

收率降低了 0.8 个百分点，汽油和航煤收率分别提高了 1.2 和 1.0 个百分点。

六、石油对外依存度继续上升

石油净进口量占中国石油消费量的比例（进口依存度）由2014年的61.7% 提高到 63.5%，为历史最高纪录。因为国内页岩油产量逐年递增，美国石油对外依存度逐年下降，日本、德国持续处于较高水平（如图 3-12-13、图 3-12-14 所示）。

七、中国原油进口量将再创新高并可能超过美国

更多的地方炼厂获得进口权限、新的储备基地投入贮油，将助力 2016 年中国原油进口量再创新高，并可能超过美国，成为全球最大的原油进口国。尽管中国油品需求增长在经济新常态的背景下减弱，但 2016 年中国炼厂的原油加工量仍将以适当幅度上升，升幅不会显著低于 2015 年的水平，由于低油价下国内原油产量可能下降，因此增加的部分几乎全部来自进口原油。2016 年，中国原油非国营贸易进口允许量已由上年的 3760 万吨提高到 8760 万吨，地方炼厂对进口原油的需求更加迫切。中国原油存储需求也将持续。炼油业也在通过投资新建原油商储基地来提高炼厂的抗风险能力。政府在完成国家战略储备一期项目 4 个基地的注油后，二期和三期项目仍在建设中，可能有的基地已经开始或准备注油。按照国家制定的中长期规划，到 2020 年中国将形成相当于 100 天石油净进口量的总储备规模。

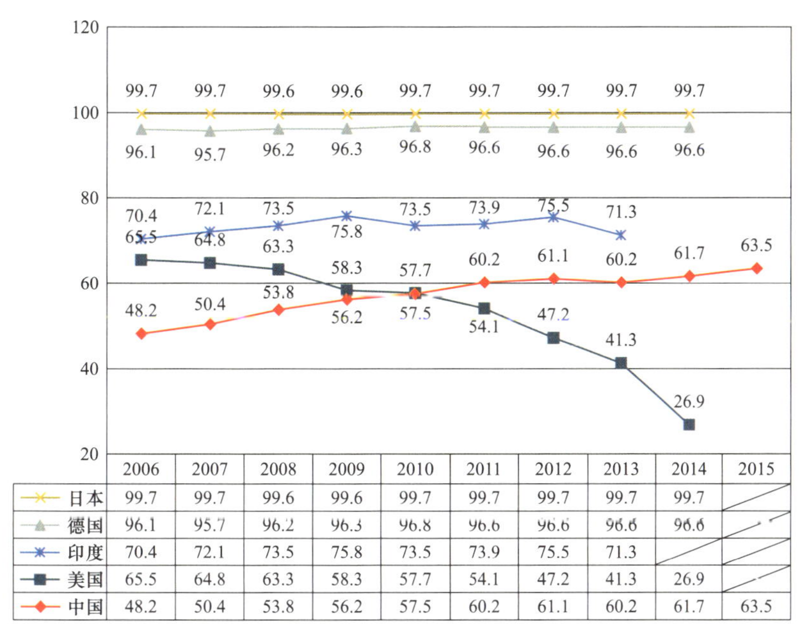

	2006	2007	2008	2009	2010	2011	2012	2013	2014	2015
日本	99.7	99.7	99.6	99.6	99.7	99.7	99.7	99.7	99.7	
德国	96.1	95.7	96.2	96.3	96.8	96.6	96.6	96.6	96.6	
印度	70.4	72.1	73.5	75.8	73.5	73.9	75.5	71.3		
美国	65.5	64.8	63.3	58.3	57.7	54.1	47.2	41.3	26.9	
中国	48.2	50.4	53.8	56.2	57.5	60.2	61.1	60.2	61.7	63.5

图 3-12-13 2006—2015 年主要国家石油对外依存度

数据来源：根据国家统计局及海关总署相关数据计算得出。

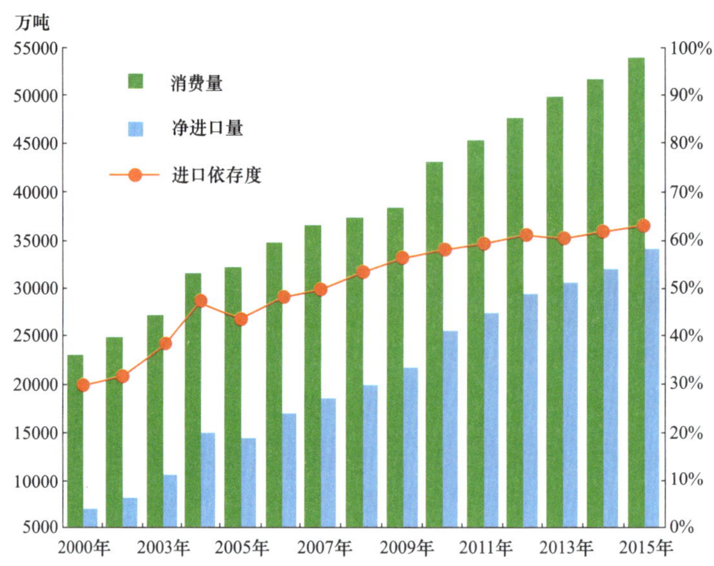

图 3-12-14 2000—2015 年中国石油进口依存度

数据来源：根据国家统计局及海关总署相关数据计算得出。

八、成品油出口量可能再创新高

2016 年，低油价预期抵消了人民币贬值的影响，对增加油品消费利好，但经济增速下降和政府以节能减排为理由阻止低油价传导给消费者的做法将限制油品需求的增长。上年汽油、航煤和液化石油气市场旺销、柴油需求增长下降的局面可能会在 2016 年延续。中国炼油能力的扩大可能使国内油品供应过剩状况加剧，迫使炼厂将更多的成品油外销，2016 年中国成品油出口量可能再创新高。

第十三章 天然气生产与供应

2015 年中国天然气产量 1346 亿立方米，增速较上一年下降 4.3 个百分点。天然气进口量保持增长趋势，增速同比下降 9.6 个百分点。2015 年对外依存度为 32.7%，继续保持逐年上升趋势。就目前天然气的供应情况而言，距离“十二五”规划提出的到 2015 年天然气产量达到 1760 亿立方米，进口达到 935 亿立方米的目标仍有一定的差距。

第一节 天然气生产

2015 年中国天然气产量为 1346 亿立方米，同比增长 3.4%。页岩气产量增长迅速，达到 46.7 亿立方米，是上年的 3.6 倍。根据 BP 的统计数据，2014 年中国天然气产量占世界产量的 3.9%，排世界第 6 位，仅为美国的 18%，俄罗斯的 23%。分地区看，陕西、新疆、四川 3 省区产量之和占全国的 3/4 以上。

一、天然气产量同比增长 3.4%，非常规天然气产量达 90.7 亿立方米

2015 年中国天然气产量为 1346 亿立方米，较上年增加 44.4 亿立方米，同比增长 3.4%，增速放缓，较上年下降 4.3 个百分点（如图 3-13-1 所示）。

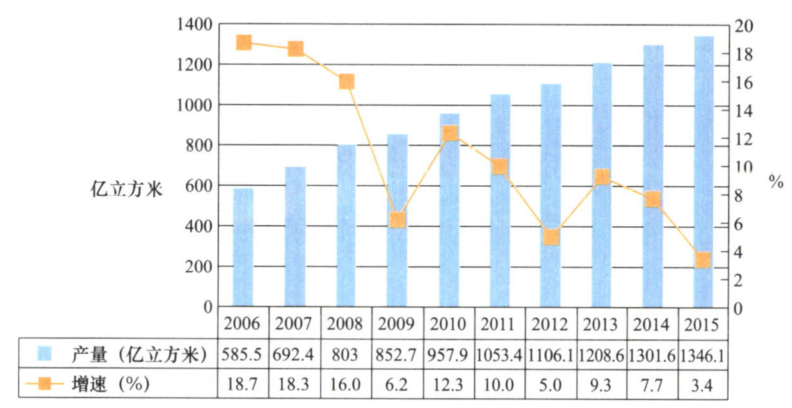

	2006	2007	2008	2009	2010	2011	2012	2013	2014	2015
产量（亿立方米）	585.5	692.4	803	852.7	957.9	1053.4	1106.1	1208.6	1301.6	1346.1
增速（%）	18.7	18.3	16.0	6.2	12.3	10.0	5.0	9.3	7.7	3.4

图 3-13-1 2006—2015 年中国天然气产量及增速

数据来源：2006—2014 年数据来源于《中国能源统计年鉴 2015》和《中国能源统计年鉴 2014》；2015 年数据来源于《2015 年国民经济和社会发展统计公报》。

“十二五”期间天然气总产量6013.17亿立方米，较“十一五”期间增加2230.08亿立方米，增长54.9%。

2015年中国天然气生产以川渝气区、塔里木气区和长庆气区为主。三大气区产量占全国总产量50%以上。天然气产量的增量主要来自长庆气田和塔里木气田。

根据国土资源部的统计数据，2015年全国煤层气（煤矿瓦斯）抽采量180亿立方米，利用量86亿立方米，同比增长5.5%和11.5%。中国非常规天然气（煤层气和页岩气）产量为90.7亿立方米，占天然气生产总量的6.7%，其中，煤层气产量（地面生产量）44亿立方米，同比增加8亿立方米；页岩气产量46.7亿立方米，同比增加33.7亿立方米，约是上年的3.6倍。

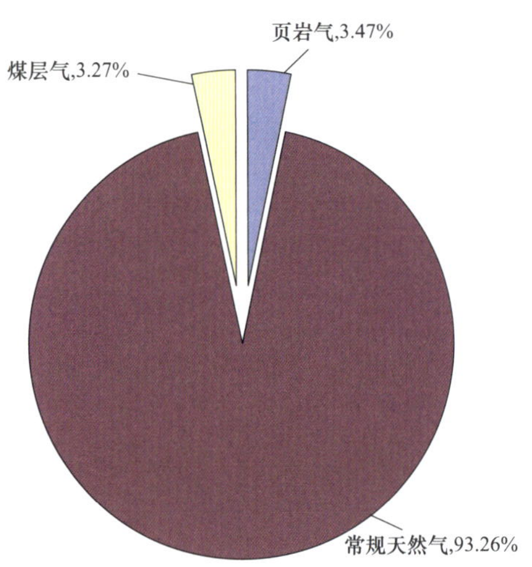

图3-13-2　2015年中国常规和非常规天然气产量比重

数据来源：国土资源部。

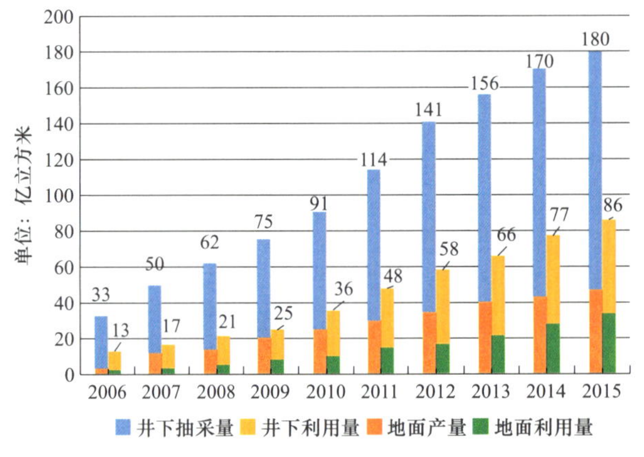

图3-13-3　2006—2015年中国煤层气抽采利用量

数据来源：行业统计。

二、天然气产量占世界比重约3.9%，与美国、俄罗斯的差距较大

根据BP统计数据，2014年世界天然气产量为34606亿立方米，中国天然气产量为1345亿立方米，占世界天然气产量的比重为3.9%，较上年上升一位，超过挪威，成为继美国、俄罗斯、加拿大、伊朗、卡塔尔之后世界

第六大天然气生产国，是世界 9 个天然气年产量超过 1000 亿立方米的国家之一。但中国的天然气产量与领先国家的差距仍很大，仅为美国（7283 亿立方米）的 18.5%，约为俄罗斯（5787 亿立方米）的 23.3%（如图 3-13-4 所示）。

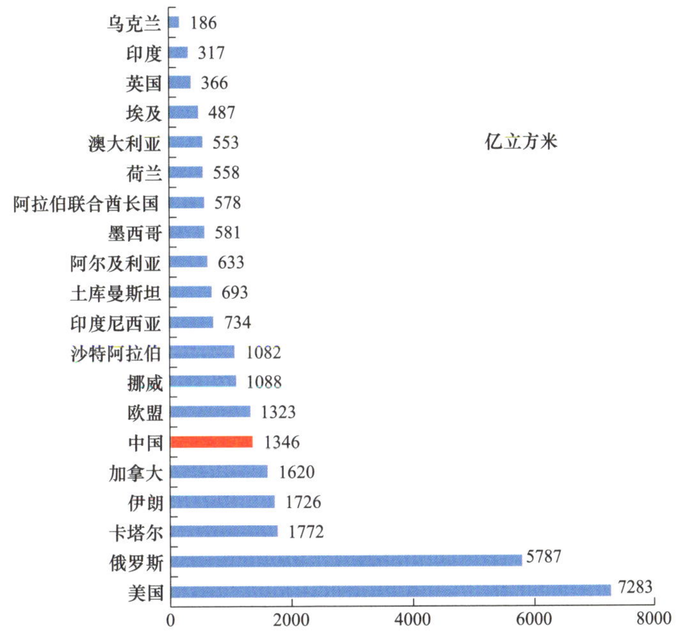

图 3-13-4 2014 年世界及主要国家天然气产量

数据来源：《BP 世界能源统计 2015》(BP Statistical Review of World Energy 2015)。

三、长庆气田产量居全国气田之首，陕西省天然气产量继续保持全国第一

分省区看，中国天然气生产主要集中在陕西、新疆和四川等地区，上述三个省的天然气产量之和占全国的比重为 76.6%。2015 年陕西省继续保持全国天然气产量第一，为 415.9 亿立方米，同比增长 1.4%，增速较 2014 年下降 9 个百分点；第二位为新疆，产量达到 293.0 亿立方米；2015 年四川盆地页岩气勘探获重大突破，产量为 266.2 亿立方米（如图 3-13-5 所示）。

分企业看，根据国土资源部的统计数据，2015 年三大石油公司的天然气产量快速增长，总计达到 1232.3 亿立方米，占全国总产量的 91.55%。其中，中石油的天然气产量居三大石油公司之首，为 886.72 亿立方米，占比 65.8%；

其次是中海油为 251 亿立方米，占比 18.6%；中石化天然气产量为 208.10 亿立方米，占比 15.5%（如图 3-13-6 所示）。中海油首次超越中石化，成为我国仅次于中石油的第二大生产商。

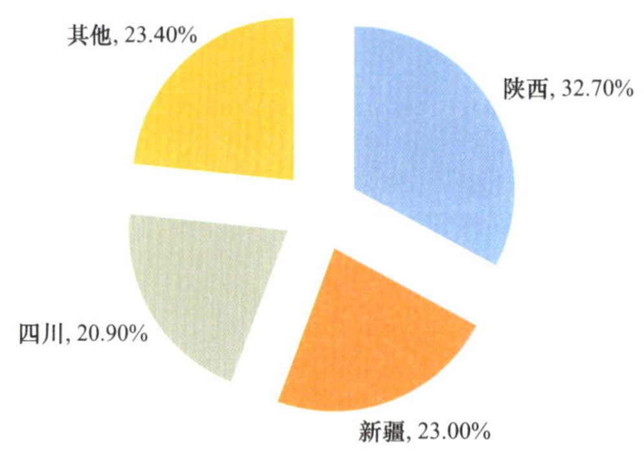

图 3-13-5　2015 年主要地区天然气产量占全国产量的比重

数据来源：中国石油和化学工业联合会。

注：进行地区比较时全国总量为各省区市数据加总。

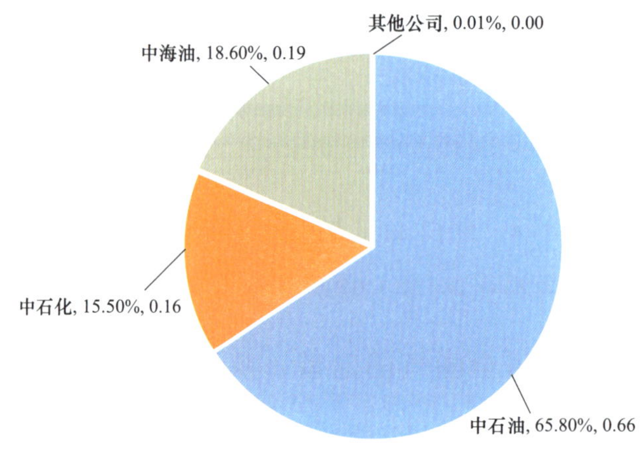

图 3-13-6　2015 年石油公司天然气产量比重分布

数据来源：中石油、中石化、中海油 2015 年年报。

分气田看，2014 年中石油公司的长庆、塔里木、西南、青海、新疆五大西部天然气气田共生产天然气 854.02 亿立方米，占 2014 年总产量的 68.4%。其中，长庆气田年产 381.54 亿立方米，居全国首位，同比增速为 10%，增量达到 34.74 亿立方米，位居全国第一。西南气田、新疆气田、塔里木气田、青海气田产量都有不同程度的增长，增幅分别为 7.5%、6.4%、5.7%、2.2%；中石化中原气田今年产量为 83.05 亿立方米，较上一年出现大幅度增长，增量为78.65亿立方米；勘探南方气田则出现了产量大幅下降的情况，下降80.31亿立方米，但中石化总体上产量变化不大，中海油各气田总体上呈现增长趋势（如表3-13-1所示）。

表3-13-1　2005—2014年部分年份中国主要油气田天然气产量　单位：亿立方米

油气田/生产企业		2005	2010	2011	2012	2013	2014
中石油	大庆	24.4	29.9	31	33.7	34.4	35.11
	吉林	2.7	14.1	15.5	17.6	18.2	16.03
	辽河	9.2	8	7.2	7.2	7.2	7.01
	华北	5.7	5.5	7.6	8.3	3.4	3.02
	大港	3.3	3.7	4.5	4.4	4.1	5.39
	冀东	—	—	—	—	—	6.85
	新疆	29	38	37.1	31	30.5	32.44
	塔里木	56.8	183.6	170.5	193.1	222.8	235.55
	吐哈	15.3	12.5	10.5	10.5	10.5	10.00
	玉门	—	—	—	—	—	0.15
	青海	21.2	56.1	65	63.5	67.4	68.89
	长庆	75.3	211.1	258.3	290.3	346.8	381.54
	西南	118.3	153.6	142.1	131.5	126.1	135.60
	南方	1.7	1.8	2	1.8	1.7	1.58
	浙江	—	—	—	0	0	0.11
	中油煤	—	—	—	—	—	1.31
	小计	366.7	722.5	755.9	792.6	879.7	940.58
中石化	胜利	8.8	5.2	5	5	5	5
	中原	16.6	5.7	4.4	4.4	4.4	83.05
	河南	1	0.6	0.6	0.6	0.6	0.5
	江汉	1.2	1.6	1.6	1.7	3.1	1.5
	江苏	0.6	0.6	0.5	0.6	0.5	0.52
	西北	5.2	15.8	15.9	16.5	16.4	16.3
	西南	21	26.5	28	29.6	31.1	31.9
	东北	1.8	3.4	3.8	5.1	6	6.62

续表

油气田/生产企业		2005	2010	2011	2012	2013	2014
中石化	华北	4	22.4	23.3	27.3	34.4	40
	上海	—	0	—	2.9	2.8	3.26
	勘探南方	—	—	—	76.6	82.2	1.89
	小计	61	125.1	146.4	169.3	186.5	190.54
中海油	天津	—	—	—	21.4	23.4	25.02
	深圳	—	—	—	16.6	17.3	27.04
	湛江	—	—	—	56	49.2	44.89
	上海	—	—	—	5.8	5.6	6.43
	小计	50.9	92.1	101.2	99.7	95.5	103.38
地方	延长	—	—	—	0	0	6.07
	上海	—	—	—	3.4	2.8	2.55
	田东	—	—	—	0	0	0
	小计	14.9	3.9	—	3.4	2.8	16.80
全国合计		499.5	944.6	1012.8	1062.1	1161.6	1248.04

数据来源：国土资源部历年《全国油气矿产储量通报》。

第二节　天然气贸易

2015年中国天然气进口量继续增长，进口量为624亿立方米，同比增长4.7%，对外依存度为32.7%。根据BP统计数据，2015年世界天然气贸易增速有所放缓，预计2016年世界天然气贸易量增速将继续维持较低水平。

一、中国天然气进口量624亿立方米，对外依存度持续攀升

根据海关统计数据，2015年中国天然气进口量较2014年增加32.7亿立方米，同比增长4.7%。其中，中国管道气进口354亿立方米，占56.7%；LNG进口1945万吨（折合270亿立方米），占43.3%。2006年以来，天然气需求持续增长，对外依存度不断提高，2015年该数据达到32.7%，同比提高2.3个百分点（如图3-13-7）。

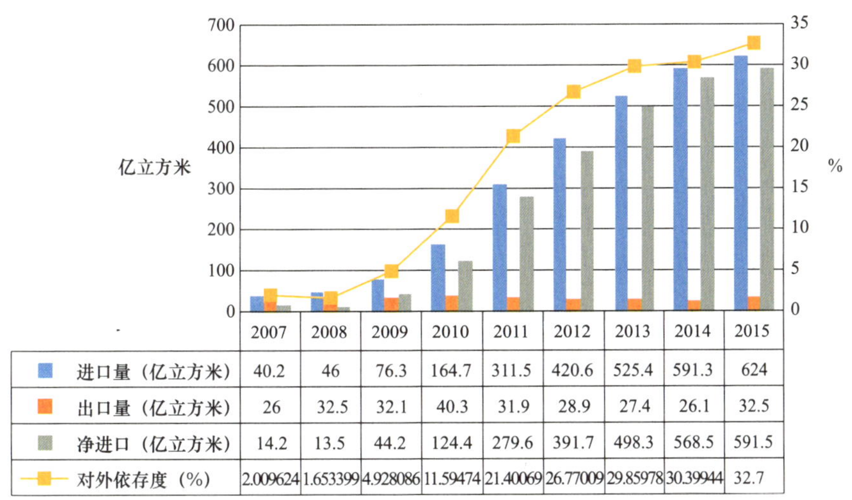

	2007	2008	2009	2010	2011	2012	2013	2014	2015
进口量（亿立方米）	40.2	46	76.3	164.7	311.5	420.6	525.4	591.3	624
出口量（亿立方米）	26	32.5	32.1	40.3	31.9	28.9	27.4	26.1	32.5
净进口（亿立方米）	14.2	13.5	44.2	124.4	279.6	391.7	498.3	568.5	591.5
对外依存度（%）	2.009624	1.653399	4.928086	11.59474	21.40069	26.77009	29.85978	30.39944	32.7

图 3-13-7 2007—2015 年中国天然气进口量及对外依存度

数据来源：2006—2014 年数据来自《中国能源统计年鉴 2015》。
2015 年数据来自《2015 年国内外油气行业发展报告》。

如图 3-13-8 所示，率先实现页岩气开采技术突破的美国，首先掀起了“页岩气革命”，使得天然气产量飙升，煤炭面临被替代威胁，对外依存度直接下降到 2014 年的 3.5%，预计 2015 年还将继续保持下降趋势；日本、德国因国家资源匮乏，对外依存度长期居于高位；我国天然气对外依存度持续攀升，除了受天然气消费持续增长影响外，更为重要的是我国天然气增储上产的难度加大，常规天然气老气田产量逐年下降，储采比下降问题已经显现。

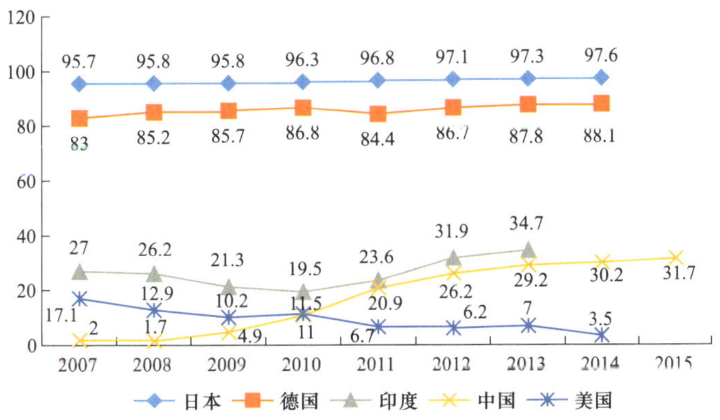

图 3-13-8 2007—2015 年主要国家天然气对外依存度

数据来源：根据国家统计局和海关总署相关数据计算得到；其他国家数据根据国际能源署 OECD 及非 OECD 国家能源平衡表计算得到，其中 2015 年数据为预测值。

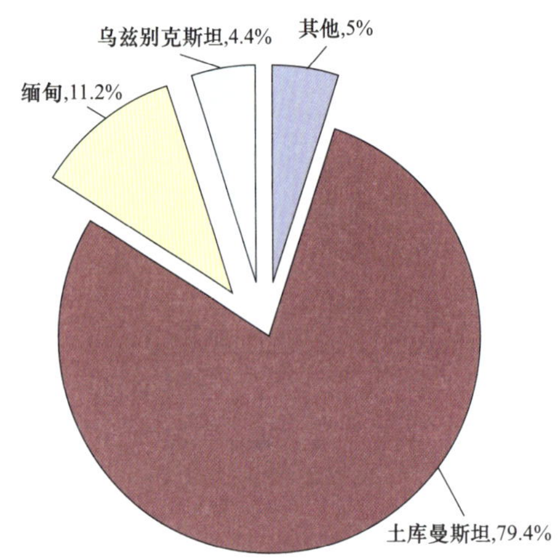

图 3-13-9　2015 年中国天然气管道进口来源地占比

数据来源：海关信息网（http://www.haiguan.info/）。

根据 BP 统计数据，中国的管道天然气的主要进口来源地是中亚。2015 年从土库曼斯坦进口 275 亿立方米，占全部管道天然气进口量的 79.4%；从缅甸进口 39 亿立方米，占 11.2%，从乌兹别克斯坦进口 15 亿立方米，占 4.4%（如图 3-13-9 所示）。

从 LNG 进口来源国来看，2015 年中国 LNG 进口来源排名前五名的国家依次是澳大利亚（75 亿立方米）、卡塔尔（65 亿立方米）、马来西亚（43.9 亿立方米）、印度尼西亚（38.8 亿立方米）和巴布亚新几内亚（21.5 亿立方米），从上述五个国家合计进口量为 244.2 亿立方米，占中国 LNG 进口总量的 92%（如图 3-13-10 所示）。

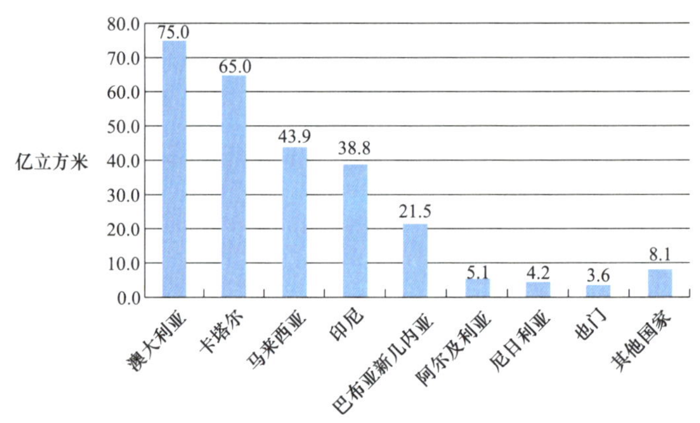

图 3-13-10　2015 年中国 LNG 进口来源地及占比

数据来源：海关信息网（http://www.haiguan.info/）。

二、世界天然气贸易量增速放缓，同比减少 356 亿立方米

受全球油价下跌影响，2014 年世界天然气贸易量为 9972 亿立方米，同比下降 3.45%。其中，LNG 贸易量为 3333 亿立方米，占 33.4%，同比增加 80 亿立方米；管道气贸易量为 6639 亿立方米，占 66.6%，同比减少 436 亿立方米（如图 3-13-11 所示）。

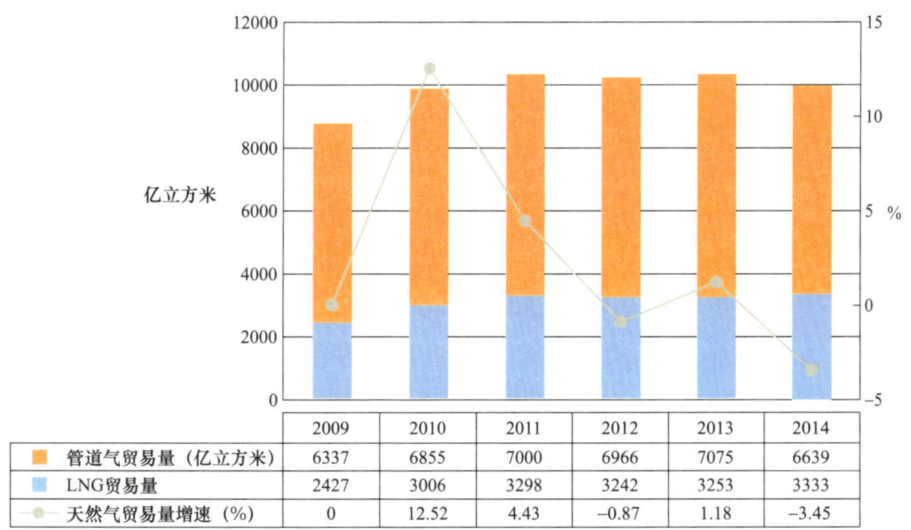

	2009	2010	2011	2012	2013	2014
管道气贸易量（亿立方米）	6337	6855	7000	6966	7075	6639
LNG贸易量	2427	3006	3298	3242	3253	3333
天然气贸易量增速（%）	0	12.52	4.43	–0.87	1.18	–3.45

图 3-13-11 2009—2014 年世界天然气贸易量及增速

数据来源：《BP 世界能源统计 2015》(BP Statistical Review of World Energy 2015)。

从管道气看，2014 年全球总贸易量为 6637 亿立方米，贸易量下降，俄罗斯为管道气主要出口国，总出口量为 1872 亿立方米，占比 28.2%，其次为挪威，出口量 1011 亿立方米，占比 15.2%，排名第三的为加拿大，出口量为 746 亿立方米，占比 11.2%。全球管道气贸易量较上年减少了 467 亿立方米，俄罗斯向欧洲出口的管道气量较 2014 年减少 147 亿立方米，2014 年中国管道气贸易增加了 39 亿立方米，贸易增量主要来自中国（如图 3-13-12 所示）。

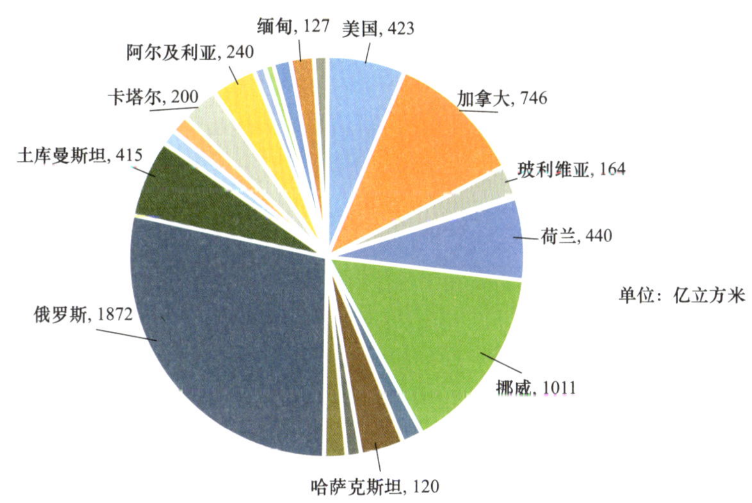

图 3-13-12 世界天然气管道气主要出口国

数据来源：《BP 世界能源统计 2015》(BP Statistical Review of World Energy 2015)。

从 LNG 看，世界 LNG 贸易流向基本不变，主要由卡塔尔、马来西亚、澳大利亚、印度尼西亚等国流向亚太地区和欧洲地区，卡塔尔仍居 LNG 出口国首位。2015 年全球总贸易量为 3333 亿立方米，卡塔尔液化气总出口量为 1034 亿立方米，占比 31%，其次为马来西亚，出口量 340 亿立方米，占比 10.2%，澳大利亚和印度尼西亚出口量分别为 317 亿立方米、217 亿立方米，分别占比 9.5%、6.5%。全球液化气贸易量较上年减少了 79 亿立方米，但 2015 年中国液化气贸易增加了 26 亿立方米，全球贸易增量主要来自中国（如图 3-13-13 所示）。

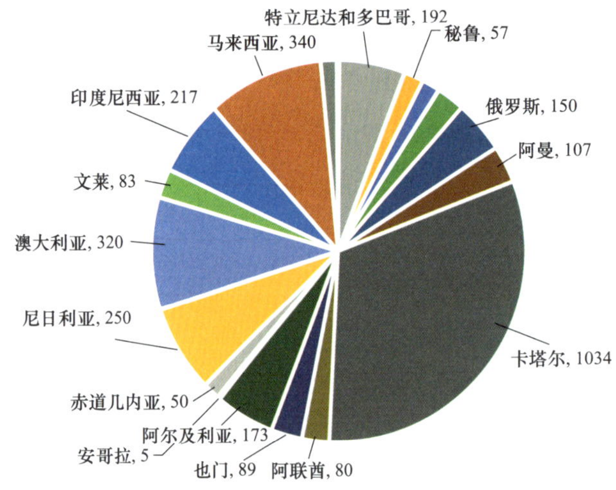

图 3-13-13　世界天然气液化气（LNG）主要出口国

数据来源：《BP 世界能源统计 2015》(BP Statistical Review of World Energy 2015)。

第十四章 电力生产与供应

2015 年我国全口径发电量 56184 亿千瓦时，较上年下降 0.6%，为 1968 年来首次出现年度下滑，约占世界总发电量的 24%。全国 6000 千瓦及以上电厂发电设备平均利用小时数 3969 小时，为“十一五”以来的最低年份。

第一节 发电量

2015 年中国发电量增长继续放缓，增速较上年下降 3.3 个百分点。“十二五”期间年均增速 6.7%，较“十一五”期间年均增速低 4.3 个百分点。从发电量结构上看，火电发电量比重继续降低，非化石能源发电量比重明显上升，占总发电量的 27%，比 2010 年提升 6.2 个百分点。与发达国家相比，中国火电发电量比重较高。

一、发电量同比下降 0.6%，较上年下降 4.6 个百分点

2015 年中国全口径发电量达到 56184 亿千瓦时，较上年下降 0.6%（如图 3-14-1 所示），为 1968 年来首次出现年度下滑，日均发电量 159 亿千瓦时。

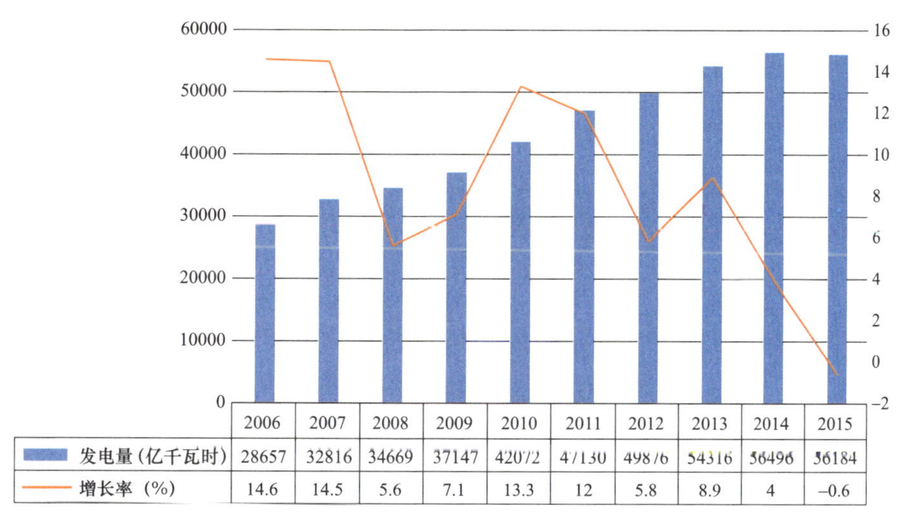

	2006	2007	2008	2009	2010	2011	2012	2013	2014	2015
发电量（亿千瓦时）	28657	32816	34669	37147	42072	47130	49876	54316	56496	56184
增长率（%）	14.6	14.5	5.6	7.1	13.3	12	5.8	8.9	4	−0.6

图 3-14-1 2006—2015 年中国发电量与增速

数据来源：2006—2014 年数据来自于《中国能源统计年鉴 2015》和《中国能源统计年鉴 2014》，2015 年数据来自国家能源局发展规划司《能源数据分析手册 2015》、《2015 年国民经济和社会发展统计公报》。

从世界范围看，2014 年中国、美国、日本发电量分别为 56496 亿千瓦时、42973 亿千瓦时和 10612 亿千瓦时，分别占世界总发电量的 24.0%、18.3%和 4.5%（如图 3-14-2 所示）。

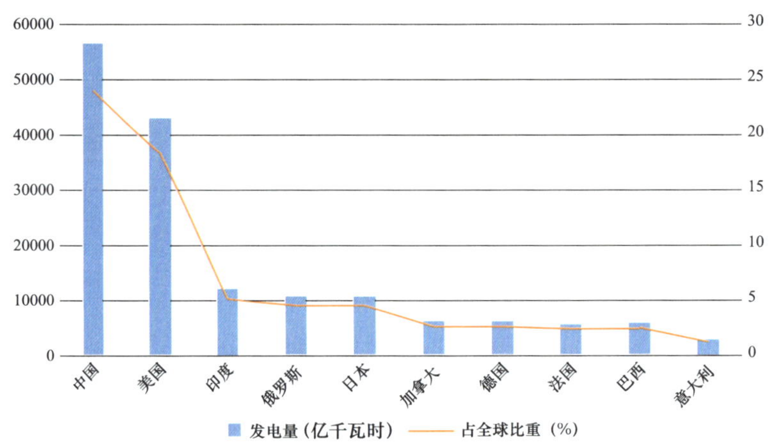

图 3-14-2 世界主要国家发电量与其占世界总发电量比重的比较

数据来源：《BP 世界能源统计 2015》。

二、火电发电量占总发电量的 73%，高于世界级发达国家水平

分电源看，2015 年中国火电、水电、核电、风电和太阳能发电量分别为 42420 亿千瓦时、11264 亿千瓦时、1708 亿千瓦时、1863 亿千瓦时 392 亿千瓦时❶，分别占总发电量的 73.0%、19.4%、2.9%、3.2%和 0.7%。非化石能源发电量 1.6 亿千瓦时，占总发电量的 27.0%。与上年相比，火电发电比重下降 2.2 个百分点，水电、核电、风电和太阳能发电比重分别提高了 0.2、0.6、0.4、0.2 个百分点。“十二五”以来，火电发电比重下降 7.8 个百分点，水电、核电、风电和太阳能发电比重上升 3.2、1.1、2、0.7 个百分点（如图 3-14-3 所示）。

从世界范围发电结构看，中国火电（包括煤电、油电、气电）发电量比重偏高，核电、风电等清洁能源发电量低于世界发达国家水平。根据《BP 世界能源统计 2015》（BP Statistical Review of World Energy 2015）和国际能源署（IEA）统计数据，中国火电发电量比重（77.3%）比美国高 9.8 个百分点，低于日本和印度（如表 3-14-1 所示）。

❶ 数据源于国家能源局发展规划司《能源数据分析手册 2015》。

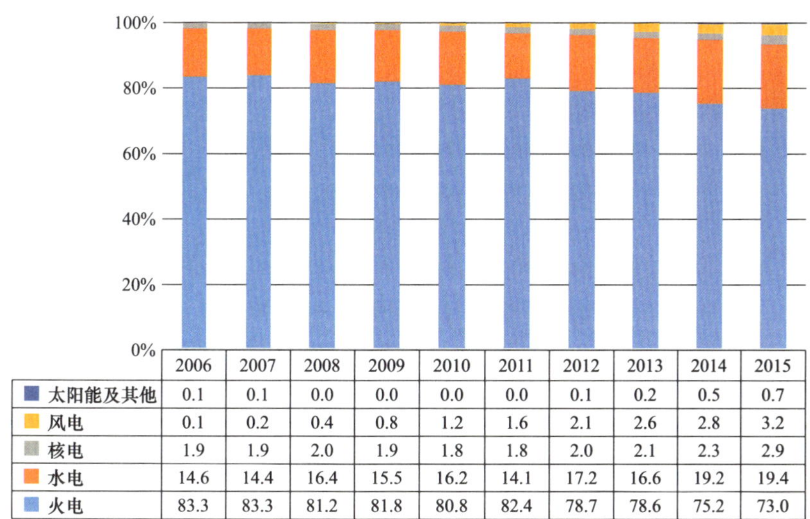

	2006	2007	2008	2009	2010	2011	2012	2013	2014	2015
太阳能及其他	0.1	0.1	0.0	0.0	0.0	0.0	0.1	0.2	0.5	0.7
风电	0.1	0.2	0.4	0.8	1.2	1.6	2.1	2.6	2.8	3.2
核电	1.9	1.9	2.0	1.9	1.8	1.8	2.0	2.1	2.3	2.9
水电	14.6	14.4	16.4	15.5	16.2	14.1	17.2	16.6	19.2	19.4
火电	83.3	83.3	81.2	81.8	80.8	82.4	78.7	78.6	75.2	73.0

图 3-14-3　2006—2015 年中国发电结构

数据来源：2006　2014 年数据来自历年《电力工业统计资料汇编》、中国电力企业联合会网站（http://www.cec.org.cn/）；2015 年数据来自国家能源局发展规划司《能源数据分析手册 2015》。

表 3-14-1　　分电源发电结构的国际比较

国家	火电占比（%）			非化石能源发电占比（%）		
	煤电	油电	气电	核电	水电	其他
中国	75.5	0.1	1.7	2.0	16.9	3.8
美国	39.8	0.9	26.8	19.3	6.1	7.2
印度	72.8	1.9	5.5	2.9	11.9	5.0
俄罗斯	15.3	0.8	50.1	16.3	17.1	0.4
日本	32.2	14.3	38.4	0.9	8.1	6.1
加拿大	10.0	1.2	10.3	15.8	60.1	2.6
德国	46.3	1.1	10.9	15.4	4.5	21.8
法国	4.3	0.4	3.0	74.0	13.2	5.1
巴西	3.8	4.7	12.1	2.6	68.6	8.2
意大利	16.7	5.3	37.6	0.0	18.9	21.5

数据来源：国际能源署（IEA）网站（http://www.iea.org）。

2015 年中国主要发电企业集团合计发电量 3.1 亿千瓦，占全国总发电量的 54.1%，其中华能集团发电量 6040 亿千瓦，位居第一（如图 3-14-4 所示）。

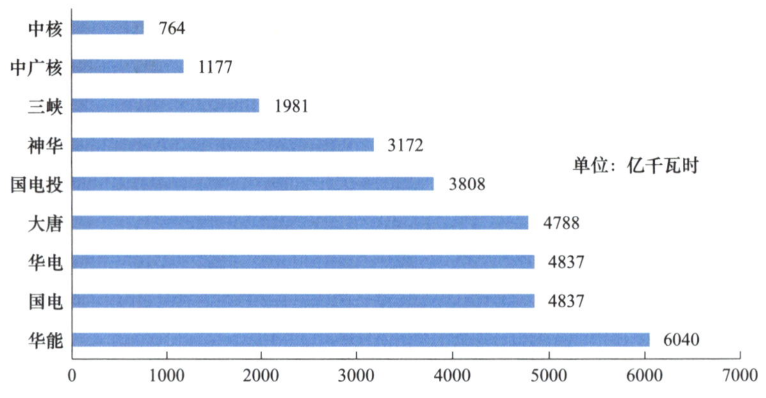

图 3-14-4　2015 年中国主要发电企业集团发电量

数据来源：国家能源局发展规划司《能源数据分析手册 2015》。

第二节　发电设备平均利用小时

2015年中国6000千瓦及以上电厂发电设备平均利用小时数同比下降349小时，创 38 年最低水平，其中火电 4329 小时、水电 3621 小时、核电 7350 小时、风电 1728 小时，比上年分别减少 410 小时、48 小时、437 小时和 172 小时。分地区看，与 2014 年相比，2015 年海南和宁夏两省（区）火电设备利用小时数较高，均超过 5400 小时；广西、四川和云南等三省（区）水电设备利用小时数较高，均超过 4200 小时；福建、云南、四川等三省风电设备利用小时数较高，均超过 2300 小时。

一、全国发电设备利用小时数降至 3969 小时，比 2014 年减少 349 小时

2015 年中国 6000 千瓦及以上电厂发电设备平均利用小时数为 3969 小时，较 2014 年减少 349 小时（如图 3-14-5 所示）。与 2010 年相比，发电设备利用小时数减少 681 小时。发电装机容量尤其是清洁能源装机快速增长，而用电量增速处于较低水平，导致发电设备利用小时数下降幅度较大。

分地区看，2015 年 6000 千瓦及以上发电厂发电设备平均利用小时数排名前五的省市区依次是江苏（4908 小时）、海南（4754 小时）、山东（4587 小时）、江西（4564 小时）、天津（4453 小时）；排名后五位的省区依次是西藏（2268 小时）、吉林（2742 小时）、甘肃（2776 小时）、青海（3052 小时）、湖南（3374 小时）（如图 3-14-6 所示）。与 2014 年相比，重庆、宁夏、山西发电设备平均利用小时数下降幅度较大，分别同比减少 1208 小时、800 小时和 708 小时。

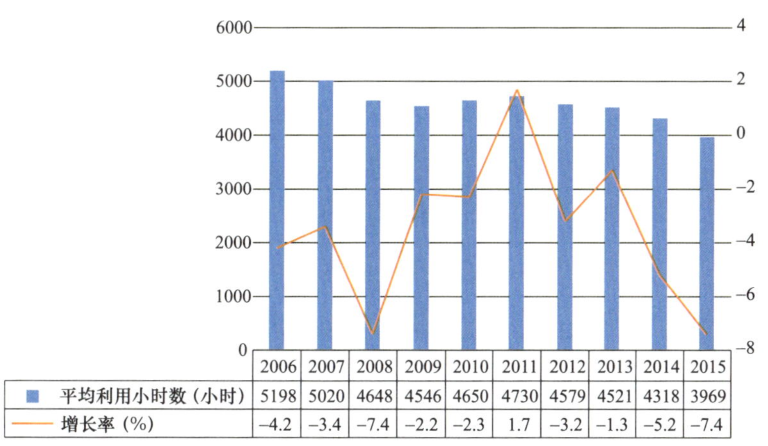

	2006	2007	2008	2009	2010	2011	2012	2013	2014	2015
平均利用小时数（小时）	5198	5020	4648	4546	4650	4730	4579	4521	4318	3969
增长率（%）	−4.2	−3.4	−7.4	−2.2	−2.3	1.7	−3.2	−1.3	−5.2	−7.4

图 3-14-5 2006—2015 年发电设备平均利用小时数及增速

数据来源：2006—2014 年数据来自中国能源研究会《中国能源发展报告 2015》，2015 年数据来自国家能源局发展规划司《能源数据分析手册 2015》。

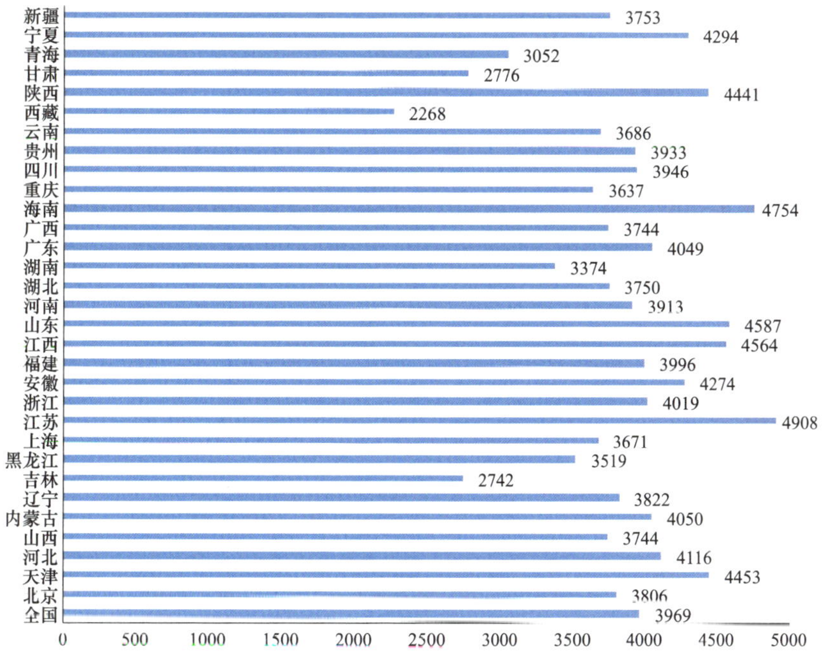

图 3-14-6 2015 年分地区发电设备平均利用小时数

注：表中数据为 6000 千瓦及以上电厂情况。

数据来源：中国电力企业联合会统计数据。

二、火电设备利用小时数降至 4500 小时以下，同比减少 377 小时

2015 年全国 6000 千瓦及以上电厂火电设备平均利用小时数为 4329 小时，较 2014 年减少 377 小时（如图 3-14-7 所示）。

分地区看，海南、宁夏、江苏三省区火电设备平均利用小时数超过 5000 小时，分别为 5586 小时、5422 小时和 5125 小时；设备平均利用小时数在 4000

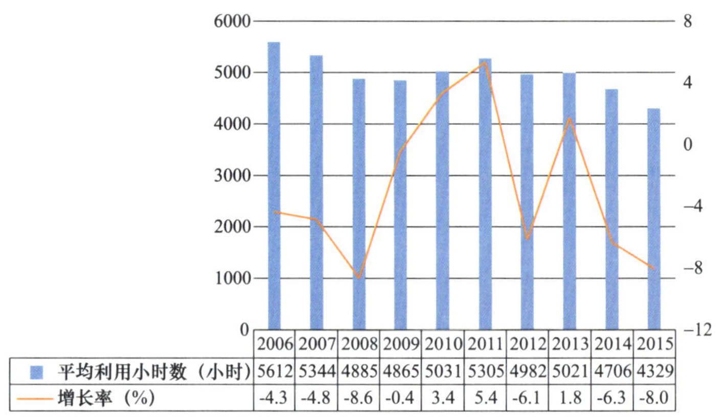

	2006	2007	2008	2009	2010	2011	2012	2013	2014	2015
平均利用小时数（小时）	5612	5344	4885	4865	5031	5305	4982	5021	4706	4329
增长率（%）	-4.3	-4.8	-8.6	-0.4	3.4	5.4	-6.1	1.8	-6.3	-8.0

图 3-14-7　2006—2015 年火电发电设备平均利用小时数及增速

注：表中数据为 6000 千瓦及以上电厂情况。

数据来源：中国电力企业联合会统计数据。

到 5000 之间的有内蒙古、青海、江西、山东等 18 省市区。西藏、云南和四川 3 省区火电设备平均利用小时数较低，均在 3000 小时以下，分别为 74 小时、1879 小时和 2682 小时（如图 3-14-8 所示）。与 2014 年相比，重庆、云南火电设备平均利用小时数下降幅度超过 1000 小时，重庆下降最多，下降了 1985 小时，云南下降了 1000 小时，其次是福建下降了 953 小时，广西下降了 921 小时。

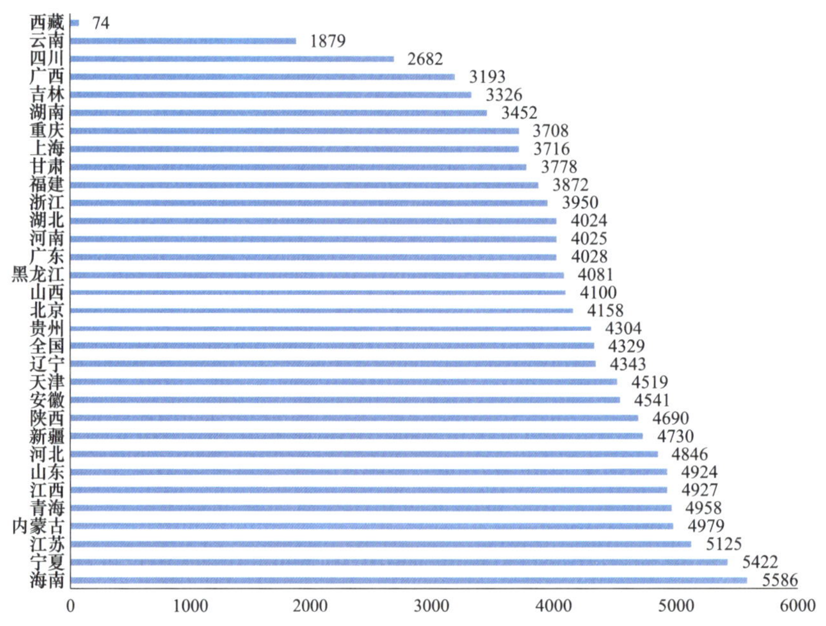

图 3-14-8　2015 年中国分地区火电发电设备平均利用小时数

注：表中数据为 6000 千瓦及以上电厂情况。

数据来源：中国电力企业联合会统计数据。

第十五章　非化石能源生产与供应

2015 年，我国非化石能源电源装机增速加快，发电量同比快速增长，比重提高到 26.9%，同比明显提高，非化石能源生产中，水电、光伏发电量增长放缓，核电、风电发电量加速增长。局部地区“三弃”问题有所加剧，源网建设不配套问题突出。虽然我国风电、太阳能装机比例合计达到了 11.3%，发电量却仅占 4%，而在美国、欧盟、印度等国家和地区，新能源发电量占比均远高于装机占比。具体到我国新能源富集地区来看，这一趋势更加明显，甘肃、新疆等地风电装机占比分别为 29%和 26%，这一比例与丹麦的 31%基本相当，但丹麦风电发电量占比达到 33%，而甘肃和新疆发电量占比仅为 10%和 8%，电源利用水平仍有较大提升空间。

第一节　水电生产与供应

受电力需求整体减弱影响，水电发电量增长呈放缓趋势，占全部发电量比重略有提高，水电设备利用小时数略有下降，降幅明显低于电力行业平均水平，部分地区降幅明显。

一、水电发电量增幅明显收窄，占全国发电量比重小幅提高

2015 年，长江上游来水总体偏枯，较多年平均值偏枯 16.25%，加之电力需求总体减弱，局部地区水电外送受阻，水电发电量保持小幅增长，但增幅有所收窄。据中电联数据，2015 年中国全口径水电发电量 11143 亿千瓦时，同比增长 5.1%，比上年回落 14.6 个百分点（如图 3-15-1 所示），占发电总量的 19.9%，比上年提高 0.7 个百分点。

根据 IEA 统计数据，2013 年世界水电发电量为 38744 亿瓦时，同期中国为 9203 亿千瓦时，占世界水电总发电量的 23.8%（如表 3-15-1 所示）。中国水电发电量约是巴西的 2.4 倍，是美国的 3.2 倍，是日本的 10.8 倍。

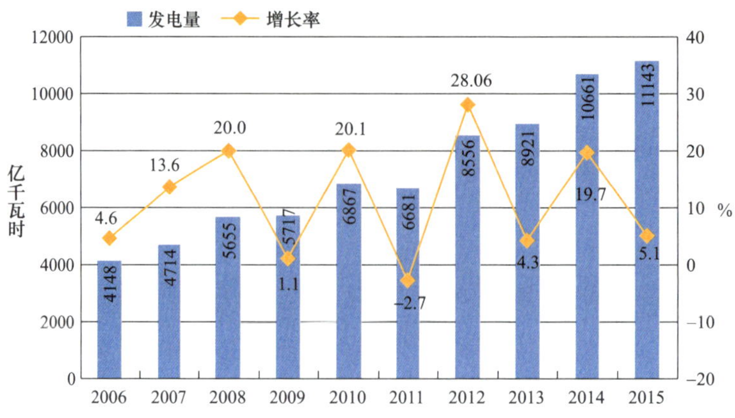

图 3-15-1　2006—2015 年中国水电发电量及增长率

数据来源：历年《电力工业统计资料汇编》，2015 年数据来自中国电力企业联合会网站。

表 3-15-1　2005—2013 年部分年份水电发电量的国际比较

单位：亿千瓦时

国家（地区）\年份	2005	2010	2011	2012	2013	2013 年占比（%）
世界	30168	35295	35919	37532	38744	100.0
OECD 国家	13272	14191	14524	14533	14756	38.1
非 OECD 国家	16441	21109	21401	23030	23988	61.9
中国	3970	7222	6989	8721	9203	23.8
巴西	3375	4033	4283	4153	3910	10.1
加拿大	3620	3515	3758	3806	3919	10.1
美国	2979	2800	3447	2983	2901	7.5
俄罗斯	1746	1684	1676	1673	1827	4.7
挪威	1365	1172	1216	1430	1290	3.3
印度	1079	1231	1436	1258	1416	3.7
日本	864	907	917	836	849	2.2
委内瑞拉	772	768	837	820	835	2.2
瑞典	729	665	666	791	615	1.6
法国	565	672	499	636	756	2.0
巴拉圭	512	541	576	602	604	1.6
土耳其	396	518	523	579	594	1.5

续表

国家（地区）\年份	2005	2010	2011	2012	2013	2013年占比（%）
越南	169	276	409	534	571	1.5
奥地利	390	416	378	477	457	1.2
哥伦比亚	398	404	489	476	443	1.1
意大利	429	544	478	439	547	1.4
瑞士	331	378	341	403	400	1.0
墨西哥	277	371	363	319	280	0.7
巴基斯坦	309	318	285	299	312	0.8

数据来源：世界能源署网站（www.iea.org）。

二、水电设备平均利用小时数小幅下降，弃水问题突出

据中电联数据，2015年中国水电设备平均利用小时数为3621小时，比上年减少48小时（如图3-15-2所示），为近20年来第三高水平，最高为2014年的3669小时，次高为2012年的3591小时。随着我国煤电利用率不断下降，风电、太阳能等清洁能源利用水平并未相应提升，虽然装机容量位居世界第一，但源网建设不配套等问题突出，利用小时数在不断下降，目前远低于美国、欧盟等新能源发展较快地区，仅与印度相当。

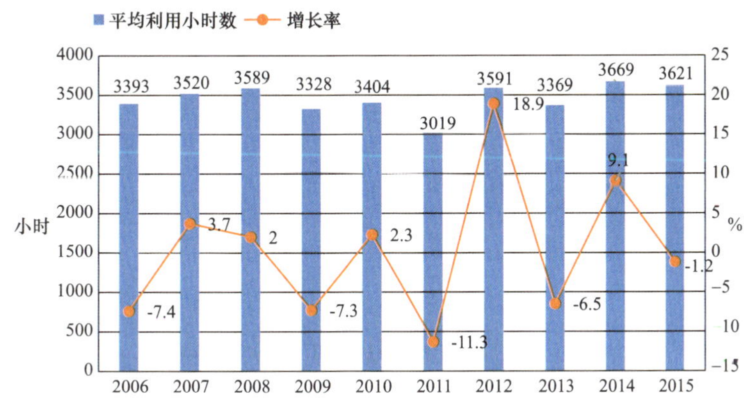

图3-15-2 2006—2015年中国水电设备平均利用小时数及增长率

注：图中数据为6000千瓦及以上电厂情况。

数据来源：历年《电力工业统计资料汇编》，2014、2015年数据来自中国电力企业联合会网站（http://www.cec.org.cn/）。

分省区来看，一半省份水电设备平均利用小时数同比下降，其中广东、海南和内蒙古下降超过 1000 小时。在水电装机容量超过 500 万千瓦的 13 个省份中，6 个省份水电设备平均利用小时数同比下降，其中广东同比下降 1885 小时，甘肃同比下降 494 小时，青海、湖北、四川和重庆降幅均超过 200 小时。

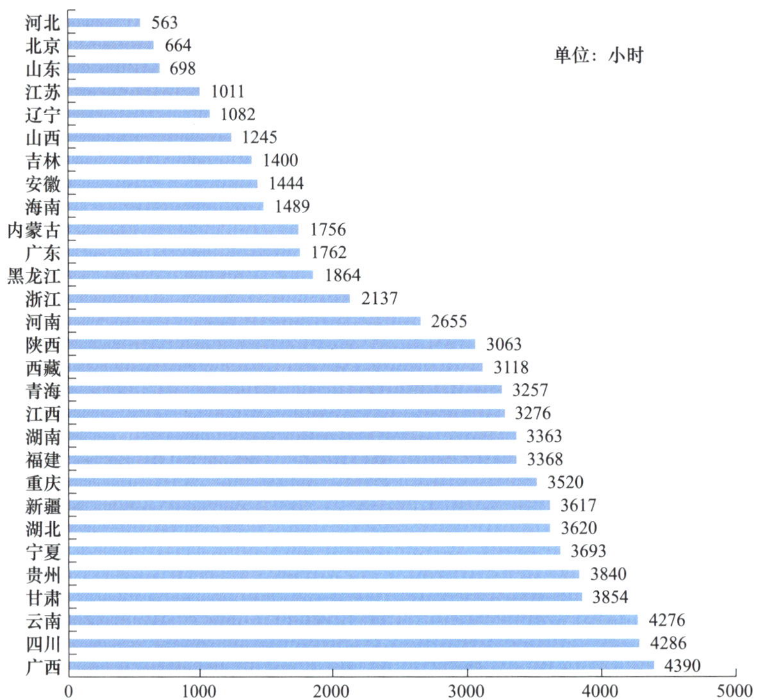

图 3-15-3　2015 年中国分地区水电设备平均利用小时数

注：图中数据为 6000 千瓦及以上电厂情况，图中未包括天津、上海，两地区水电设备利用小时数为 0。

数据来源：国家能源局网站（http://www.nea.gov.cn）。

据不完全统计，2015 年全国弃水电量约 200 亿千瓦时，主要集中在四川和云南两省，四川在各大外送通道满送的情况下，丰水期统调水电仍弃水 114.2 亿千瓦时，同比增加 17.3 亿千瓦时，增幅 17.7%。显而易见，电网建设滞后问题十分突出，是造成局部地区弃水的关键因素。

第二节　核电生产与供应

2015 年中国核电发电量保持较快增长，增速较上年提高 20 个百分点。2015 年中国 6000 千瓦及以上电厂核电设备平均利用小时数同比减少 437 小时，除广东增加 544 个小时外，其余各省均减少，其中辽宁降幅最大，达到 1766 个小时。

一、核电发电量增长较快，增速比上年提高 7.8 个百分点

2015 年中国核电发电量为 1695 亿千瓦时，较 2014 年增加 363 亿千瓦时，同比增长 27.3%，是“十一五”期间平均增长率（7.2%）的 3.8 倍。“十二五”期间，核电发电量平均增速 25.4%（如图 3-15-4 所示）。

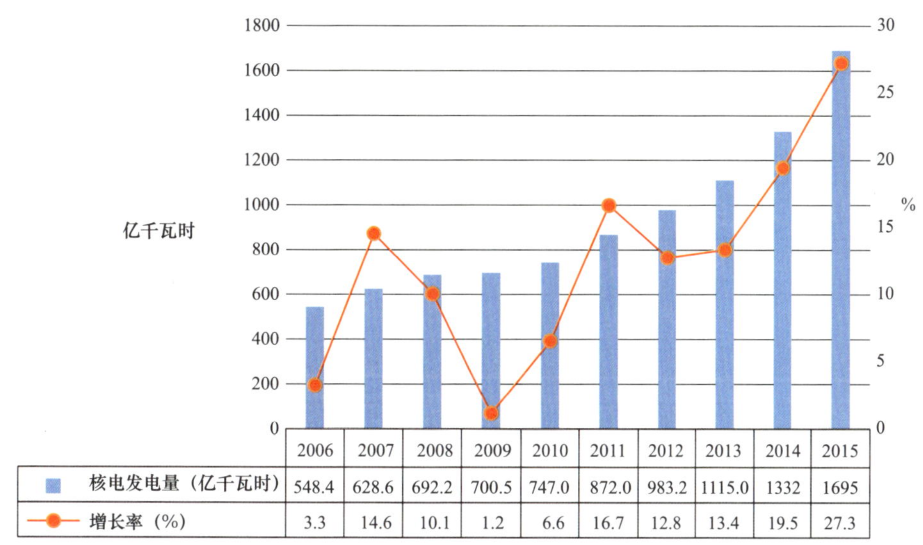

	2006	2007	2008	2009	2010	2011	2012	2013	2014	2015
核电发电量（亿千瓦时）	548.4	628.6	692.2	700.5	747.0	872.0	983.2	1115.0	1332	1695
增长率（%）	3.3	14.6	10.1	1.2	6.6	16.7	12.8	13.4	19.5	27.3

图 3-15-4　2006—2015 年中国核电发电量及增速

数据来源：历年《电力工业统计资料汇编》、中国电力企业联合会网站（http://www.cec.org.cn/）。

根据国际能源署统计，2014 世界核电发电量为 25393 亿千瓦时，同期中国为 1318 亿千瓦时，占世界核电总发电量的 5.2%，美国、德国的核电发电量分别为 8307 亿千瓦时、970 亿千瓦时，中国为美国的 15.9%，德国的 1.36 倍（如表 3-15-2 所示）。

表 3-15-2　　2000—2014 年部分年份核电发电量的国际比较

单位：亿千瓦时

国家（地区）＼年份	2000	2005	2010	2011	2012	2013	2014	2014 年占比（%）
世界	25906	27680	27563	25826	24614	24781	25393	100
OECD 国家	22491	23516	22884	20870	19516	19617	19754	77.8
非 OECD 国家	3415	4164	4679	4957	5098	5164	5639	22.2
美国	7977	8107	8389	8214	8011	8220	8307	32.7
法国	4152	4515	4285	4424	4254	5237	4363	17.2
俄罗斯	1307	1494	1704	1729	1775	1725	1803	7.1

续表

国家（地区）\年份	2000	2005	2010	2011	2012	2013	2014	2014 年占比（%）
韩国	1090	1468	1486	1547	1503	1388	1563	6.2
德国	1696	1631	1406	1080	995	973	970	3.8
中国	167	531	739	864	974	1116	1318	5.2
加拿大	728	920	907	936	949	1028	1075	4.2
乌克兰	773	888	892	902	901	—	—	—
英国	851	816	621	690	704	706	638	2.5
瑞典	573	724	578	605	640	—	—	—
西班牙	622	575	620	577	615	567	574	2.3
中国台湾	385	400	416	421	404	—	—	—
比利时	385	476	479	482	403	—	—	—
印度	169	173	263	323	329	342	379	1.5
捷克	136	247	280	283	303	—	—	—
瑞士	264	233	263	267	254	—	—	—
芬兰	264	233	228	232	230	—	—	—
巴西	60	99	145	157	160	155	162	0.6
日本	3220	3048	2882	1018	159	93	0	—
匈牙利	142	138	158	157	158	—	—	—

数据来源：国际能源署（IEA）。

二、核电设备平均利用小时数为 7350 小时，同比减少 437 个小时

2015 年中国 6000 千瓦以及以上电厂核电设备平均利用小时数为 7350 小时，较 2014 年减少 437 个小时（如图 3-15-5 所示）。

分地区看，目前只有江苏、浙江、辽宁、福建、广东和海南 6 个省有核电装机。其中江苏核电设备平均利用小时数最高，为 8308 小时，浙江和广东均超过 7000 小时，分别为 7639 小时和 7579 小时。与 2014 年相比，江苏、浙江、辽宁、福建分别下降 76 小时、36 小时、1766 小时和 275 小时，广东提高 544 小时（如图 3-15-6 所示）。

	2009	2010	2011	2012	2013	2014	2015
核电设备平均利用小时数	7716.00	7840.00	7759.00	7855.22	7874.00	7787.00	7350.00
增速	0.00	1.61	-1.03	1.24	0.24	-1.10	-5.61

图 3-15-5　2009—2015 年核电设备平均利用小时数及增速

注：表中数据为 6000 千瓦及以上电厂情况。

数据来源：历年《电力工业统计资料汇编》，2015 年数据来源于中国电力企业联合会。

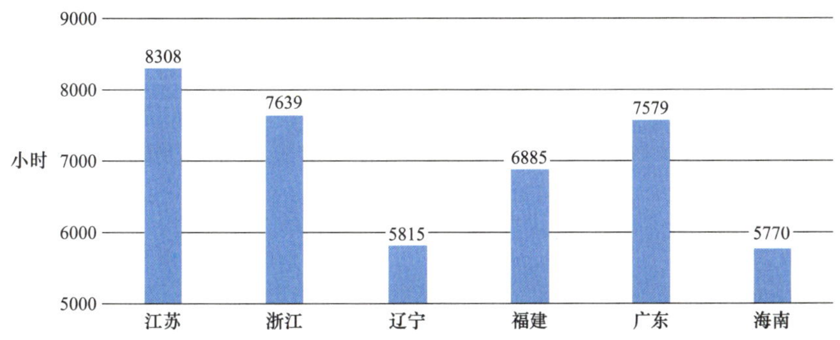

图 3-15-6　2015 年分地区核电设备平均利用小时数

数据来源：国家能源局网站（http://www.nea.gov.cn/）。

第三节　风电生产与供应

2015 年受国家政策影响，风电产业继续保持增长势头。风电发电量为 1863 亿千瓦，增速较上年上升 7 个百分点。全国 6000 千瓦及以上电厂风电发电设备平均利用小时数 1728 小时，同比减少 177 小时，其中，广东、新疆、贵州、甘肃风电设备平均利用小时数下降幅度较大，分别下降 577 小时、523 小时、415 小时和 412 小时。

一、风电发电量同比增长 19.2%，增速较上年提升 7 个百分点

2015 年中国风电发电量为 1863 亿千瓦，较 2014 年增加了 300 亿千瓦，同比增加 19.2%，增长率有所反弹（如图 3-15-7 所示），2008 年以来发电量增长明显放缓，增速逐年大幅度递减，2015 年受国家政策影响，风电产业继续保持增长势头。

分地区来看，内蒙古、河北、新疆、甘肃、山东 5 省的风电发电量较高，分别为 408 亿千瓦时、168 亿千瓦时、148 亿千瓦时、127 亿千瓦时、121 亿千瓦时，分别占全国风电发电总量的 21.9%、9%、7.9%、6.8%、6.5%，合计达 52.1%；西藏、重庆、北京、海南、广西的风电发电量较低，总计不到发电总量的 1%（如图 3-15-8 所示）。

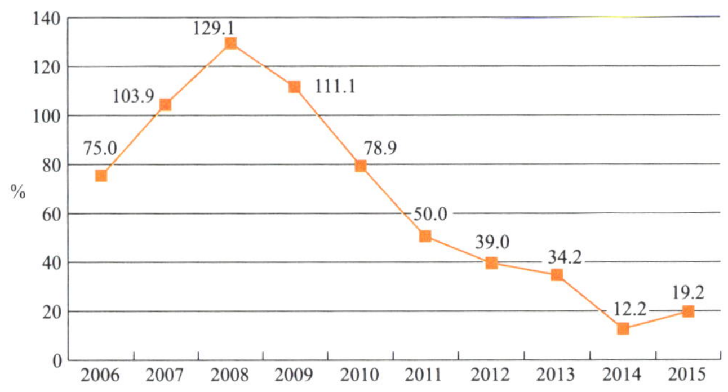

图 3-15-7 2006—2015 年中国风电发电量增速

数据来源：《电力工业统计资料汇编》、中国电力企业联合会网站（http://www.cec.org.cn/）。

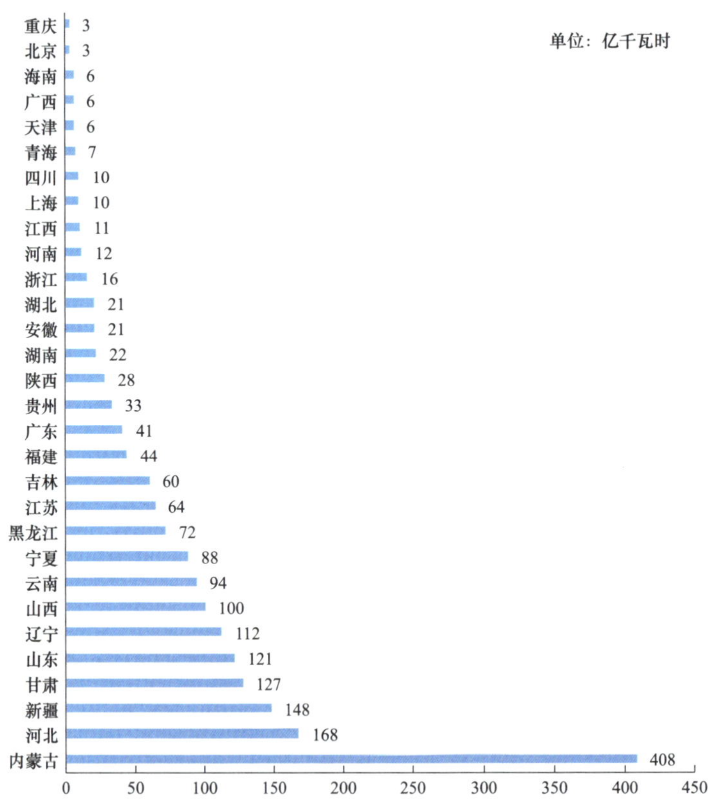

图 3-15-8 2015 年分地区风电发电量比较

数据来源：国家能源局网站（http://www.nea.gov.cn/）。

根据国际能源署（IEA）统计数据，2014 年世界风电发电量为 7029 亿千瓦时，同期中国为 1598 亿千瓦时，占世界风电发电总量的 22.7%。德国、日本的发电量分别为 560 亿千瓦时和 52 亿千瓦时，中国发电量是德国的 2.9 倍、日本的 30.7 倍（如表 3-15-3 所示）。

表 3-15-3　　2000—2014 年部分水平风电发电量的国际比较　　单位：亿千瓦时

年份 / 国家（地区）	2000	2005	2010	2011	2012	2013	2014	2014 占比（%）
世界	314	1039	3413	4353	5205	6377	7029	100
美国	57	179	951	1209	1419	1697	1836	26.1
中国	6	20	446	703	960	1382	1598	22.7
德国	94	272	378	489	507	517	560	8.0
西班牙	47	212	443	429	495	539	567	8.1
印度	17	62	197	245	283	336	357	5.1
英国	9	29	102	155	196	284	316	4.5
法国	1	10	99	121	149	160	171	2.4
意大利	6	23	91	99	134	149	151	2.1
加拿大	3	16	87	102	113	116	114	1.6
澳大利亚	1	9	51	58	61	73	80	1.1
巴西	0	1	22	27	51	66	120	1.7
日本	1	18	40	47	48	52	52	0.7

数据来源：国际能源署（IEA）网站（http://www.iea.org/）。

二、风电设备平均利用小时数 1728 小时，同比减少 177 小时

受电力需求增长放缓、新能源装机比重不断提高等因素影响，2015 年全国 6000 千瓦及以上电厂风电设备平均利用小时数为 1728 小时，较 2014 年减少 177 小时，同比下降 9.3%（如图 3-15-9 所示）。

分地区看，福建、云南、四川、天津风电设备平均利用小时数较高，分别为 2658 小时、2573 小时、2360 小时和 2227 小时（如图 3-15-10 所示）。与 2014 年相比，全国 31 个省市自治区中有 18 个省份的风电设备平均利用小时数出现了降低，13 个省份出现了上升，其中广东、新疆、贵州、甘肃风电设备平均利用小时数下降幅度较大，分别下降 577 小时、523 小时、415 小时和 412 小时；海南、西藏、湖南、广西风电设备平均利用小时数上升幅度较

大，升幅分别为 437 小时、427 小时、36 小时、312 小时。

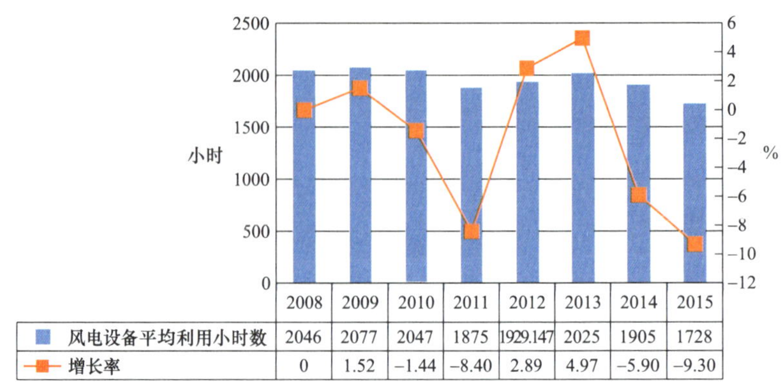

	2008	2009	2010	2011	2012	2013	2014	2015
风电设备平均利用小时数	2046	2077	2047	1875	1929.147	2025	1905	1728
增长率	0	1.52	−1.44	−8.40	2.89	4.97	−5.90	−9.30

图 3-15-9　2008—2015 年风电设备平均利用小时数

注：表中数据为 6000 千瓦小时及以上电厂情况。

数据来源：历年《电力工业统计资料汇编》、国家能源局网站（http://www.nea.gov.cn/）。

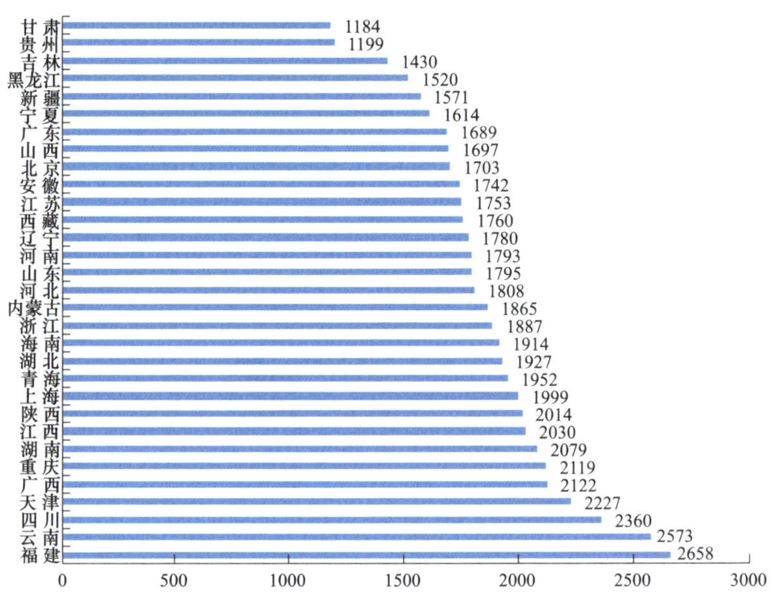

图 3-15-10　2015 年分地区风电设备平均利用小时数

注：图中数据为 6000 千万瓦及以上电厂情况。

数据来源：国家能源局网站（http://www.nea.gov.cn/）。

第四节　太阳能发电生产与供应

2015 年中国太阳能发电量 392 亿千瓦时，同比增长 69.7%，增速较上年下降 101.1 个百分点。近两年太阳能发电量增速明显放缓，但依然保持较高水平（如图 3-15-11 所示）。

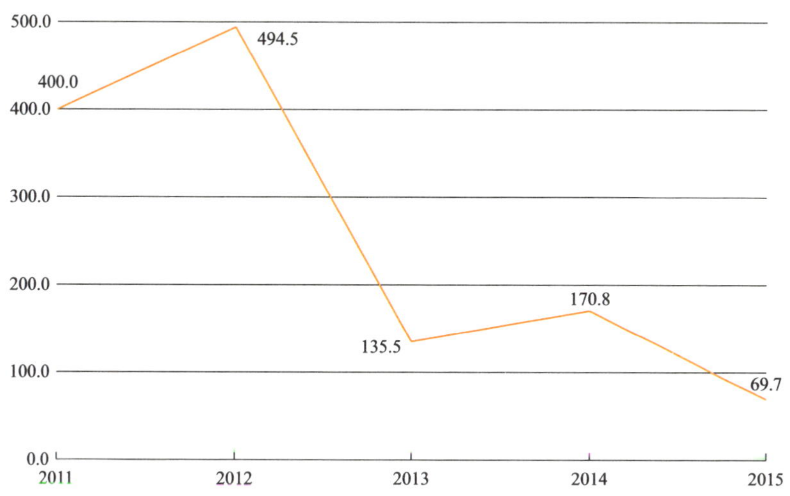

图 3-15-11　2011—2015 年中国太阳能发电量增速

数据来源：历年《电力工业统计资料汇编》、中国电力企业联合会网站（http://www.cec.org.cn/），2015 年数据来自国家能源局发展规划司《能源数据分析手册 2015》。

2015 年，我国光伏发电全国累计装机达 4318 万千瓦，超越德国跃居全球太阳能光伏装机首位。在经历了 2012 年的艰辛，2013、2014 连续两年的价格大战后，我国光伏行业终于在 2015 年强势回暖，在能源转型和大力推动清洁能源发展的一系列扶持政策的影响下，我国光伏产业前景引人瞩目。

根据国际能源署（IEA）统计数据，2014 年世界太阳能发电量为 1859 亿千瓦时，同期中国为 291 亿千瓦时，占世界太阳能发电量的 15.7%。德国、意大利、美国的太阳能发电量分别为 349 亿千瓦时、237 亿千瓦时和 185 亿千瓦时（如表 3-15-4 所示）。

表 3-15-4　　太阳能发电量的国际比较　　单位：亿千瓦时

国家（地区）	2010	2011	2012	2013	2014	2014 年占比（%）
美国	12	18	44	91	185	10.0
加拿大	1	3	3	5	7	0.4
墨西哥	—	—	1	1	1	0.1
巴西	—	—	—	—	—	—
英国	—	2	14	20	39	2.1

续表

国家（地区）	2010	2011	2012	2013	2014	2014 年占比（%）
法国	5	21	41	46	59	3.2
德国	117	196	264	310	349	18.8
意大利	19	108	189	216	237	12.7
西班牙	71	87	120	127	137	7.4
澳大利亚	10	20	24	38	45	2.4
中国❶	9	26	64	155	291	15.7
中国❷	1	7	36	84	235	12.6
印度	3	5	14	28	44	2.4
日本	33	45	61	106	194	10.4
韩国	8	9	11	16	25	1.3
南非	—	1	1	1	12	0.6
世界	314	606	967	1345	1859	100.0

数据来源：国网能源研究院《2016 全球能源分析与展望》、英国石油公司、联合国、彭博新能源财经、中国电力企业联合会。

注：中国❶原始数据主要来源于英国石油公司、联合国，中国❷数据来源于中国电力企业联合会，数据基本一致。

第四篇　能源价格与绩效

2015 年随着市场化改革的不断深入，能源价格与供需的关系愈加紧密，国内市场与国际市场的关联日趋明显。能源价格方面，年内由于宏观经济不振，需求下滑，煤炭市场供过于求状况凸显，煤炭价格持续下跌。2015 年 12 月环渤海动力煤价格指数降至全年最低点 372 元/吨，较年初价格下跌 139 元/吨，跌幅达到 27.2%，中国煤炭价格指数 125.1 点，比年初下降 12.7 点，降幅 9.2%，煤炭价格已跌破大部分企业的生产成本。煤炭价格的走低加重了行业亏损程度的同时，也对淘汰落后产能、企业重组转型等产生一定的推动作用。石油方面，国际原油低位运行，前高后低，年均价大幅下降。国内成品油价格共历经了 19 次调整，其中“7 涨 12 跌”，全年汽油价格累计下跌 670 元/吨，柴油价格累计下跌 715 元/吨。天然气方面，国家发改委发布下调增量气最高门站价格，上调存量气最高门站价格，实现增量气和存量气价格并轨；11 月 20 日继续下调非居民用气最高门站价格，每立方米下调 0.7 元，化肥用气继续维持现行优惠政策，价格水平不变。进口气价格与国内天然气价格的倒挂现象得到进一步缓解，LNG 进口均价为 2.02 元/立方米，同比下降 24.5%，管道气进口均价为 1.79 元/立方米，同比下降 18.8%；上网电价方面，为疏导环保电价，全国燃煤发电企业标杆上网电价平均每千瓦时降低 2 分；输配电价方面，电价改革试点范围不断扩大，输配电价改革方面，电价改革试点范围不断扩大，迈出了重要一步。

能源绩效方面，2015 年能源综合利用水平上升，能源利用效率不断提高，2015 年全国原煤入选率达到 65.9%，同比提高 6.1 个百分点；井下抽采瓦斯利用率升至 46.4%，同比提高 12.6 个百分点；供电煤耗降至 315 克标准煤/千瓦时，线损率同比上升 0.26 个百分点。

行业经营状况上看，煤炭行业大面积亏损，煤炭采选业规模以上工业企业实现利润 440.8 亿元，同比下降 65.0%；全球石油供给过剩，国际原油价格大幅下跌，行业效益呈现下滑，油气开采业规模以上工业企业利润总额

804.8 亿元，比上年下降 74.5%；天然气价格调整及国际油价下跌使得中石油天然气与管道模块利润较 2014 年增加 153.0 亿元人民币，进口气亏损缩减 187.2 亿元；受益煤价下跌，电力行业利润保持高速增长。

第十六章 煤炭价格与绩效

2015年，在煤炭产能过剩、需求不足的情况下，煤炭供需矛盾加剧，价格持续下滑，煤炭行业盈利能力大幅减弱，亏损面进一步上升，煤矿安全生产形势稳定好转，百万吨死亡率创历史新低，综合利用水平继续提升。但是，煤炭行业进入“四期并存”阶段，产能过剩问题短期内难有明显缓解，体制机制约束严重，去产能阻力依然较大，企业经营困难等诸多问题有待解决。预计今后一段时期内，煤炭投资规模将大幅受限，调控煤炭总量、优化产业布局、调整产业结构的任务更加艰巨。

第一节 煤炭价格

2015年以来，国民经济增长的速度继续放缓，在能源革命深化的推动下，煤炭需求大幅下滑的同时，清洁能源供给能力显著增强，我国煤炭进口量依然保持高位，煤炭供需矛盾更加凸显。全社会库存维持高位，到2015年末，全社会存煤已持续48个月超过3亿吨，煤炭企业存煤1.01亿吨，比年初增加1443万吨，增长16.7%（如图4-16-1所示）。

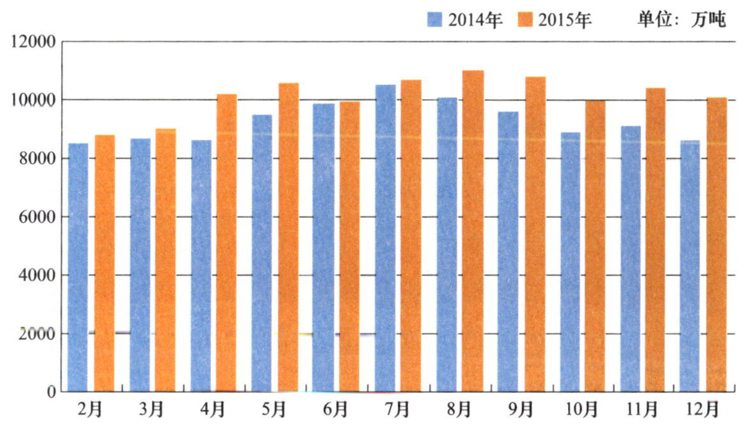

图4-16-1 2014—2015年全国煤炭企业月末库存

数据来源：中国煤炭市场网（http://www.cctd.com.cn/）。

重点发电企业年末存煤 7358 万吨，比年初减少 2100 万吨，下降 22.2%，可用 20 天，其中沿海六大电厂电煤库存 1132 万吨，较年初减少 236 万吨，可用 17 天，同比减少 3 天。全国主要煤炭发运港口年末库存为 2556 万吨，同比减少 1737 万吨，下降 30.2%，其中环渤海港口煤炭库存量分别为：秦皇岛港 345 万吨、天津港 199 万吨、京唐港 102 万吨、曹妃甸港 132 万吨，受冬季寒冷天气电厂备货影响，港口存煤在年末大幅减少。

2015 年，煤炭运量、销量一路下滑，全国铁路煤炭发运量累计完成 20 亿吨，较上年减少 2.9 亿吨，下降 12.6%。其中，大秦线完成运量 3.97 亿吨，较上年减少 5321 万吨，下降 11.8%，侯月线完成运量 1.65 亿吨，较上年减少 2199 万吨，下降 11.7%。全国煤炭销量累计完成 34.61 亿吨，较上年减少 2.19 亿吨，下降 6.0%。

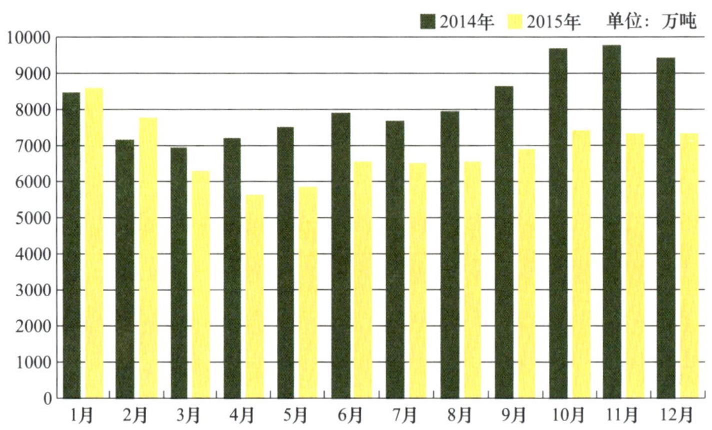

图 4-16-2　2014、2015 年全国重点发电企业月末库存

数据来源：中国煤炭市场网（http://www.cctd.com.cn/）。

从中转港来看，2015 年全国主要港口煤炭发运量 6.4 亿吨，较上年减少 3748 万吨，下降 5.5%，其中内贸煤炭发运完成 6.38 亿吨，较上年下降 5.5%，外贸煤炭发运完成 522 万吨，较上年下降 11.9%。港口煤炭供需呈现全面宽松态势，以秦皇岛港为例，2015 年煤炭库存船舶比总体高于 2014 年水平（如图 4-16-3 所示），且大部分时段，该指标维持在两位数，表明港口库存情况对煤价的抑制作用增强；另外，全年峰值出现在 7 月下旬为 45.6，正值迎峰度夏期间，电厂补库存启动明显滞后，一定程度反映了下游企业对煤炭市场持续低迷的预期。

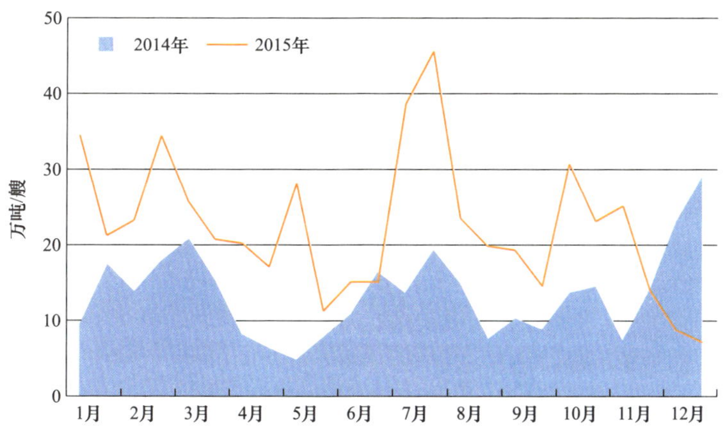

图 4-16-3 2014—2015 年秦皇岛港库存船舶比

数据来源：中国煤炭市场网（http://www.cctd.com.cn/）。

在煤炭供过于求的形势下，全年煤炭价格整体下行，仅在“迎峰度夏”和“迎峰度冬”期间出现季节性反弹。2015 年末，中国煤炭价格指数 125.1 点，比年初下降 12.7 点，降幅 9.2%。秦皇岛港 5500 大卡市场动力煤平仓均价 370 元/吨，比年初降低 155 元/吨，下降 29.5%，已跌至 2004 年水平，炼焦煤价格比年初下降约 220 元/吨。

2015 年，全球经济复苏进程缓慢，煤炭需求依然疲软，加之全球能源消费结构的转变，政府倡导使用低碳能源的行动，煤炭市场供应过剩局面进一步恶化，市场形势十分严峻，煤炭价格延续 2014 年的跌势。

从动力煤市场来看，受主要煤炭消费国经济放缓、能源消费减弱影响，国际煤炭市场低迷运行，国际煤价屡创新低，部分地区价格同比降幅高达 20% 以上。2015 年国际三港动力煤价格持续下降，需求不振及产能过剩仍是煤价下滑的主要原因。据 wind 资讯数据，截至 2015 年末，澳大利亚纽卡斯尔港动力煤价格为 50.78 美元/吨，较年初下跌 11.16 美元，跌幅 18.0%；南非理查德港动力煤价格为 49.15 美元/吨，较年初下跌 14.22 美元，跌幅 22.4%；欧洲 ARA 三港市场动力煤价格为 48.07 美元/吨，较年初下跌 18.56 美元，跌幅 27.9%。

从炼焦煤市场来看，由于世界最大钢铁生产国——中国钢铁生产放缓，炼焦煤进口量大幅下降，2015 年中国焦煤进口量 4800 万吨，同比下降 23.0%，国际炼焦煤价格降至近 11 年来新低；2011 年第二季度日澳炼焦煤长协价格达到历史峰值 320 美元/吨，2015 年日澳长协价格逐季走低，从第一季度的 117 美元/吨，降至第四季度的 89 美元/吨。

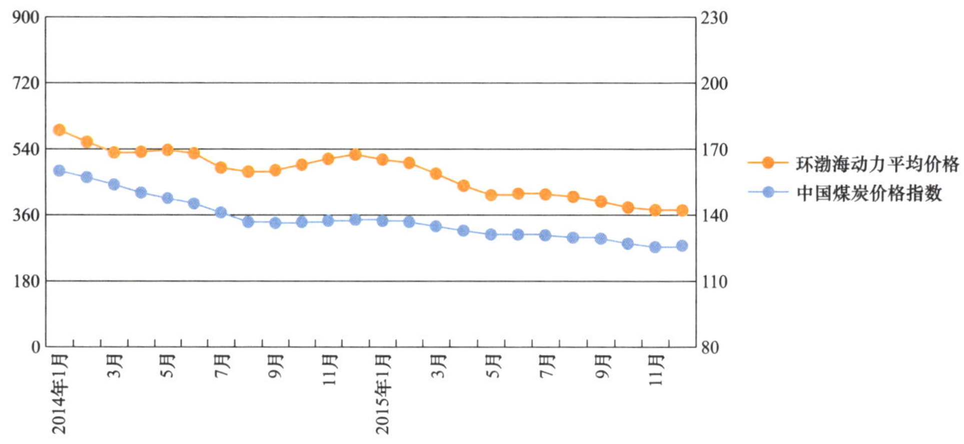

图 4-16-4　2014—2015 年中国煤炭价格指数

数据来源：中国煤炭市场网（http://www.cctd.com.cn/）。

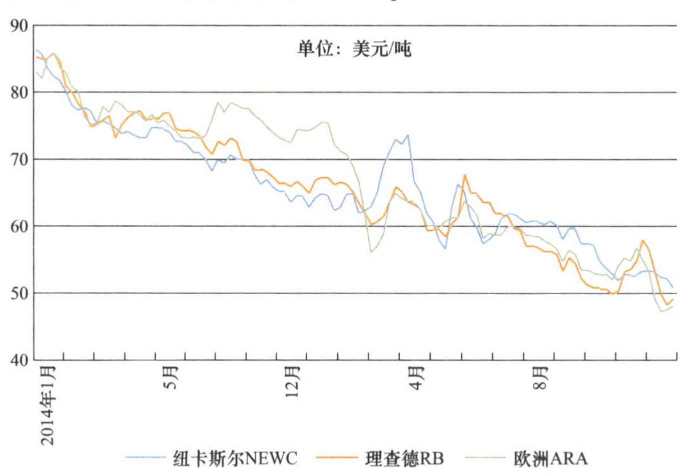

图 4-16-5　2014—2015 年国际主要动力煤价格指数

数据来源：wind 资讯。

第二节　煤炭行业绩效

2015 年，煤炭市场低迷依旧，煤炭企业盈利能力进一步下降，全行业维持大面积亏损。煤矿安全生产形势继续稳定好转，煤矿百万吨死亡率再创历史新低。煤炭清洁利用水平不断提高。

一、煤炭行业利润总额继续大幅下滑，亏损面超过九成

面对煤炭行业的寒冬，近两年来，行业救市、减负政策接连出台，煤炭行业大面积亏损的局面仍无法扭转。2015 年，煤炭行业的盈利能力有所下降。根据国家统计局数据，2015 年规模以上工业企业，煤炭开采和洗选业主营业

务收入 24994.9 亿元，同比下滑 14.8%，实现利润总额 440.8 亿元，同比下降 65.0%。据中国煤炭工业协会数据，2015 年前 11 个月，全国 90 家大型煤炭企业的利润总量仅 51.3 亿元，比上年同期减少了 500 亿元，下降约 90.7%。中国神华等少量还能盈利的煤企，主要是非煤板块收入占比较高。在上市企业中，亏损较为严重的有陕西煤业、中煤能源、国投新集、平煤股份、大同煤业、神火股份、煤气化、恒源煤电、大有能源、山煤国际等，亏损幅度均在 10 亿元以上。

随着全国煤炭经济运行形势更加严峻，煤炭行业再次出现“减员降薪”潮。部分煤企从 2014 年开始已经降薪，2015 年以来，越来越多的煤企开始压缩资本开支，即使神华这样的大龙头企业也开启了降薪模式，5 月份，神华集团宣布降薪，神华宁夏煤业集团公司领导班子按照当月基本年薪 40%降薪，高级主办以上的管理人员，也就是享受副处级以上的管理人员按照季度、月度奖降 35%，机关享受副处级以下的科员降 30%。早在 3 月，同煤集团已发布降薪政策，普通职工工资降低 400 元左右，科长级别降薪 500 元左右，处长级别降薪 1000 到 1300 元不等。潞安集团、淮北矿业、龙煤集团、徐矿集团、山西焦煤、肥矿集团等单位纷纷采取停薪留职、提前内退、离岗待退、中断劳动关系等举措，努力把人力资源成本降至最低，煤炭企业经营压力空前。

二、煤炭安全生产形势好转，百万吨死亡率创历史新低

据国家煤监局数据，2015 年，全国计划淘汰退出煤矿 1052 处，实际已确认退出名单 1300 处。截至目前，全国煤矿数量已经降至 9624 处，完成了“十二五”煤矿数量控制在 1 万处以内的目标任务。

当前煤炭产能严重过剩、价格下滑，造成一些企业安全投入不足、队伍不稳定、安全管理滑坡，可能引起煤矿重特大事故多发，但随着煤矿安全监管监察执法持续强化，煤矿安全形势稳定好转。2015 年 2 月 25 日，国家煤矿安全监察局印发《2015 年煤矿安全监管监察工作要点》，提出要从依法治安、源头管控、瓦斯综合治理、隐患排查治理等 8 个方面加强监管监察力度，提高监管监察水平。2015 年全年煤矿安全监察机构查处重大隐患 608 项、整改率达 90.6%，并责令停产整顿矿井 314 处。

全国煤矿安全形势持续稳定好转，实现了事故总量、较大事故、重特大事故、百万吨死亡率“四个下降”。2015 年全国煤矿安全事故起数和死亡人

数分别同比下降32.3%、36.8%；百万吨死亡率为0.162，同比下降36.5%，创历史新低。此外，大部分地区煤矿事故死亡人数均大幅下降。其中，新疆生产建设兵团、宁夏、北京、云南等12个省（区、市）同比下降超过50%，北京、河北、内蒙古、江苏、山东等10个省未发生较大以上事故。

“十二五”期间，全国煤矿事故年均死亡人数和重特大事故年均起数，分别比“十一五”期间下降64.4%、53.3%，连续33个月未发生特别重大事故，煤矿安全生产“十二五”规划各项指标全部完成。

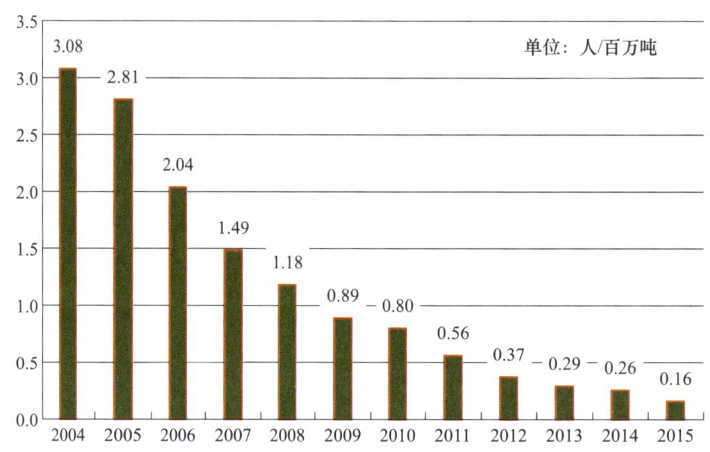

图4-16-6　2006—2015年中国煤矿事故死亡率

数据来源：2006—2014年数据来自国家煤矿安全监察局；2015年数据来自国家统计局《2015年国民经济与社会发展统计公报》。

三、煤炭清洁利用水平进一步提高，原煤入选率显著提高

近年来，我国乃至世界环境压力日益加大，能源消费清洁化趋势明显。我国资源现状决定了以煤为主的能源结构短期内不会改变，因此，我国应采取“清洁能源与清洁利用并行”的转型策略。为提高煤炭综合利用效率，2015年以来，我国出台了全方位的政策措施，地方政府也积极跟进，大力推动火电机组超低排放改造。2015年1月1日起，《商品煤质量管理暂行办法》正式实施，对煤炭生产、加工、储运、销售、进口和使用等环节都做出了明确规定，对不符合要求的商品煤，不得进口、销售和远距离运输；1月12日，国家能源局、环保部、工信部联合发布了《关于促进煤炭安全绿色开发和清洁高效利用的意见》，提出要积极推进煤炭发展方式转变，提高煤炭资源综合开发利用水平；4月27日，国家能源局印发了《煤炭清洁高效利用行动计划（2015—2020年）》，加快推动能源消费革命，进一步提高煤炭清洁高效利用水

平，有效缓解资源环境压力。

煤炭清洁高效利用水平提高。2015 年全国原煤入选能力 26 亿吨，原煤入选率 65.9%，比 2014 年提高 6.1 个百分点，比 2010 年提高 15.0 个百分点；煤矿瓦斯抽采量 180 亿立方米、利用量 85 亿立方米，同比分别提高 5.9%、10.4%，瓦斯利用率 46.4%，比 2014 年提高 12.6 个百分点；煤矸石综合利用率达到 64.2%，提高 2.8 个百分点，土地复垦率达到 47%，比 2010 年提高 9 个百分点；大中型煤矿原煤生产综合能耗、生产电耗分别比 2010 年下降 14.6%、14.8%。同煤塔山煤矿循环经济、神华宁东煤化工产业等一大批循环经济园区相继建成，实现了集中生产、集约发展，初步形成了资源环境和区域经济协调发展的产业新格局。

自 2012 年以后，煤电开始进入“超低排放”发展阶段。2014 年以来，国家陆续出台了《全面实施燃煤电厂超低排放和节能改造工作方案》等一系列政策文件，大力支持和推进燃煤电厂超低排放改造。河北、浙江、山西分别提出，2015 年或 2017 年底前，省内燃煤电厂全部实现超低排放，火电“超低排放”改造之风迅速向全国蔓延。据环保部相关数据统计，截至 2015 年底，全国有近 1 亿千瓦的煤电机组完成了超低排放技术改造。其中，五大发电集团累计完成 8421 万千瓦机组超低排放改造，约占总量的 85%。大唐集团超低排放机组达到 65 台，共 2228.5 万千瓦，占燃煤机组总装机容量的 25%，超低排放装机容量居行业首位；华能集团全部煤机实现达标排放，累计 2069 万千瓦机组完成超低排放改造；华电集团完成超低排放改造和建设 38 台机组，共 1221.5 万千瓦；国电集团 2126 万千瓦机组实现超低排放，国家电投集团 776 万千瓦机组实现超低排放。另悉，截至 2016 年 1 月底，神华集团超低排放机组已达到 50 台，共计 2589 万千瓦。据了解，全国燃煤电厂超低排放机组烟尘、二氧化硫和氮氧化物的排放水平已达到或低于天然气电厂的排放标准。

煤炭清洁利用不仅在燃煤发电方面取得显著成绩，在其他转化利用技术上也不乏突破。高效煤粉工业锅炉在甘肃、内蒙古、陕西等西部高寒地区和东部沿海地区等 20 多个省区推广运用，燃烧效率比普通链条锅炉提高 28 个百分点，污染物排放水平接近或达到天然气锅炉的排放标准。煤制油、煤制烯烃、煤制气、煤制乙二醇产能分别达到 650 万吨、406 万吨、44.4 亿立方米、150 万吨。水煤浆、型煤、低阶煤提质等洁净煤技术攻关取得明显进展。

第三节　需要重点关注的问题

当前，我国煤炭行业已进入“需求增速放缓期、超前产能和库存消化期、环境约束强化期、结构调整攻坚期”的“四期并存”阶段，短期内煤炭市场供大于求的态势很难改变。企业经营困难、产业集中度低、科技创新能力弱等伴生问题将制约煤炭产业“绿色、清洁、高效”发展。

一、煤炭与清洁能源投资冰火两重天，协调发展需要顶层设计

受宏观经济增速放缓、能源结构优化等因素影响，主要用煤行业耗煤减少。另外，国家调控能源消费总量，提高非化石能源消费比重，大幅降低能耗，降低大气污染物排放，能源结构将进一步优化，煤炭需求强度进一步降低。2012 年以来，随着煤炭行业景气度下滑，煤炭投资热情急剧降温，2013 年起连续 3 年负增长，且降幅逐年扩大。然而，2012 年起，核电、风电、光伏发电等清洁能源投资呈现急剧升温之势，中国已成为全球最大的清洁能源投资国，2015 年中国清洁能源投资额占世界清洁能源投资总额 30%以上，随着清洁电源装机快速发展，清洁电力消纳问题也更加突出，据了解，2015 年甘肃弃风率 39%、弃光率 31%，新能源合计 37%，新疆弃风率 32%、弃光率 26%，新能源合计 31%。众所周知，水电、风电、光伏发电的不稳定性是“三弃”问题突出的根本原因，随着可再生能源装机比例的提高，必须要求智能电网、储能技术等配套设施的支持，但技术瓶颈的突破具有不确定性，这将成为清洁能源发展的主要制约因素。“富煤、贫油、少气”的资源禀赋特点决定了，一段时期内煤炭仍将是我国的基础能源，煤电仍是我国电力调峰的主力电源。目前由于我国煤炭产能严重过剩，“两只手”同时发力化解供应压力，目前，国家发改委等部门正就煤炭去产能征求意见，严厉程度远超此前，主要涉及调减工作日、暂停审批新建煤矿项目、淘汰落后产能、引导僵尸企业退出、推进煤电一体化、鼓励国有资产证券化等六大措施，计划三年淘汰落后产能 7 亿吨；另一方面，在当前的煤价条件下，绝大部分煤炭企业维持亏损生产，在市场倒逼机制下，一部分产能自动退出是不可避免的。随着煤炭高效清洁利用技术的发展，“近零排放”燃煤机组的普及，不排除煤炭需求大幅增长的可能性，煤炭产能由过剩再度趋紧的也是大有可能。煤炭高效绿色开采和绿色清洁利用都需要资金投入，投资的持续回落不利于煤炭行业健康、

可持续发展，能源发展首要是解决安全问题，清洁能源发展与能源清洁利用应齐头并进、协调发展。

二、煤炭产业诸多问题亟待解决，推进煤炭“四个革命”需多方努力

围绕推动能源供给和消费革命，近年来，国家先后出台了《2014-2020年国家能源战略行动计划》《大气污染防治行动计划》、《商品煤质量管理暂行办法》《重点地区煤炭消费减量替代管理暂行办法》等一系列政策措施，中国煤炭工业协会提出了促进煤炭安全、高效、绿色、智能生产和提高煤炭清洁、高效、低碳、环保利用水平的意见和建议。但是，由于煤炭产业自身存在的许多深层次矛盾和问题还未得到根本解决，一是产能严重过剩，目前我国煤炭产能已超过40亿吨，在建规模10亿吨以上，产能过剩压力进一步加大；二是需求持续放缓，《能源发展战略行动计划（2014-2020年）》提出，到2020年，一次能源消费总量控制在48亿吨标准煤左右，煤炭消费总量控制在42亿吨左右；三是产业集中度极低，近几年，各地组建了一批大集团，但前4家企业的产量比重只有25%，生产集中度低的问题没有实质性改变，据统计，2015年底全国煤矿数量1.08万处，比2014年仅减少200处，平均单井生产能力30万吨/年左右，小煤矿数量多、产量低，发生安全事故的占比70%以上；四是体制机制制约严重，行业管理弱化、企业管理粗放、社会职能分离困难等诸多历史遗留问题难以解决，一大批资源枯竭煤矿亟待退出，国有煤矿退出机制和相关政策缺失或不完善，煤矿有序退出难的问题依然突出。虽然，针对煤炭行业脱困工作，相关部门先后出台了一系列政策措施，但受多重因素影响，真正实现行业脱困，任务还十分艰巨。总而言之，煤炭行业发展面临着供需矛盾加剧、结构不合理、社会职能难分离等诸多问题难以解决，推动煤炭革命将面临巨大阻力，需要政府、企业多方共同努力。

第十七章 石油价格与绩效

2015 年全球石油需求从五年高点滑落，到年底产能已经严重高出需求。2015 年国际原油市场风雨飘摇，全年油价整体走势为：一季度筑底，二季度上升，三季度回落，四季度平稳。全年布伦特均价 52.5 美元/桶，创十年新低。国内 2015 年汽、柴油价格已经历 23 轮调价周期，其中 12 次下调，7 次上调，4 次搁浅。汽油价格每吨累计下调 670 元，柴油价格每吨累计下调 715 元；折合 90 号汽油零售价格每升下调 0.49 元，0 号柴油每升下调 0.63 元；石油勘探与生产板块盈利能力有所下降，炼油与化工板块普遍亏损。

第一节 石油价格

2015 年，国际原油低位运行，前高后低，年均价大幅下降，布伦特原油年平均价格约为 52.5 美元/桶，WTI 约为 48.7 美元/桶，比 2014 年分别下降 46 美元/桶和 45 美元/桶，是 2005 年以来油价最低的一年。2015 年国内油价年内共历经了 12 次下调，7 次上调，4 次搁浅。据统计，全年累计，汽油下调 670 元/吨，柴油下调 715 元/吨。

一、国际油价低位运行，均价创十年新低

2015 年，全球石油市场运行表现出来的最显著的特点是低油价的延续与适应。从影响因素看，上半年原油价格由供应主导，下半年供需共同作用，尤其是三季度 A 股暴跌引发市场对中国经济和原油需求的担忧，导致油价二次暴跌。从供需看，全球原油供应大幅增长，OPEC 国家和非 OPEC 国家各贡献一半的产量增量。需求增长尚在，全年需求增长创 5 年新高，7 月以来市场过度担忧经济。由于供应增量远大于需求增量全年供需差再创新高。从美元走势看，加息预期导致美元持续走强，使得以美元计价的大宗商品“惨遭血洗”。从地缘政治看，与前几年相比，2015 年中东地区地缘风险相对平稳，除了二季度沙特空袭也门外，伊朗核谈成功、伊拉克和利比亚复产，地缘因素对油价支撑减弱。从金融属性看，投机持仓屡创新高，油价波幅加大。

一季度油价挣扎探底（W形）（如图4-17-1所示）。一季度布伦特、WTI期货结算均价分别为55.13美元/桶、48.64美元/桶，同比各下跌49%、51%。一季度油价整体走势形成了一个小型的双重底部（W底），分别在1月底及3月中触及上半年的两个底部。布伦特与WTI的小价差在2月中旬后开始扩大。

图4-17-1　2015年国际原油期货日度价格

数据来源：中国石油经济技术研究院。

年初油价延续了上年的跌势，继续大幅下挫。直到1月底贝克休斯数据显示美国原油钻井当周减少94座（约7%），为1987年以来最大单周降幅，受此影响油价在1月底触底，终结了2014年6月份以来绵绵不休的阴跌。2月中旬受伊朗核谈判协议达成预期及美国原油库存刷新历史高点的影响，达到一季度顶部后由升转跌。3月份中旬受美联储暗示延缓加息导致美元走弱影响，油价在3月中旬二次探底后有所回升。

二季度受也门冲突、美国原油钻机数下降等利好支撑，油价触底反弹，并持续上升。二季度布伦特、WTI期货结算均价分别为63.50美元/桶、57.98美元/桶，同比各下跌42%、44%。整个二季度油价基本维持震荡上升走势，4月份加速上涨，5月份涨势变缓，6月份中旬基本见顶，布伦特与WTI的差价于6月初有所缩窄，布伦特油价于6月10日达到今年高点65.7美元/桶。二季度油价上行有三大原因：第一、也门战事升级，沙特于2015年3月26日对也门开展大规模空袭行动；第二、美国减产预期，截至一季度末，美国活跃钻井台数较年初大幅下降46%，市场预计美国原油产量在下半年下降；第三、美元走软，受美联储推迟加息影响，位于高位的美元指数在二季度由98.2下降至95.5，对油价起到了一定的支撑作用。

三季度多方利空来袭，油价再创新低。三季度布伦特、WTI期货结算均价分别为51.30美元/桶、46.65美元/桶，同比各下跌50%、52%。三季度油价大幅回落，主要由于对经济的担忧以及伊朗核谈成功。7月初到8月中下旬，

A 股暴跌引发市场对中国经济和原油需求的担忧，美元加息预期和人民币贬值带来全球货币战争的隐忧。伊朗核谈达成全面协议，伊朗原油出口恢复将冲击本已过剩的全球原油市场，对油价形成打压。在诸多利空因素的影响下，油价结束了二季度的甜蜜期，转而大幅下跌，WTI 价格最低跌至 38 美元/桶。8 月底，受益于中国“降准降息”对经济及全球股市的刺激，国际油价与中国 A 股在 8 月 26 日同一天见底并于翌日大幅反弹至 8 月 31 日，三日反弹幅度达到 25%。9 月初受糟糕的中国经济数据打压，油价进入了震荡调整期。

四季度多空胶着，油价低位震荡。截至 10 月 31 日，四季度布伦特、WTI 期货结算均价分别为 49.29 美元/桶、46.29 美元/桶，同比各下跌 36%、37%。与三季度相比，四季度利多因素逐步显现，包括美国钻井平台数连续下降、美国原油产量下降、石油市场供需状况趋于好转，但全球经济未有明显起色、美国加息在即和伊朗释放原油产量如高悬在顶的达摩克里斯之剑，持续给石油市场施压。总体看，四季度油价呈低位震荡格局。

二、国内汽油、柴油价格分别累计下调 670 元/吨、715 元/吨

2013 年 3 月 26 日，国家发展和改革委员会公布完善成品油价格形成机制的主要内容，一是将成品油调价周期由 22 个工作日缩短至 10 个工作日，应调价金额低于每吨 50 元时价格不作调整，未调金额纳入下次调价时累加或冲抵；二是取消挂靠国际市场油种平均价格波动 4%的调价幅度限制；三是适当调整国内成品油价格挂靠的国际市场原油品种，新成品油定价机制自 2013 年 3 月 27 日开始实施。2015 年国内油价共历经了 19 次调整，其中“7 涨 12 跌”，全年国内油价累计调价幅度汽油下调 670 元/吨，柴油下调 715 元/吨（如图 4-17-2 所示）。

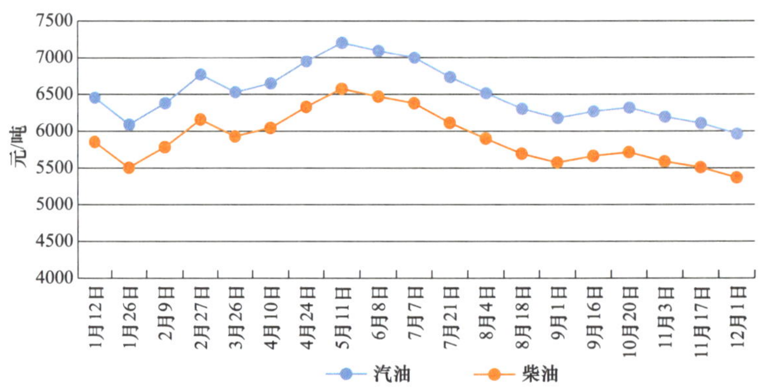

图 4-17-2　2015 年国内成品油价格

数据来源：国家发展改革委。

第二节 石油行业绩效

2015年世界油气行业整体疲软，平均原油价格达到近十年来最低点。世界经济复苏乏力，中国经济保持稳定增长，全年国内生产总值（GDP）增长6.9%。2015年国际油价低位震荡下行，成品油需求增速减缓，化工品需求稳定。发改委也宣布执行国际油价成品油“地板价”。

一、油气开采规模以上工业企业主营业务收入减少32.6%，利润下降74.5%

在行业绩效方面，根据国家统计局公布的数据，石油和天然气开采业主营业务收入7774.6亿元，比上一年降低32.6%，实现利润804.8亿元，较上一年降幅达到74.5%；从“三桶油”的财务数据来看，勘探与生产板块盈利能力继续下滑，而炼化与化工板块实现利润扭亏（如表4-17-1所示）。

据中石油2015年报，由于原油价格同比下跌近半，以及受国内成品油、天然气价格连续下调等因素影响，2015年公司实现营业额1.73万亿元，同比下降24.4%，归属于母公司股东的净利润为356.53亿元（日赚不足1亿），同比下降66.9%。其中，营业额是中石油2009年以来的首次下降，而净利润仅为2014年（日赚3亿）的三分之一。这是中石油2007年上市以来年报净利润首次跌破千亿元，刷新了公司1999年以来的最低纪录。中石油利润的下滑主要源于勘探板块业绩的下滑。2015年中石油勘探与生产业务实现经营利润339.61亿元，较2014年减少超过1529亿元。

据中石化2015年年报，受困于油价的大幅下跌，2015年中石化勘探及开发板块经营收入为人民币1387亿元，同比降低39.1%；经营亏损174亿元，相较去年的471亿元下降了645亿元之巨。相比上游的亏损，中石化的炼化板块则赚得盆满钵满，炼油与化工板块都由去年的亏损实现了大幅盈利，其中炼油板块虽然2015年经营收入为人民币9266亿元，同比下降27.2%，但是经营收益为人民币210亿元，同比大幅增加229亿元，成为公司利润的主要增长点；化工板块2015年经营收益197亿元，经营利润同比去年的22亿元亏损大幅提升219亿元。

据中海油2015年年报，2015年，公司平均实现油价为51.27美元/桶，同比下降46.6%。油气销售收入下降至人民币1466.0亿元，同比下降32.8%。

得益于降本增效，公司桶油成本同比下降5.9%，为39.82美元/桶油当量，实现连续两年下降。实现净利润为人民币202.5亿元，同比下降66.4%。

表4-17-1　　2015年三大石油公司经营业绩　　单位：亿元，%

指标＼公司		中石油		中石化		中海油	
		绝对值	增速%	绝对值	增速%	绝对值	增速（%）
总营业额		17254.28	-24.4	20188.83	28.4	2365.40	-13.8
总经营利润		792.52	-53.3	559.59	15.8	—	—
总净利润		420.89	64.6	520.81	20.5	202.5	-66.4
勘探与生产	营业额	4754.12	38.9	1387	-39.1		
	经营利润	339.61	81.8	-174	—		
炼油与化工	营业额	6424.28	24.1	9266	27.2		
	经营利润	48.83	120.7	197	—		

数据来源：三大石油公司2015年年报。

二、石油特别收益金起征点提高至65美元/桶，为石油开采企业减负

财政部从2015年1月1日起，将石油收益金起征点提高10美元/桶至65美元/桶。起征点提高后，石油特别收益金仍执行5级超额累进从价定率计算（如表4-17-2所示）。石油特别收益金起征点的提高将减轻石油开采企业的财务负担，利好经营风险加剧的石油开采行业。

表4-17-2　　石油特别收益金征收比率及速算扣除数

原油价格（美元/桶）	征收比率	速算扣除数（美元/桶）
65—70（含）	20%	0
70—75（含）	25%	0.25
75—80（含）	30%	0.75
80—85（含）	35%	1.5
85以上	40%	2.5

数据来源：财政部。

三、调整成品油消费税，促进节能减排

2015年1月12日财政部、国家税务总局联合发布财税〔2015〕11号《关于继续提高成品油消费税的通知》，内容为：1. 将汽油、石脑油、溶剂油和润滑油的消费税单位税额由1.4元/升提高到1.52元/升；2. 将柴油、航空煤

油和燃料油的消费税单位税额由 1.1 元/升提高到 1.2 元/升，航空煤油继续暂缓征收；3. 本通知自 2015 年 1 月 13 日起执行。这是继 2014 年 11 月和 12 月两次上调之后，财政部在短时间内连续第 3 次上调成品油消费税。

此次调整与此前预期的油价有望每吨下跌 300 元相去甚远，意味着中国第三次上调了国内成品油消费税，国家汽柴油消费税每升上调了 0.12 元和 0.14 元。这是自 2014 年 11 月 28 日来国内汽油消费税的第三次上调，由原来每升的 1.4 元提升到了 1.52 元。原来，两部门按照《关于进一步提高成品油消费税的通知》规定，自 1 月 13 日零时起汽、柴油消费税单位税额每升分别提高 0.12 元和 0.10 元，折合每吨汽、柴油价格分别少降 215 元和 150 元。两个因素相抵，国内汽、柴油价格每吨分别降低 180 元和 230 元。

此次成品油消费税调整依然选在油价下行时推出，确保不因提税导致油价上涨，提高成品油消费税形成的新增收入将统筹用于治理环境污染、应对气候变化、促成能源节约利用和鼓励新能源汽车发展等方面。

第三节　需要重点关注的问题

2015 年是“十二五”的收官之年，也是酝酿出台“十三五”规划的关键一年。我国经济从高速增长进入新常态，石化产业的发展速度、发展方式以及发展动力都发生了重大转换，可以说经历黄金期后的石化产业步入成熟和转型的新阶段。

新常态下石化产业如何针对当前的问题进行规划调整，企业又该如何认识当前面临的突出矛盾和问题，准确把握行业发展的走向和趋势，以何种智慧实现下一个五年的健康发展，为我国成为石化工业强国奠定基础，牵动着每个石化从业者的神经。

一、建立化解产能过剩长效机制，寻求新的增长点

2015 石化产业发展大会期间，中国石油和化学工业联合会副会长李润生介绍，需求放缓、产能过剩、节能环保政策趋严、国外同行激烈竞争等问题，既是行业当前发展存在的重大问题，也是“十三五”必须面对的问题。深入研究这些问题产生的原因，力争找到解决和应对这些问题的办法，进而增强全行业“十三五”发展的方向感。

新常态下产能结构性过剩是一个突出问题。传统产业关键要做好延长优

势、提升优化的工作。目前，一些曾经的新兴产业也沦入过剩行列。化解过剩产能、优化存量将是“十三五”的重点任务。

为了探索建立化解产能过剩的长效机制，石化联合会正在打造权威的产能预警信息发布平台。“十三五”期间，按照严控增量、区别对待、分类施策、逐步化解的原则，引导企业加强技术改造，开展兼并重组，优化资源配置，实现“浴火重生”。进一步厘清战略性新兴产业发展思路，明确发展重点，引导企业理性投资，在高技术、高附加值、差异化上发展，促进资金流向产业价值链高端。

国家未来对资源型产业产能扩增的限制将更为严格。在炼油、传统煤化工、盐化工、化肥等产能过剩较突出的领域，总量控制、内部优化、淘汰落后将同步推进；在有过热趋势的新型煤化工、新材料等行业，会出台产业政策及相关规定，规范发展。

优化增量、寻找新的增长点，将是“十三五”的重要发展方向。以化工新能源、化工新材料、高端石化、传统化工产业升级作为主要发展方向，着力提升产业的国际竞争力和可持续发展能力。预计“十三五”期间化工新能源产业将取得跨越式发展，产量规模将由千万吨级提升至 2020 年的亿吨级。

二、推动原始创新，重视科技成果转化

科技创新是产业做强的基础，特别是在行业爬坡过坎、转型升级的关键时期，只有加快从要素投入驱动向创新驱动转变，才能有力推动产业向价值链中高端跃进，培育面向全球的竞争新优势。过去我国的技术创新主要是追赶式、模仿式的创新，具有自主知识产权的原始创新相对较少。

“十三五”规划引领石化行业的发展模式由规模扩张型向质量提升型转变，创新是最大的变量。创新是推进行业结构调整和转型升级的支撑和手段。传统产业的提升离不开创新，新兴产业的培育离不开创新，我国石化工业由大到强跨越式发展，创新是关键。

“十三五”石化行业将更加重视知识产权和原始创新。过去，不少企业在技术创新上急功近利，不愿承担基础技术研究、重大原始创新的风险和成本，这使得技术和产品雷同、扎堆，加剧了产能过剩和同质化竞争。此外，行业科技资源配置不合理，以企业为主体、市场为导向、产学研相结合的技术创新体系尚未完全建立。据统计，2013 年石化企业科研投入占行业总产值的比例仍不足 2%，全行业科技成果转化率仅约为 30%。下一步要重视引导基础

研究和原始创新，优化科技资源配置，加强产学研结合和转化。

三、行业上下游一体化发展

目前，部分企业越来越重视延长产业链，增加产品附加值；重视上下游的关系，通过园区化、上下游一体化发展降低成本、提高效率；重视与竞争伙伴之间形成同盟，达到差异性共赢；开始向供应链要效率、要效益。这些趋势在“十三五”时期将更为明显。做好顶层设计工作，让行业从各自为政转变为协同作战，应该是“十三五”规划要重点解决的问题。

“十三五”期间，石化行业有哪些发展机遇？李润生认为有四个方面：一是中国人口还在增长，城镇化率持续提升，居民消费水平不断提高，生活方式和消费方式的差异化、多元化，会带来大量新需求，为石油产品、化工材料和产品创造更大的市场空间。二是全球经济一体化发展，“一带一路”战略实施，都大大扩展了国际市场空间。三是全面深化经济体制改革，为石化产业发展注入新的动力和活力，为企业创新、技术创新、管理创新创造了有利条件。四是工业化和信息化融合的大趋势，对企业转型提质、提升竞争能力开辟了全新的发展途径、发展方式。

同时，“十三五”期间，石化行业将完善污染物排放和清洁生产标准，在环保和安全方面满足我国新型城镇化、生态文明建设的新要求；由于全球化工产业一体化加速，化工企业走出去，先进技术、资源和合作伙伴引进来的机会将显著增加，必须利用好国内外两种资源、两个市场，全面提升国际竞争力。此外，电子商务的兴起也将给传统石化行业带来重要变革。

随着环保意识的增强，高性能且绿色安全的高端化工产品将成为加快增长的重点领域，迎来发展新契机。

第十八章　天然气价格与绩效

2015 年国家发改委发布通知，自 4 月 1 日起，各省增量气最高门站价格每立方米下降 0.44 元，存量气最高门站价格每立方米上调 0.04 元，从而实现增量气和存量气价格并轨。11 月 20 日起，非居民用气最高门站价格每立方米降低 0.7 元，其中化肥用气继续维持现行优惠政策，价格水平不变。从国际市场看，由于国际油价持续暴跌，进口气价格小幅下降，与国内天然气价格倒挂现象进一步缓解，北美天然气价格也首次跌破 2 美元/百万英热单位。受经济下行及天然气价格上涨的影响，天然气市场供大于求局面已经形成。

第一节　天然气价格

2015 年国家发改委发布通知，自 4 月 1 日起，各省增量气最高门站价格每立方米下降 0.44 元，存量气最高门站价格每立方米上调 0.04 元，自此实现增量气和存量气价格并轨。11 月 20 日起，非居民用气最高门站价格每立方米降低 0.7 元，其中，化肥用气继续维持现行优惠政策，价格水平不变。进口气价与国内天然气价格的倒挂现象得到进一步缓解，LNG 进口均价为 2.02 元/立方米，同比下降 24.5%；管道气进口均价为 1.79 元/立方米，同比下降 18.8%。国际天然气市场上，由于国际油价的持续暴跌、美国天然气产量增加，北美天然气价格也一路下滑，年末跌破 2 美元/百万英热单位。

一、国际气价大幅下滑，中国天然气进口价格小幅下降

油价下跌、市场供应过剩、定价机制变动等多重因素导致美欧亚三大市场天然气价格不同程度下跌，欧亚价差缩小。北美天然气平均价格 2.61 美元/百万英热单位（0.58 元/立方米），暴跌近 40%；一季度美国居民用气 692 亿立方米，同比减少 5%，受油价及厄尔尼诺现象影响，二、三季度均价为 2.74 美元/百万英热单位，四季度跌破 2 美元/百万英热单位，创 16 年来新低。

以英国 NBP 价格为代表的欧洲天然气价格为 6.61 美元/百万英热单位（1.47 元/立方米），同比下降近 15%。由于荷兰政府下令减产天然气，NBP 价格年初开始走高，2 月一度涨至 8.24 美元/百万英热单位；此后，气温回暖，价格跌至 5.7 美元/百万英热单位，9—10 月，NBP 价格回升至 6 美元/百万英热单位以上；11 月再度下滑至 5.53 美元/百万英热单位，同比下降 34.6%，达到 16 个月来最低。日本 LNG 现货报价 7.46 美元/百万英热单位（1.66 元/立方米），同比下降 44%（如图 4-18-1）。

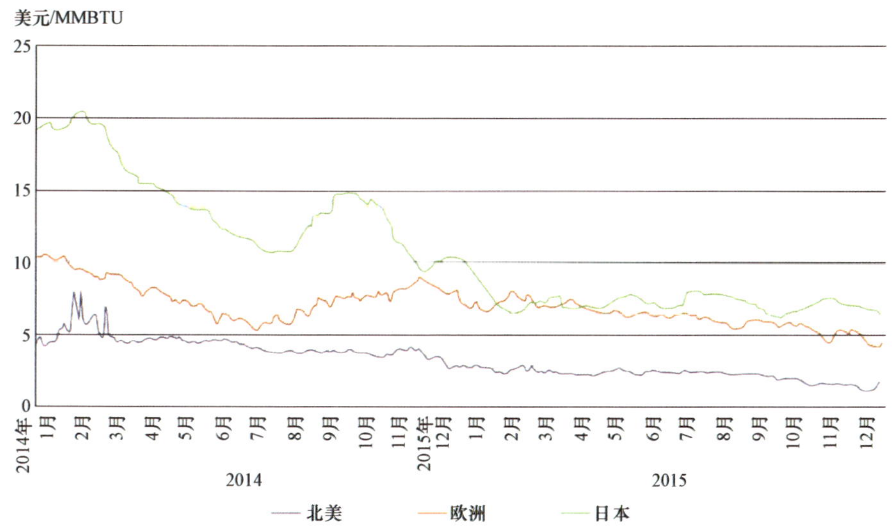

图 4-18-1 2014—2015 年国际三大市场天然气价格

数据来源：数据源自中石油经济技术研究院，其中，北美为 Henryhub 价格，欧洲为英国 NBP 价格，日本为现货价格。

中国天然气进口价格与国际市场石油价格挂钩，2015 年受国际油价下降的影响，中国天然气进口价格小幅下跌。管道气进口均价为 1.79 元/立方米，同比下降 18.8%，LNG 进口均价为 2.02 元/立方米，同比下降 24.5%（如表 4-18-1 所示）。

表 4-18-1 2011—2015 年进口天然气价格 单位：元/立方米

	2011	2012	2013	2014	2015
LNG 进口价格	2.2	2.59	2.66	2.54	2.02
管道气进口价格	2.13	2.46	2.23	2.1	1.79

数据来源：海关信息网（http://www.haiguan.info/）。

二、国家上调非居民用存量气价格，实现存量气与增量气门站价格并轨。

2015 年 2 月 28 日，国家发展改革委发布通知，自 4 月 1 日起，我国天然气价格正式并轨。各省增量气最高门站价格每立方米下降 0.44 元，存量气最高门站价格每立方米上调 0.04 元，这也是我国首次大幅下调天然气价格。11 月 20 日起，非居民用气最高门站价格每立方米降低 0.7 元，其中化肥用气继续维持现行优惠政策，价格水平不变。同时，2016 年将全面建立居民用气阶梯价格制度。

2015 年底，中国主要城市中居民用气价格最高的是福州市，最低的是乌鲁木齐，二档价格分别为 4.38 元/立方米和 1.37 元/立方米；工业用气价格最高的是哈尔滨，最低的是成都，分别为 4.56 元/立方米和 1.65 元/立方米；CNG 车用价格最高的北京市，最低的是西宁，分别为 5.12 元/立方米和 1.83 元/立方米。

表 4-18-2　2015 年中国重点城市天然气终端用户价格　单位：元/立方米

城市	民用价格	工业用气价格	CNG 车用价格
北京	2.28/2.50/3.90	3.16/2.92	5.12
哈尔滨	2.80/3.36/4.20	4.56	4.5
上海	3.00/3.30/4.20	3.57	4.78
南京	2.50/3.00/3.50	3.8	4.2
福州	3.65/4.38/5.48	4.2	4.2
广州	3.45/4.14/5.18	4.36	5
桂林	3.3/3.96/4.95	4.2	4.2
武汉	2.53/2.78/3.54	3.49	4.1
西安	1.98/2.38/2.97	2.46	3.71
乌鲁木齐	1.37	2.39	3.06
西宁	1.48	1.81	1.83
成都	1.89/2.27/2.84	1.65	3
重庆	1.72	2.14	3.27

数据来源：数据源于行业统计。

第二节　天然气行业绩效

随着天然气非居民用气价格并轨和国际油价下跌的影响，进口天然气和国内销售价格的倒挂问题得到缓解。2015年中石油天然气与管道板块营业额为人民币2817.78亿元，与2014年的人民币2842.62亿元基本持平。而2015年天然气与管道板块经营支出人民币2305.47亿元，比上年同期下降15%。经营利润512.31亿元，剔除2015年部分管道净资产整合生产的投资收益人民币228.07亿元影响后，比2014年增加经营利润人民币152.98亿元（如表4-18-3所示）。

尽管中石油的进口气仍在亏损，但天然气与管道板块是盈利的，进口亏损额也在逐步减少。2015年天然气与管道板块销售进口中亚天然气305.52亿立方米，亏损62.16亿元；销售进口LNG57.02亿立方米，亏损85.19亿元；销售缅气46.23亿立方米，亏损人民币40.73亿元。2015年天然气与管道板块销售进口气净亏损人民币162.99亿元，比上年同期减亏187.21亿元。

表4-18-3 2012—2015年中石油天然气与管道板块经营情况 单位：亿元

项目	2012年	2013年	2014年	2015年
营业额	2021.96	2327.51	2842.62	2817.78
经营支出	2043.06	2038.63	2711.36	2305.47
经营利润	−21.1	288.88	131.26	512.31

数据来源：历年《中石油年报》。

第三节 需要重点关注的问题

一、天然气市场供应过剩，消费不足局势严峻

2015年，受经济增速放缓、气候温和、气价缺乏竞争力等因素影响，我国天然气需求增速明显放缓，全年表观消费量为1930亿立方米，同比增长3.3%，创近10年来的新低，未完成《天然气发展“十二五”规划》要求2015年国内天然气需求将达到2300亿立方米的目标。而随着天然气进口管道、LNG接收站的陆续投产和已签署长期贸易合同的陆续履约，“十三五”期间我国天然气市场可能由长期面临的供需紧张向供需宽松形势转变，同时存在供应能力过剩的风险。

天然气消费量始终低迷，使价格改革等一系列措施难以实现目标。据国务院发展研究中心数据，2015年度中国天然气主要消费领域包括：工业燃料（710亿立方米，占比36.8%）、城市燃气（662亿立方米，占比34.3%）、燃

气发电（311 亿立方米，占比 16.1%）、天然气化工（247 亿立方米，占比 12.8%）。因此，工业用气和居民用气是消费量的两大支柱。工业燃料和城市燃气占消费结构的 71.1%，其中居民用气比重日益上升。住房和城乡建设部预测，2020 年中国气化人口将达 4.7 亿，城镇气化率将达 60%。但居民用气价格却最低，存在严重价格扭曲。上文提到近年曾实行 3 次气价改革，且成功实现存量气和增量气价格并轨，但改革计划色彩浓厚，并非市场自发形成——突出表现就是从未触及居民用气，且民用气始终保持最低价。

未来市场的主要增长点在于天然气发电、工业燃料煤改气和交通领域用气的大规模发展，但目前这些都严重受制于国内的能源价格体系。如何制定合理的价格和政策以维护需求与供应，特别是与进口资源的平衡关系，正考验着政府的决心和智慧。

二、天然气供需峰谷差扩大，储气调峰能力亟待提高

尽管从全年总量上看，国内天然气市场出现资源过剩的概率较大，但由于大量的新增市场将来自集中供热和居民自采暖部门，因此季节性供需缺口仍将长期存在并快速扩大，特别是进口 LNG 接收站、管网等储运设施放开后，社会单位可以在淡季进口低价现货，在旺季却仍需依靠主营单位保障廉价的资源供应，从而进一步扩大国内资源供应的季节峰谷差，给上游生产和管网输配的平稳运行造成较大压力。

按照 2020 年我国天然气需求 3100 亿立方米计算，储气调峰能力需超过 400 亿立方米，《天然气发展“十二五”规划》中重点储气库项目合计设计工作气量 257 亿立方米，即便其能够全部投产，再加上 LNG 接收站的调峰能力，仍有接近 100 亿立方米的能力缺口需要弥补。

三、居民用气与非居民用气价格并轨将是改革进程中的“坚冰”

2015 年国家分别在 4 月和 11 月两次调整价格，实现了存量气和增量气价格并轨，大幅下调非居民用气门站价格，积极推进石油天然气交易中心建设，为市场形成价格创造条件。正如前文所述，居民用气是增加天然气消费的一个重要突破口，而近期的天然气价格始终未触碰居民用气，并且居民用气价格远低于非居民用气价，存在交叉补贴问题。显然，实现居民用气与非居民用气的并轨才是天然气改革史上具有里程碑意义的事情。

2013 年经合组织（OECD）成员国居民气价是工业气价的 1.5—2 倍，美国居民气价则是工业气价的 2.5 倍。根据发达市场经济国家的经验，民用气

采用高价、工业燃气采用低价的定价原则，我国目前居民用气比非居民用气价格每立方米低 0.2—0.5 元。如果价格实现并轨，意味着多地的居民用气价格或将上涨。由于涉及民生问题及通胀压力，提高我国居民用气价格，降低非居民用气价格，面临两难困境。但居民用气价格作为资源改革领域的一块“坚冰”，“十三五”期间应该具有开始消融的可能性。关注天然气价格改革是未来需要重点关注的问题。

第十九章 电力价格与绩效

价格方面，2015 年燃煤机组标杆上网电价下调，主要用于疏导环保电价矛盾；继 2014 年深圳、蒙西开展输配电价改革试点后，2015 年云南、湖北、宁夏、安徽、贵州也陆续入围输配试点，云南、贵州、山西入围综合试点。绩效方面，2015 年全国 6000 千瓦及以上电厂供电煤耗率较上年下降 3 克标准煤/千瓦时，线损率较上年上升 0.26 个百分点。

第一节 电力价格

上网电价方面，随着输配电价改革的推进，输配电试点范围不断扩大，试点从深圳和蒙西扩大到了云南、湖北、宁夏、安徽、贵州五地。2015 年 3 月 1 日，国网与南网区域内跨省跨区电力交易的北京、广州两大电力交易中心成立，30 家山东用户以低于市价 5.4 亿元的价格，从 824 家发电企业处购得电力 90 亿千瓦时，每度电均价降 6 分钱。而随后进行的广东电量竞价交易更大降 0.125 元/千瓦时，电力市场放开后，电价下滑难以避免。

一、全国燃煤机组标杆上网电价平均降 2 分/千瓦时

2015 年 4 月 13 日国家发展改革委发布《关于降低燃煤发电上网电价和工商业用电价格的通知（发改价格〔2015〕748 号）》，决定自 2015 年 4 月 20 日起，全国燃煤发电上网电价平均每千瓦时下调约 2 分钱（含税，下同）（各省（区、市）平均调价标准和调整后的燃煤发电标杆上网电价如表 4-19-1 所示）。下调燃煤发电上网电价形成的降价空间，除适当疏导部分地区天然气发电价格以及脱硝、除尘、超低排放环保电价等突出结构性矛盾，促进节能减排和大气污染防治外，主要用于下调工商业用电价格。全国工商业用电价格平均每千瓦时下调约 1.8 分钱（各省（区、市）工商业用电价格平均调价标准（如表 4-19-1 所示）。居民生活和农业生产用电价格原则上保持稳定，适当减少电力用户间的交叉补贴。跨省、跨区域送电价格调整标准，遵循市场定价原则，参考送、受电地区电价调整情况，由供需双方协商确定（部分跨

省、跨区域送电价格具体调整情况如表 4-19-2 所示）。

表 4-19-1 各省（区、市）燃煤发电上网电价和工商业用电价格调整表 单位：元/千瓦时（含税）

省级电网	统调燃煤发电上网电价平均降价标准	工商业用电价格平均降价标准	调整后的燃煤发电标杆上网电价
北京	0.0170	0.0000	0.3754
天津	0.0234	0.0004	0.3815
河北北网	0.0170	0.0166	0.3971
河北南网	0.0320	0.0431	0.3914
山西	0.0234	0.0000	0.3538
山东	0.0202	0.0259	0.4194
内蒙古西部	0.0067	0.0051	0.2937
辽宁	0.0181	0.0225	0.3863
吉林	0.0211	0.0248	0.3803
黑龙江	0.0200	0.0256	0.3864
内蒙古东部	0.0036	0.0000	0.3068
上海	0.0234	0.0170	0.4359
江苏	0.0214	0.0069	0.4096
浙江	0.0127	0.0081	0.4453
安徽	0.0215	0.0230	0.4069
福建	0.0304	0.0204	0.4075
河南	0.0194	0.0105	0.3997
湖北	0.0176	0.0061	0.4416
湖南	0.0220	0.0149	0.4720
江西	0.0159	0.0195	0.4396
四川	0.0150	0.0066	0.4402
重庆	0.0170	0.0000	0.4213
陕西	0.0098	0.0060	0.3796
甘肃	0.0039	0.0000	0.3250
宁夏	0.0080	0.0045	0.2711
青海	0.0170	0.0000	0.3370
广东	0.0285	0.0168	0.4735
云南	0.0163	0.0057	0.3563
贵州	0.0104	0.0147	0.3709
广西	0.0150	0.0104	0.4424
海南	0.0250	0.0084	0.4528

注：上述燃煤发电标杆上网电价含脱硫、脱硝和除尘电价。

表 4-19-2　部分跨省、跨区域送电价格调整表　单位：元/千瓦时（含税）

类别	项　目	降价标准
点对网	山西送华北	17.78
	内蒙古西部送华北	17.78
	山西送山东	20.2
	宁东送山东	20.2
	陕西送河北南网	32.00
	皖电东送	21.50
	内蒙古东部送黑龙江	20.00
	内蒙古东部送吉林	21.10
	内蒙古东部送辽宁	18.14
	湖南送广东	28.51
网对网	内蒙古西部送华北	6.73
	山西送华北	23.40
	山西送河北南网	23.40
	东北送华北	14.84
	新疆送河南	10.00

注：1. 跨省、跨区域送电价格调整主要遵循市场原则由送受电供需双方协商确定。“点对网”上网电价，原则上按照落地省燃煤发电标杆上网电价调整幅度相应调整；存在多个落地省份的，原则上按照各落地省份燃煤发电标杆上网电价调价幅度加权平均后相应调整。“网对网”送电价格，原则上按照送电省燃煤发电标杆上网电价调整幅度相应调整。其中，经协商，内蒙古东部地区燃煤发电机组送黑龙江的落地电价高于黑龙江省燃煤发电标杆上网电价（含脱硫、脱硝、除尘）的，执行当地调整后的燃煤发电标杆上网电价。

2. 跨省、跨区域送电价格调整后，华北、东北、华东、华中、西北区域电网公司统购统销电量与省（区、市）电网公司的结算价格相应调整。

二、新一轮电价改革试点启动

自 2015 年 11 月 9 日起，中央政府开始在推进综合试点与售电侧试点方面发力。国家发改委《关于同意山西省开展电力体制改革综合试点的复函》中，首次提出要建立电力的现货交易机制。国家发展改革委于 2015 年 12 月 27 日再次发布《关于降低燃煤发电上网电价和一般工商业用电价格的通知发改价格的通知（〔2015〕3105 号）》，决定电价调整自 2016 年 1 月 1 日起，下调全国燃煤发电上网电价和一般工商业用电价格，全国燃煤发电上网电价平均每千瓦时下调约 3 分钱（含税）；全国一般工商业销售电价平均每千瓦时下调约 3 分钱，大工业用电价格不作调整；对于验收合格并符合超低排放限值要求的燃煤发电机组实行电价支持；将居民生活和农业生产以外其他用电征收的可再生能源电价附加征收标准，提高到每千瓦时 1.9 分钱。

第二节 电力行业绩效

2015 年中国供电煤耗率有所下降。全国 6000 千瓦及以上电厂煤耗率 315 克标准煤/千瓦时，较上年下降了 3 克标准煤/千瓦时；线损率 6.6%，较上年略有上升。

一、供电煤耗率较上年下降 3 克标准煤/千瓦时

近年来，受减排、压煤等因素影响，高参数、大容量、高效环保型机组比例进一步提高，全国平均供电煤耗率被持续拉低。2015 年全国 6000 千瓦及以上电厂煤耗率 315 克标准煤/千瓦时，较上年下降了 3 克标准煤/千瓦时（如图 4-19-1 所示）。

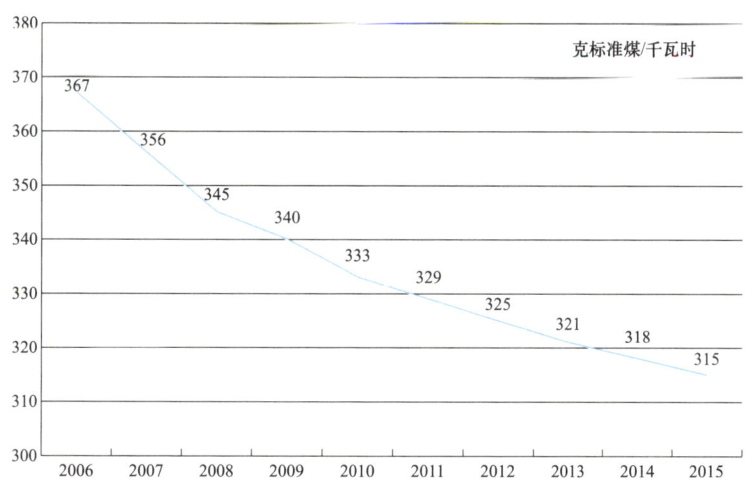

图 4-19-1 2006—2015 年供电标准煤耗率

注：全国 6000 千瓦及以上电厂。

数据来源：历年《电力工业统计资料汇编》、国家能源局网站（http://www.nea.gov.cn/）。

对比 2014 年主要发电企业供电煤耗率数据，华电集团成为供电煤耗、供电煤耗降幅“双料冠军”。华能集团供电煤耗 305.78 克/千瓦时，同比下降 4.23 克/千瓦时。大唐集团供电煤耗 309.62 克/千瓦时，同比下降 3.24 克/千瓦时。国电集团全年完成供电煤耗 310.4 克/千瓦时，同比降低 2.4 克/千瓦时。合并后的国家电投集团供电煤耗 307.5 克/千瓦时，下降 4.34 克/千瓦时。国华电

力全年供电煤耗完成 308.5 克/千瓦时，同比降低 0.32 克/千瓦时，创历史最好水平（如表 4-19-3 所示）。

表 4-19-3　　2015 年主要发电企业供电煤耗

单位：克标准煤/千瓦时

发电企业	供电煤耗	同比变化
大唐	309.62	–3.24
国电	310.40	–2.40
华能	305.78	–4.23
华电	305.2	4.64
国华	308.5	–0.32

数据来源：各企业 2015 年年报。

二、线损率较上年略有升高

2015 年中国线损率 6.6%，较上年升高了 0.26 个百分点。线损率在 2012、2013 年有所反弹后，2014 年回到较低水平，基本达到了《能源发展“十二五”规划》提出的“到 2015 年线损率达到 6.3%”的目标（如图 4-19-2 所示）。

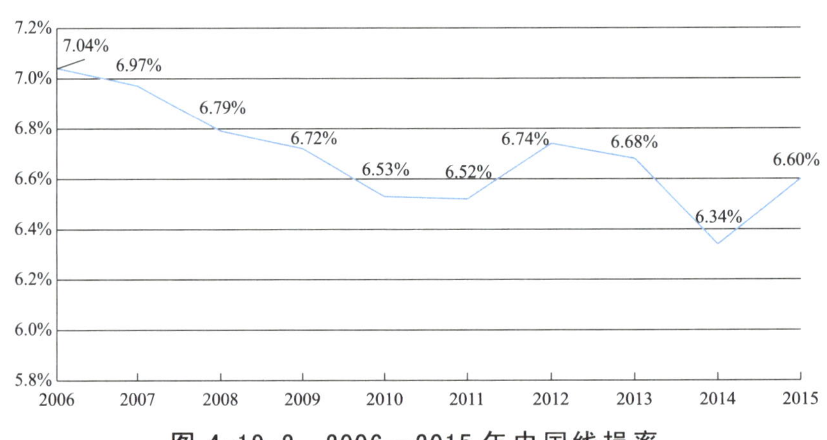

图 4-19-2　2006—2015 年中国线损率

数据来源：历年《电力工业统计资料汇编》、国家能源局网站（http://www.nea.gov.cn/）。

从世界范围看，2014 年中国的线损率较印度、巴西和俄罗斯分别低 13.7、9.1 和 4.3 个百分点，与美国和 OECD 国家的水平基本相当，高于德国和日本（如图 4-19-3 所示）。

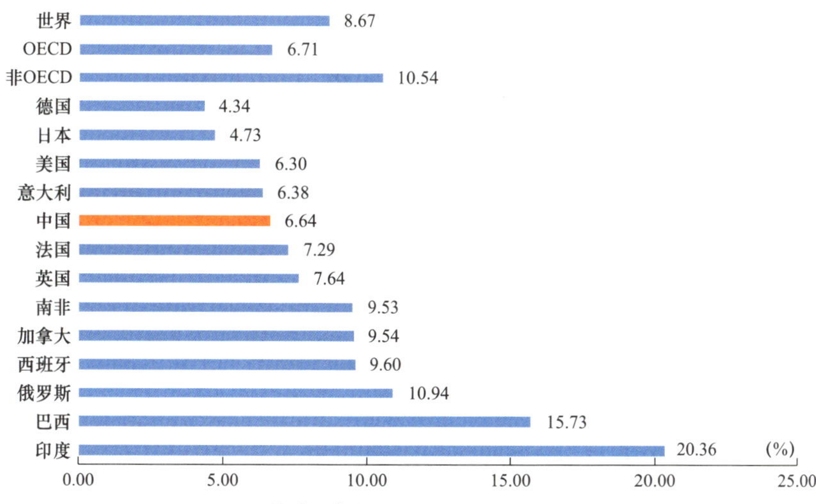

图 4-19-3 线损率的世界主要国家和地区比较

注：各国家数据均为 2014 年数据，中国数据来自于国际能源署。

数据来源：数据来自国网能源研究院《2016 全球能源分析与展望》。

三、华能集团营业收入领跑五大发电集团，达到 2681.02 亿元

继 2013 年经营业绩"持续改善"，2014 年各项经济技术指标"巩固提升"，2015 年进入第四个"好年景"。截至 2015 年底，五大发电集团无论是利润总额、净利润、EVA 值，还是净资产收益率、销售利润率、保值增值率，创 2002 年电改以来的"13 年之最"，也实现了"黄金四年"的"业绩置顶"。

2015 年，华能集团营业收入依旧保持首位，达到 2681.02 亿元。华电集团实现营业收入 2000 亿元。国电集团、合并后的国家电投集团营业收入相当。大唐集团营业收入达到 1686.49 亿元。国华电力实现 571.1 亿元营业收入。

利润方面，大唐集团全年实现利润 171.36 亿元，创组建以来最好水平。华电集团完成利润 256 亿元，同比增长 24.5%。国电集团实现利润 227 亿元，成功突破 200 亿元大关。合并后的国家电投集团实现利润 139.68 亿元，利润增幅在五大发电集团中排名第一。国华电力实现利润 151.1 亿元（如表 4-19-4 所示）。

表 4-19-4 2015 年主要发电企业经营情况 单位：亿元

发电企业	营业收入	利润
华能	2681.02	—
华电	2000	256
大唐	1686.49	171.36
国电	—	227
国华	571.1	151.1

数据来源：各企业 2015 年年报。

第三节　需要重点关注的问题

一、新电改进入深水区，电改后市场备受瞩目

2015 年是电改推动力度比较大的一年，也是存在许多值得关注的问题：一个是输配电价改革的推进。2015 年 3 月底至 2015 年 6 月中旬，随着 9 号文发布，一系列政策密集出台，新电改的推进实际上主要体现为输配电试点范围的扩大，最直观的表现有二：一是试点从深圳和蒙西扩大到了云南、湖北、宁夏、安徽四地；二是贵州省主动争取到了电改试点名额，这可以看出地方政府借助新电改降低企业电价的意向之迫切。第二个是售电侧破冰。自 11 月 9 日起，中央政府开始在推进综合试点与售电侧试点方面发力。国家发改委先后下文将云南与贵州纳入综合试点，广东与重庆纳入售电侧试点，随后于 11 月 30 日发布《关于印发电力体制改革配套文件的通知》，其中涉及到电力市场建设、电交中心组建、发用电计划放开、售电侧改革、输配电改革等一系列核心话题，与 9 号文“一独立、三放开”的目标高度契合。这一轮政策高峰的主要关注点，开始从“清洁能源、需求侧管理”这类外围话题逐渐向电力主题靠拢，尤其是对售电侧的关注程度有所增加，这大大增加了售电公司的参与热情。第三个是电力市场全面铺开。涉及领域包括电力交易、输配电改革和综合试点。一方面是电力交易进度的推进。国网与南网分别成立负责区域内跨省跨区电力交易的北京、广州两大电力交易中心，并开展电量竞价交易。另一方面是电改铺开的全面提速。在输配电改革和综合试点方面，新电改正在进入加速摊开状态。在国家发改委《关于同意山西省开展电力体制改革综合试点的复函》中，首次提出要建立电力的现货交易机制。而《关于扩大输配电价改革试点范围有关事项的通知》不仅大范围扩容了输配电价试点，亦表示要在 2017 年全面推开输配改革。此外，《关于征求做好电力市场建设有关工作的通知（征求意见稿）意见的函》就发用电计划方面提出，2016 年力争达到本地工业用电量的 30%，2018 年实现工业电量 100%放开。

由于发售电领域的逐步市场化，低成本、具有环保优势的水电、光伏企业将最先受益，煤炭企业或将继续承受市场压力。在各地推进电改的过程中，一些新的问题也可能会出现，如电力市场竞争和供求状况能否直接反映在电价上，电力交易中心如何做到“客观独立非营利性”，售电公司如何能够真正

形成电力交易量等，这些都还需观察和探索。电改步入深水区，对市场层面带来的巨大利好明显。售电侧的改革，也有利于建立规则、合理、机制透明的电价体系。但是在深化重视外部独立机构以及市场参与者等多元力量参与新电改的同时，也要充分发挥政府在监督中的作用，让电力交易市场化道路更加顺畅和透明。

二、中国电力工业发展存在矛盾

电力发展面临的严峻挑战，一是我国能源资源约束日益加剧，生态环境问题突出，环境承载能力已经达到或接近上限；二是我国人均用电与发达国家相比仍有明显差距，能源利用效率较低；三是清洁能源发电缺乏统筹规划和刚性约束。

解决化石能源燃烧带来的排放问题已经迫在眉睫，刻不容缓。在我国能源结构中，以化石能源为主的电力供应格局短时期内不会有大的变化，要实现 2020 年非化石能源消费比重达到 15%的目标，任务非常艰巨。

资料显示，我国能耗水平与世界先进水平相比还有较大差距，节能、提高能效是一个长期艰巨的战略任务，必须引起全社会的高度重视。

三、电力工业发展亟需解决的八个问题

一是国家电力规划的科学性、权威性和执行严肃性问题。首先体现在全国厂网分开以后，电力统一规划工作有所削弱，国家规划的科学性、权威性和执行规划的严肃性受到很大挑战；其次是全国电源、电网缺乏协调规划的有效工作机制和沟通渠道；再者是各省的规划和全国的规划有一些脱节，没有做到有效衔接,规划在一定程度上难以起到指导企业合理有序发展的作用。

二是中国经济的发展，到底是先定经济素质还是先定经济速度？是否应该首先考虑到能源和电力的支撑，再确定经济发展速度？

三是电力结构调整任务十分艰巨。中国目前的发电装机当中，火电所占比重过大，水电开发程度相对较低，调整电源、电网结构，优化电力布局的任务十分艰巨和紧迫。

四是电网建设仍然滞后。电源和电网仍然不能协调发展，也不能做到电网超前，电网发展滞后的问题尚未根本解决。电网尚未建立科学合理的投资收益机制与监控体系，也没有独立的输配电价。电网的负债率高，发展资本严重不足。此外，跨区电网发展尚不能完全适应“西电东送”优化配置电力资源的需要。

五是要努力提高能源效率。中国能源发展存在高投入、高消耗、高排放、难循环、低效率的问题，电能使用效率也远远低于世界发达国家的水平，甚至低于某些发展中国家的水平。应该加大宏观调控的力度，加快产业结构调整，积极发展循环经济，使用电力清洁产品，转变增长方式；要充分发挥市场在资源配置中的作用，不断优化调整电力区域布局和产业结构，继续推进全国联网，在更大范围内配置电力资源。

六是要高度重视和切实解决电煤供应问题，确保其满足发电的要求。2015 年 5 月 1 日，国家发改委正式实施煤电价格联动方案，新政策对于解决发电企业的经营困难，抑制不合理需求会起到一定作用，但很难解决电煤价格和运输价格继续上涨的问题。

七是要继续加强电力需求侧管理，努力提高电力利用效率。同时在电力价格上，要执行峰谷电价和严格的差别电价，引导客户科学、高效、合理用电，提高终端的利用效率。

八是要加强可再生能源的规划和政策支持，加快新能源和可再生能源的发展。建议政府加强对全国可再生能源工作的统一领导，制定与可再生能源法相配套的税收、信贷、投资、价格、补贴等方面的政策，加强可再生能源建设的科学规划，避免工作的盲目性、分散性及重复性，推动统一政策的出台。

第二十章 非化石能源价格与绩效

“十二五”期间，我国清洁能源迅速发展，2015 年，非化石能源消费比例进一步上升，可再生能源装机总量大幅提高。受益于装机容量的增长及技术的成长，非化石能源企业盈利能力总体增强，与此同时，风电、光伏发电等再生能源标杆上网电价逐步下调，再生能源电价市场化稳步推进。但能源体制机制对非化石能源消纳问题日益加剧，“三弃”问题、投资建设放缓、价格形成机制不合理等各种发展矛盾值得关注。

第一节 水电价格与绩效

2013 年以来，我国水电投资呈现下降趋势，水电新增装机增长总体放缓，截至 2015 年底，全国水电装机容量 3.2 亿千瓦，水电发电量 9960 亿千瓦时，增长 4.2%，增速大幅减缓，全国 6000 千瓦及以上电厂水电设备利用小时数同比下降 48 小时。受益于水电装机的增长，水电行业盈利整体保持小幅增长，增幅明显回落。据 wind 资讯数据，2015 年 1—10 月，水电主营业务收入 2430 亿元，同比增长 4.9%，增幅比 2014 年下降 13.2 个百分点，水电行业实现利润总额 680 亿元，同比增长 5.1%，增幅比 2014 年下降 35.7 个百分点，主营业务利润率 47.0%，比 2014 年提高 4.3 个百分点。

长期来看，新一轮电力体制改革将步入实施阶段，未来水电和火电将实现“同网同质同价”。目前，我国水电上网平均电价为 0.301 元/千瓦时，具有一定提升空间，而且水电作为目前最具竞争力的清洁能源，上网优先也利于水电的消纳。此外，新一轮电改也指出，在确保供电安全的前提下，优先保障水电和规划内的风能、太阳能、生物质能等清洁能源发电上网，促进清洁能源多发满发，利于相关行业盈利能力的提升。

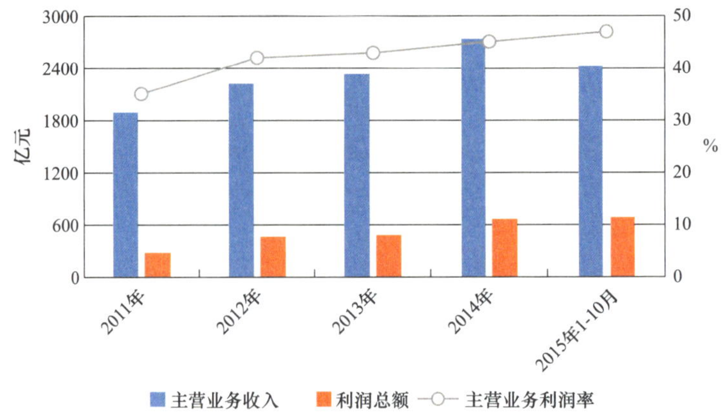

图 4-20-1 “十二五”期间水电行业主营业务收入和利润情况

数据来源：wind 资讯。

第二节 核电价格与绩效

中国核电强劲的业绩表现与核电重启的大背景息息相关。据中国核电发布的2015年度业绩预增公告称，预计2015年实现净利润在37.08亿元至38.31亿元之间，同比增长 50%至 55%。业绩增长的原因系 2015 年度有新机组投运，发电量增加。全国 6000 千瓦及以上电厂核电设备平均利用小时数同比较少 437 小时。

中国核能行业协会发布 2015 年全国核电运行报告显示，截至 2015 年底，中国在建的核电机组数为 24 台，投入运行的核电机组数为 30 台，其中 28 台正式投入商业运行，防城港 1 号机组、阳江核电 3 号机组投入运行。数据显示，2015 年全年全国累计发电量为 56184.00 亿千瓦时，核电累计发电量为 1689.93 亿千瓦时，约占全国累计发电量的 3.01%。2015 年，我国共有 6 台核电机组正式投入商业运行。随着 2015 年实现 5 台核电机组并网发电，在创造了国内核电建设新纪录的同时，中广核在运核电机组达到 16 台，总装机达到 1709 万千瓦，保持国内第一。此外，中国核电机组关键设备和材料自主化、国产化水平稳步提高，自主研发的“华龙一号”国产化率已达 85%。国内已形成每年 8 套左右核电主设备制造硬件能力，建设安装力量能满足同时开工 30 台以上核电机组的需求。

第三节 风电价格与绩效

2015年中国风电发电量增速较大幅回落，全国6000千瓦及以上电厂风电发电设备平均利用小时数同比降低 147 小时。前三类资源区风电标杆上网电价下调，海上风电开始实行标杆上网电价。弃风限电再升级，局部地区形势依然严峻。

一、陆上风电上网电价继续下调，海上风电实行标杆上网电价

陆上风电方面，2015 年 12 月，国家发展改革委印发《关于适当调整陆上风电价格政策的通知》，2016 年第Ⅰ类、Ⅱ类和Ⅲ类资源区风电标杆上网电价每千瓦时降低 2 分钱，第Ⅳ类资源区标杆上网电价每千瓦时降低 1 分钱。调整后的四类资源区风电标杆上网电价分别为每千瓦时 0.47 元、0.50 元、0.54 元和 0.60 元（如表 4-20-1 所示）。2018 年第Ⅰ类、Ⅱ类和Ⅲ类资源区风电标杆上网电价每千瓦时降低 3 分钱，第Ⅳ类资源区标杆上网电价每千瓦时降低 2 分钱。调整后的四类资源区风电标杆上网电价分别为每千瓦时 0.44 元、0.47 元、0.51 元和 0.58 元（如表 4-20-1 所示）。这已经是第二次陆上风电上网电价下调，此次价格下调意味着，多年享受补贴的风力发电朝着“平价入网”的既定目标又迈出了一步。

表 4-20-1　　陆上风电标杆上网电价　　单位：元/千瓦时

资源区	陆上风电标杆上网电价				各资源区所包括的地区
	2009 年	2014 年	2016 年	2018 年	
Ⅰ类资源区	0.51	0.49	0.47	0.44	内蒙古自治区除赤峰市、通辽市、兴安盟、呼伦贝尔市以外其他地区；新疆维吾尔自治区乌鲁木齐市、伊利哈萨克族自治州、克拉玛依市、石河子市
Ⅱ类资源区	0.54	0.52	0.5	0.47	河北省张家口市、承德市；内蒙古自治区赤峰市、通辽市、兴安盟、呼伦贝尔市；甘肃省嘉峪关市、酒泉市
Ⅲ类资源区	0.58	0.56	0.54	0.51	吉林省白城市、松原市；黑龙江鸡西市、双鸭山市、七台河市、绥化市、伊春市，大兴安岭地区；甘肃省除嘉峪关市、酒泉市以外其他地区；新疆维吾尔自治区除乌鲁木齐市、伊犁哈萨克自治州、克拉玛依市、石河子市以外其他地区；宁夏回族自治区

续表

资源区	陆上风电标杆上网电价				各资源区所包括的地区
	2009 年	2014 年	2016 年	2018 年	
Ⅳ类资源区	0.61	0.61	0.6	0.58	除Ⅰ类、Ⅱ类、Ⅲ类资源区以外的其他地区

注：1. 2016 年、2018 年等年份 1 月 1 日以后核准的陆上风电项目分别执行 2016 年、2018 年的上网标杆电价。2 年核准期内未开工建设的项目不得执行该核准期对应的标杆电价。2016 年前核准的陆上风电项目但于 2017 年底前仍未开工建设的，执行 2016 年上网标杆电价。2. 2018 年前如投资运行成本发生较大变化，国家可根据实际情况调整上述标杆电价。

数据来源：国家发展改革委网站（http://www.sdpc.gov.cn/）。

海上风电方面，2014 年 6 月，国家发展改革委发布《关于海上风电上网电价政策的通知》，明确了海上风电标杆上网电价、规定在 2017 年（不含）以前投运的近海风电项目上网电价为 0.85 元/千瓦时（含税），潮间带风电项目上网电价为 0.75 元/千瓦时（含税）。中国海上风电产业尚处于发展初期，截至 2015 年底，海上风电累计装机 100 万千瓦，远远没有完成《风电发展“十二五”规划》海上风电装机容量达到 500 万千瓦的目标。海上风电价格政策的出台，将促进中国海上风电产业发展，进一步优化能源结构。同时有利于优化海上风电项目布局，鼓励投资者有限开发优质海洋风能。

二、全国平均弃风率升至 15%，局部地区形势严峻

2015 年全国风电平均弃风率为 15%，弃风形势严峻。弃风问题严重的地区主要包括甘肃（39%）、吉林（32%）、新疆（32%）、黑龙江（21%）、内蒙古（18%）等地，弃风率超过 15%（如表 4-20-2 所示）。阻碍可再生能源并网消纳的原因很多，如来风好于去年同期，全国电力需求放缓、可再生能源电力生产与消费区域不平衡，电网建设落后于可再生能源电力发展，现有电力体制和机制不利于可再生能源规模化发展，现行法律法规框架不能适应可再生能源规模化发展等等。

表 4-20-2　2011—2015 年全国重点地区弃风率　单位：%

地区	2011	2012	2013	2014	2015
全国平均	16	17.1	10.7	8	15
吉林	14.9	32.2	21.8	15	32

续表

地区	2011	2012	2013	2014	2015
新疆	3.2	4.3	5.2	15	32
河北	4	12.5	16.6	12	10
黑龙江	14.5	17.4	14.6	12	21
甘肃	27.4	24.3	20.7	11	39
蒙东	25.3	34.3	19.5	9	18
蒙西	23.2	26	12.2		
辽宁	9	12.5	5	6	10
云南	—	6	3.7	4	3

数据来源：国家能源局（http://www.nea.gov.cn/）。

第四节 太阳能发电价格与绩效

据公开资料，光伏发电产业初期阶段主要是依据合理成本加合理利润的原则单独定价，之后随着国内光伏市场的启动，从 2011 年起改为统一标杆电价政策，在 2013 年又实行分资源区标杆电价政策，光伏标杆电价高出当地燃煤机组标杆上网电价的部分，通过可再生能源发展基金给予补贴。

与以往光伏标杆电价的调整时间设定在年末不同，2015 年末发布的光伏标杆电价下调政策规定，对于 2015 年已备案的电站，只要在 2016 年 6 月 30 日之前并网，仍可执行原上网电价。

2015 年 12 月 24 日，国家发改委发布《关于完善陆上风电光伏发电上网标杆电价政策的通知》明确，对光伏发电上网电价，2016 年 Ⅰ 类、Ⅱ 类资源区分别降低 10 分钱、7 分钱，Ⅲ类资源区降低 2 分钱，分别为 0.8、0.88、0.98 元/千瓦时。

执行期限：2016 年 1 月 1 日以后备案并纳入年度规模管理的光伏发电项目，执行 2016 年光伏发电上网标杆电价，2016 年之前备案并纳入年度规模管理的光伏发电项目，但于 2016 年 6 月 30 日之前机组仍未全部投运的，执行 2016 年上网标杆电价。

基于光伏电站建设周期较长及调增指标下发较晚等原因，新政给予已获批但未建设完工的光伏项目 6 个月缓冲期，已经备案并纳入年度规模管理的电站项目在2016年6月底前并网，仍适应现行标杆电价补贴政策。

政策着力点：相较于之前三类资源区标杆电价0.9、0.95、1元/千瓦时，此次三类资源区的上网电价分别为0.8、0.88、0.98元/千瓦时。通过对比发现，三类资源区标杆电价降幅差距巨大，降幅分别为11%、7%、2%。其中，以宁夏、青海、新疆、甘肃为代表的Ⅰ类资源区下降幅度最大，身处Ⅲ类资源区的中东部省份补贴降幅极其微小，几无变化。

国家利用政策杠杆，不同地区区分对待，意在抑制西部地区光伏装机规模，引导电站投资热潮转向中东部地区。西部地区“弃光率”达到20%，甘肃、新疆等部分地区光伏电站“弃光率”甚至超过40%，现行电网输送能力有限，西部地区已无法继续承载大量电站项目。相比之下，今后中东部地区农光互补、渔光互补、林光互补等综合性开发建设电站比例会提高。

刺激分布式：地面电站补贴下调，将对分布式光伏产生巨大利好。2015年前9个月，中国分布式光伏电站装机量为1.58GW，表明在各地政府光伏扶植政策的推动下，分布式光伏虽然有了长足进步，但是问题和阻力依旧很大。标杆电价过高时，投资企业纷纷转向投资收益稳定，综合经营效率高，收益率可观的大型地面电站，对分布式光伏普遍持观望态度。若分布式补贴政策维持现行0.42元/千瓦时，地面电站收益率下滑后，将倒逼企业转向东部分布式项目，刺激分布式市场规模进一步扩大，东部分布式光伏优势愈发明显。

收益率影响：针对不同资源区，电价下调各地投资收益率变化情况是不同的。项目投资收益率影响最大的因素是上网电价、发电量及投资成本。

表4-20-3　　全国光伏发电上网标杆电价表 单位：元/千瓦时（含税）

资源区	光伏电站标杆上网电价	各资源区所包含的地区
Ⅰ类资源区	0.8	宁夏，青海海西，甘肃嘉峪关、武威、张掖、酒泉、敦煌、金昌，新疆哈密、塔城、阿勒泰、克拉玛依，内蒙古赤峰、通辽、兴安盟、呼伦贝尔以外地区
Ⅱ类资源区	0.88	北京，天津，黑龙江，吉林，辽宁，四川，云南，内蒙古赤峰、通辽、兴安盟、呼伦贝尔，河北承德、张家口、唐山、秦皇岛，山西大同、朔州、忻州，陕西榆林、延安，青海、甘肃、新疆Ⅰ类以外其他地区
Ⅲ类资源区	0.98	除Ⅰ类、Ⅱ类资源区以外的其他地区

资料来源：PVtrade光伏交易网《光伏政策解读》。

表 4-20-4　　Ⅰ类资源区部分城市收益率情况

省份	城市	7 元/瓦		7.5 元/瓦		8 元/瓦	
		0.9 元	0.8 元	0.9 元	0.8 元	0.9 元	0.8 元
宁夏	中卫	15.90%	11.30%	13.42%	9.38%	11.35%	7.68%
青海	海西州	19.74%	14.27%	16.58%	11.97%	14.17%	10.03%
内蒙古	包头	19.18%	14.03%	16.31%	11.75%	13.94%	9.33%
	呼和浩特	17.00%	12.27%	14.38%	10.17%	12.21%	8.40%
	鄂尔多斯	18.64%	13.59%	15.84%	11.36%	13.51%	9.48%

资料来源：PVtrade 光伏交易网《光伏政策解读》。

表 4-20-5　　Ⅱ类资源区部分城市收益率情况

省份	城市	7 元/瓦		7.5 元/瓦		8 元/瓦	
		0.95 元	0.88 元	0.95 元	0.88 元	0.95 元	0.88 元
内蒙古	赤峰	14.49%	11.60%	12.16%	9.57%	10.20%	7.85%
	通辽	14.40	11.52%	12.08%	9.50%	10.13%	7.79%
河北	承德	13.17%	10.44%	10.98%	8.52%	9.13%	6.90%
	张家口	17.88%	14.56%	15.16%	12.21%	12.91%	10.25%
山西	大同	17.14%	13.91%	14.51%	11.64%	12.32%	9.73%
云南	临沧	12.72%	10.04%	10.58%	8.17%	8.77%	6.58%
陕西	榆林	16.29%	13.17%	13.76%	10.98%	11.65%	9.13%

资料来源：PVtrade 光伏交易网《光伏政策解读》。

表 4-20-6　　Ⅲ类资源区部分城市收益率情况

省份	城市	7 元/瓦		7.5 元/瓦		8 元/瓦	
		1 元	0.98 元	1 元	0.98 元	1 元	0.98 元
河北	石家庄	13.00%	12.25%	10.83%	10.16%	8.99%	8.38%
河南	新乡	9.69%	9.05%	7.85%	7.27%	6.29%	5.75%
山东	德州	13.51%	12.74%	11.28%	10.60%	9.41%	8.78%
江苏	南通	8.28%	7.68%	6.58%	6.03%	5.12%	4.61%

资料来源：PVtrade 光伏交易网《光伏政策解读》。

2007 年到 2015 年，光伏系统造价已经从 60 元/瓦下降到 7—7.5 元/瓦，到 2020 年系统成本将进一步降至 5 元/瓦。系统成本不断下降，补贴自然顺势下滑，最终实现光伏发电平价上网。

第五节 需要重点关注的问题

“十二五”期间，非化石能源总体呈现出快速发展的态势，但随着经济进入新常态，电力需求总体放缓，能源体制机制约束问题日益突出，“三弃”问题加剧、投资建设放缓、价格形成机制不合理等各种发展矛盾凸显。

一、多方面因素制约，再生能源发电并网消纳问题依然突出

各能源品种之间的利益关系无法有效协调、源网建设不协调、价格形成机制不完善等诸多因素是造成可再生能源电力并网消纳面临的关键。这里包括三个方面的问题：

一是传统发电企业与可再生能源发电企业的利益冲突。由于可再生能源发电本身具有随机性、波动性和间歇性等特点，风、光、水电并网需要配套建设大量备用容量和调峰电源。中国风、光电集中在“三北”地区，水电集中在西南地区，这些地区电源结构单一，以火电为主，抽水蓄能、燃气电站等灵活调节电源严重不足。特别是在风电出力较大的冬季，由于供热机组比重大，基本没有调峰能力。在这种情况下，只能靠压减火电负荷来保证风电上网，但由于风电缺乏利益补偿机制，火电不能与风电利益共享，因此参与调峰的积极性不高。

二是资源输出地与用电区域的利益冲突。新疆、甘肃、内蒙古、青海、等地是大型风电、太阳能发电基地，远离负荷中心，需要跨区域、大规模送电到华东、华中等负荷中心，这就涉及区域之间的利益协调问题。当电力市场供需宽松时，电力受端更希望调度本地电源，挤占外来风电。另外，跨区域价格形成机制有待完善，否则难以实现优先利用绿色能源的目标。

三是源网建设不配套等问题突出。2015 年中国清洁能源装机增长 7000 万千瓦，占新增装机的 50%，清洁能源发电量比重提高到 27%，但火电利用水平下降和“三弃”问题加剧比较明显。2015 年全国平均弃风率高达 15%，甘肃地区达 39%。以甘肃省为例，电力装机约 4531 万千瓦，最大用电负荷为 1300 万千瓦，风电装机为 1252 万千瓦，其他新能源装机为 532 万千瓦，电力装机是最大负荷的 4.8 倍，电力极其富余，在不推动外送通道的情况下，弃风现象不可避免。四川作为水电大省，“弃水”现象也是日益突出，2012 年至 2015 年，四川电网水电“弃水”电量连年增加，分别为 76、26、97、

102 亿千瓦时。

二、水电新开工不足问题严重，抽水蓄电站运行效率不高

根据可再生能源规划，水电要在 2020 年达到 4.2 亿千瓦的目标。目前我国水电装机容量为 3.2 亿千瓦，完成这个目标很艰巨。近两年来，水电新开工项目不足的问题愈发突出，主要有两个方面的原因。其一，价格形成机制不完善导致，无论是经济效益还是社会效益都具有先天优势的水电难以消纳，西南地区弃水弃电问题严重，2012 年以来，四川电网水电“弃水”电量连年增加，2015 年 “弃水”电量达到 102 亿千瓦时，约占全网水电发电总量的 4.0%。造成“弃水”的原因是多方面的，但最主要的是区域内电力供应过剩时，外送通道不畅、补偿机制不完善、消纳市场地方保护等原因造成绿色电力外送难。四川弃水问题只是我国水电消纳难题的一个缩影，西南水电消纳不单单是某个区域的问题，而是整个能源规划和全国范围内协调的问题。此外，小水电上网电价问题也一直没有得到妥善解决，各省情况不尽相同。目前，全国有江苏、安徽等少数省份，执行燃煤发电标杆上网电价，而大部分省份，尤其是小水电较丰富的省份，并未执行同价。其二，其他新能源竞争力的不断提高，对水电开发形成冲击。如近年来风电单位千瓦造价以每年 10%左右的速度下降，目前已降至 7000 元左右，光伏发电造价也大幅降低，光能转换效率也在以每年 5%左右的速度提高。与此同时，水电成本的节节攀升，在水电开发成本中，纯粹的工程建设成本并未出现大幅增加，但目前多数水电项目所在区域经济比较落后，当地快速发展致富的意愿强烈，并过多、过快地将这些意愿加载在相应的水电项目上，导致征地和移民费用大幅增加，进而提升了整个水电项目的造价，目前大渡河、澜沧江上游的水电站成本电价已经达到 0.45 元/千瓦时，加上 0.15 元/千瓦时左右的输电成本，在华东或广东落地电价达到 0.6 元/千瓦时，远高于当地的火电上网电价。有数据显示，西藏水电上网成本在 0.8 元/千瓦时左右，如果送至华东，落地电价将达 1 元/千瓦时左右。

国家在鼓励社会资本投资水电站方面也作出了相应部署，2015 年 1 月 16 日，国家能源局对外发布的《关于鼓励社会资本投资水电站的指导意见》明确，通过建立完备的开发管理、财税价格、投资回报等政策体系，支持和引导社会资本投资水电站。因此，推进水电价格市场化改革，研究流域梯级效益补偿机制，逐步完善水电价格机制和项目投资回报机制，显得尤为重要。

此外，由于运行机制不合理导致抽水蓄电站利用率不断下降，企业投资热情降温。抽水蓄能电站运行灵活、反应快速，是电力系统中具有调峰、填谷、调频、调相、备用和黑启动等多种功能的特殊电源，也是目前最具经济性的大规模储能设施。然而，因为产能过剩，火电参与调峰，致使抽蓄电站使用率不断降低，一定程度影响了电站功能的发挥，同时抑制了抽水蓄电站投资建设的积极性。截至2015年底，全国已投产抽水蓄电站装机容量2300万千瓦，仅完成“十二五”规划目标的77%，而且抽蓄电站总体运行效率不高，部分企业缺乏建设和调度抽水蓄能电站的积极性。2015年5月19日，国家能源局发布的《华北华东区域抽水蓄能电站运营情况监管报告》，报告披露了两大区域抽水蓄能电站运营现状：目前华北、华东两大区域抽水蓄能电站效用未充分发挥，电价机制不合理是主要制约因素。

三、核电发电量远低于世界平均水平，进一步推进核电海外输出

核电是新能源的一种，也是一种高效的清洁能源，其通过采用核裂变方式释放巨大能量发电。与传统火力发电相比，核电所用原料少，发电效率高，且全程对环境没有污染。因此，在环境问题日益严峻以及能源供应日趋紧张的当下，核电成为了我国重要的能源战略。不过，2011年受日本福岛核电事故影响，全球核电产业发展受到抑制，我国核电项目停滞了4年，内陆核电项目也因此迟迟没有开启，直到2015年沿海核电项目才得以重启。

数据表明，目前，我国核电发电量占比不到3%，远低于世界平均水平10.2%，发展前景较大。考虑到2015—2030年间海外将新建约160座核电站，新增投资将达15000亿美元，海外市场商机正在凸显。与此同时，国内内陆核电需求也不断增加，内陆核电建设目前已经完成调研工作，只待政策东风。

国家核电技术公司积极拓展海外业务，未来将受益于国企改革红利。国家核电把南非、土耳其、巴西等国家作为CAP1400的重点目标市场，南非有发展核电的需求与意愿，对包括我国CAP1400在内的全球主要三代核电技术进行考察，并表示出强烈的兴趣。这对于国家核电的海外市场拓展是重要的机会。此外，国家核电与中电投的合并重组出现实质性进展，这对于海外市场的拓展与竞争力将有巨大的提升作用。

四、分布式光伏发展受三大问题干扰：屋顶难找、融资难及收益率不明确

2015年延续了上一年分布式光伏发展遇到的难题。

首先屋顶难找。一是信息不对称造成既拥有充足的屋顶资源又有投资意

向和能力的投资者十分难找；二是光伏电站本身对屋顶资源有特殊要求，光伏电站存续期一般超过 20 年，这就需要屋顶也要有相应的存续期，对于工商业企业来说，要保证较长时间的稳定经营。

其次，融资难。分布式光伏项目运营风险主要来自三方面：一是受气候等因素影响，发电量不稳定；二是自发自用比例不确定；三是电费收取存在风险。这些因素导致银行对分布式项目放贷谨慎，多数企业持观望态度。

最后，收益率不明确。与分布式发电相比，地面电站在投资回报方面，更为明确和稳定，因而更受到投资者青睐。而分布式发电自发自用、余电上网的机制，使投资者需要协调很多复杂的关系，项目收益不明确。

第五篇　能源装备

装备制造业是重要的基础和战略性产业，推动装备国产化、产业化，对于保障国家经济安全和国家安全具有重要的意义。近年来，党中央、国务院高度重视装备工业的振兴与发展，特别强调依托国家重点工程，推进重大技术装备国产化，带动整个装备制造业的振兴与发展。2015 年 5 月 19 日，经李克强总理签批，国务院印发《中国制造 2025》，这是我国实施制造强国战略第一个十年的行动纲领，其中明确了 9 项战略任务和重点，电力装备、海洋工程装备及高技术船舶、节能与新能源汽车等均被列入重点发展领域。

“十二五”期间，我国具有自主知识产权的“华龙一号”、CAP1400 三代核电技术和具有四代安全特征的高温气冷堆核电技术研发成功，大型水电筑坝和 80 万千瓦水轮机组设计制造世界领先，年产千万吨煤炭综采成套设备、百万千瓦超超临界火电机组、3 兆瓦风电机组等装备得到广泛应用，尤其在 2015 年，我国一大批重大能源装备取得自主化突破，智能化、绿色化产品则层出不穷，清洁能源装备更是捷报频传。燃煤发电、输变电、煤炭采掘、油气开采、光伏和风电等能源装备产业正积极开拓国际市场，特别是依托海外能源项目建设带动了各种能源装备出口。“十三五”期间，我国将加快能源装备制造创新平台建设，支持先进能源技术装备“走出去”，形成有国际竞争力的能源装备工业体系。

随着一批大型核电、水电、特高压输电等重大能源装备实现国产化，我国能源工程建设成本大大降低，能源项目效益和能源产业竞争力显著增强；能源结构调整得到有效促进，能源运输和进口得到极大保障，有力增强了我国能源安全和保障能力。

2015 年，在世界经济环境错综复杂、国内经济下行压力加大的背景下，我国石化通用等主要靠投资拉动的行业逐步回落，低于全行业平均水平；电工行业中的特高压输变电设备形势明显好于常规产品；抽水蓄能机组形势好于常规水电机组；风电和光伏发电设备形势好于常规发电设备。

2015 年，我国机械工业增幅缓慢。据中国机械工业联合会统计，2015

年，我国机械工业增加值同比增长 5.5%，低于上年增速 4.5 个百分点；累计实现主营业务收入 22.98 万亿元，比上年增长 3.32%，增速比上年回落 6.09 个百分点；实现利润总额 1.6 万亿元，比上年增长 2.46%，增速比上年回落 8.15 个百分点；全年实现税金总额 8869 亿元，比上年增长 5.08%；完成固定资产投资 4.9 万亿元，同比增长 8.89%，与上年机械工业的增幅相比回落了 3.02 个百分点；对外贸易呈现减速下行趋势，全年累计实现进出口总额 6665 亿美元，同比下降 8.13%。其中进口 2777 亿美元，同比下降 14.06%；出口 3888 亿美元，同比下降 3.36%，出现了自 2009 年国际金融危机以来少有的负增长，全年贸易顺差创 1110 亿美元的历史新高（如图 5-0-4 所示）。此外，在国家统计局公布的 64 种主要机械产品中，产量增长的仅有 18 种，占比 28.13%，产量下降的有 46 种，占比 71.87%。

预计在 2016 年，我国大型投资类产品如冶金矿山设备、工程机械、常规发电设备等和产能严重过剩的普通机械产品如各类普通机床、交流电动机、电线电缆等产量下降幅度较大；大马力拖拉机、仪器仪表、环保设备仪器、电动叉车、风力发电设备等与消费、民生、节能减排、产业升级密切相关的产品产量保持增长。

表 5-0-1　　2014 年、2015 年我国机械工业经济运行情况

主要指标	2014 年		2015 年	
	累计增加值	同比增长率（%）	累计增加值	同比增长率（%）
主营业务收入(亿元)	222000	9.40	229800	3.32
利润总额（亿元）	15600	10.61	16000	2.46
税金总额（亿元）	8438	8.20	8869	5.08
固定资产投资(亿元)	45000	12.70	49000	8.89
进出口总额(亿美元)	7255	8.10	6665	-8.13
出口总额（亿美元）	4023	8.00	3888	-3.36
进口总额（亿美元）	3232	8.20	2777	-14.06

数据来源：中国机械工业联合会、国家能源局。

第二十一章 煤炭装备

第一节 煤炭采掘装备

我国是世界上煤炭机械装备制造和使用的第一大国，为贯彻落实国务院关于促进装备制造业由大变强的总体要求，加快推进重大技术装备研制和推广应用，2015 年 2 月 2 日，工信部对外发布《首台（套）重大技术装备推广应用指导目录（2015 年版）》。该目录列入了“千万吨级井工综采成套装备”6 种设备（井用大型提升机、大型防爆（隔爆）提升机、电牵引采煤机、超重型岩巷掘进机、硬岩竖井钻机成套装备、全断面煤巷高效掘进机）和“2000 万吨级以上大型露天矿成套装备”7 种设备（大型露天矿破碎站、超大型露天矿用挖掘机装备、大型矿用液压挖掘机、大型矿用电动轮自卸车、大型矿用电动轮自卸车电动轮总成、大型褐煤提质成型成套装备、大型排土机和转载机）。

最近一两年，我国煤机装备研发与制造能力显著增强。智能化电牵引采煤机、重型刮板运送机和长距离胶带输送机投入使用，采煤机最大功率达到 3000 千瓦，刮板运输机小时输送能力最大达到 5000 吨；7-7.5 米大采高、强工作阻力、电液控制的重型煤矿综采液压支架投入使用；年产千万吨智能化综采成套装备工业化示范取得成功，煤矿生产机械化、系统自动化和管理信息化水平大幅提升，有力地保障了国家能源安全稳定供应。2015 年 1 月 9 日，“国家能源煤矿采掘机械装备研发（实验）中心”建设项目正式通过国家发改委能源局的验收，该中心是我国自主建设的世界首个煤矿采掘装备研发实验，结束了我国煤矿成套采掘装备研发设计没有试验验证平台的历史。该实验中心可实时收集处理采煤装备性能数据，将为实现煤矿无人开采提供技术支撑。

2015 年 1 月，国家能源局、环境保护部、工业和信息化部联合发布《促进煤炭安全绿色开发和清洁高效利用的意见》，提出新目标：到 2020 年，全国煤矿采煤机械化程度达到 85%以上，掘进机械化程度达到 62%以上。据统计数据显示，截至 2012 年底，我国采煤机械化程度达 80.1%，掘进装载机械化程度为 55.8%。

由于 2013 年煤炭行业告别黄金时期，持续走向低谷。而与其密切相关的煤机装备制造产业也受到波及，我国多地区对煤机设备采购量下降。

第二节 煤炭安全装备

在安全生产工作中，煤矿安全一直是全球生产事故严重、多发产业之一。安全装备作为煤炭装备的重要组成部分，为遏制煤矿灾害事故、保证矿工生命安全与健康发挥着十分重要的作用。近年来，随着煤矿机械安全装备的不断发展，煤矿开采方式逐步转变，围绕井下灾害治理的工艺和设备，如监测监控系统、通信联络系统、安全仪器仪表、通风除尘设备、安全避险装备等陆续应用到了煤矿生产中来，开采效率得到进一步提升，煤矿安全生产形势稳步好转。

一、监测监控系统

监测监控系统是灾害事故预测预警、监测与控制的基本工具，被广泛应用于井下各生产环节、各生产过程，实现对井下环境参数、人员及瓦斯抽放（采）、供电、运输排水、矿山压力等进行监测监控，从而有效降低或避免灾害事故的发生，是煤矿安全最重要的技术保障，得到党和政府、煤矿企业及各相关方的高度重视。

监测监控系统主要包括煤矿安全监控系统、瓦斯抽采（放）监控系统、轨道运输监控系统、胶带运输监控系统、供电监控系统、排水监控系统、火灾监控系统、矿山压力监控系统、煤与瓦斯突出监控系统、井下作业人员管理系统（人员位置监测系统）等，用来监测甲烷浓度、一氧化碳浓度、二氧化碳浓度、氧气浓度、风速、风压、温度、烟雾、馈电状态、风门状态、风筒状态、局部通风机开停、主要通风机开停等，并实现甲烷超限声光报警、断电和甲烷风电闭锁控制等。该系统是瓦斯、火、冲击地压、煤尘等重特大事故防治的有效措施之一。

我国煤矿安全监控系统产品质量和技术水平总体达到国际先进水平，部分性能处于国际领先水平，完全替代进口产品，并已实现产品出口，而进口产品已基本失去国内市场。截至目前，所有生产矿井均已配备了安全监控系统，运行状态总体良好。随着传感、传输及自动化、信息技术的发展，多种功能融合的监测监控系统日益成为研发重点。

据《2014中国能源装备年鉴》数据，我国安全监控系统的年生产量在2000套左右，产值15亿元左右，从业人员约4000人。随着安全监测监控技术的快速发展，安全监控系统的更新明显加快。

我国人员管理系统的研制生产自2000年起步，2004年第一套人员管理系统KJ69取得矿用产品安全标志。其后，生产单位逐步增多，产量逐年增加，至2007年初人员管理系统生产单位增加至近20家，煤矿安装量超过1000套。2007年尤其是2010年以后，人员管理系统生产单位快速增加，2011年已达110家，生产量大幅提高，年总产值超过10亿元。2012年生产开始放缓，年总产值下降至7.4亿元左右，生产单位降至96家，略呈减少态势。2013年，年总产值下降至7.1亿元左右，生产单位又增加至118家，市场已趋于饱和。

截止目前，所有生产矿井基本安装了人员管理系统，运行状态良好。

二、通信联络系统

通信联络系统是煤矿地面与井下之间信息交互、传输的装备、设施组成的有机整体，是煤矿生产系统、安全生产保障系统不可或缺的重要组成部分，在煤矿日常调度、安全生产、应急救援等工作中发挥着十分重要的作用。我国煤矿通信联络是以有线调度系统、无线通信系统、应急广播系统和救灾通信系统等为典型代表。受煤炭生产形势的整体影响，2015年通信联络系统相关设备的生产销售也逐渐步入低迷期。

三、安全仪器仪表

安全仪器仪表是在煤矿安全生产中用以检出、测量、观察、计算各种物理量、物质成分、物性参数等的器具或设备，在安全检测、监测、预测、预警、预防中发挥着无可替代的重要作用。随着煤矿安全生产工作的不断深入，煤矿对安全仪器仪表的需求不断增加，促进了安全仪器仪表市场的较快发展，并且仍然拥有巨大的发展空间和潜力。

四、通风机

矿井作业中，必须连续不断地将新鲜风流输送到井下各作业地点，供人员呼吸，稀释和排除井下各种有毒气体及矿尘，并创造良好的作业条件和作业环境。因此，通风机是矿井重要的安全设备，对保障矿工生命安全与健康，保证煤矿安全生产具有十分重要的作用。按照服务范围，通风机分为主要通风机和局部通风机等。

随着煤炭工业的发展，我国通风机技术发展较快，厂家较多，产品规格不断增多。但近年已趋于稳定，生产能力出现过剩。

第三节　煤化工装备

煤化工装备种类繁多，通常可分为动、静两大类装备。其中，气化炉、反应器、变换炉、换热器、储运容器等压力容器和管道、阀门等属于静装备，泵、风机、压缩机、空分装备等属于动装备。

“十二五”期间，我国现代煤化工行业围绕促进原料多元化进程，已经攻克了一批现代煤化工世界领先技术。其中，针对多喷嘴对置式水煤浆气化技术，建成了单炉处理煤量 3000 吨级/日水煤浆气化装置，并一次成功投入运行，目前已签约 113 台气化炉，55 台已投入工业运行；针对煤间接液化技术，新一代费托合成油技术等成功应用于煤制油工程示范，可提供现有石油化工技术难以制得的高品质柴油及汽油、石脑油和化学品；在煤化工装备国产化方面，自主研发了日处理煤量 2000 吨级以上大型煤气化装置、变换炉、低温甲醇洗、百万吨级煤制油反应器、60 万吨级甲醇制烯烃反应器等。

随着现代煤化工关键技术的突破和示范工程项目的相继建成投产，我国煤化工产业发展初具规模，逐步由传统型向现代化转变。未来，我国现代煤化工产业的任务是围绕能效、环保、节水及技术装备自主化等内容开展产业化工程示范，依托示范项目不断完善现代煤化工自主创新技术，加快转变煤炭清洁利用方式，为煤炭绿色化综合利用提供强有力的支撑。

“十二五”期间，我国煤化工行业空分设备的投资规模约为 350 亿—400 亿元，气化设备的投资规模约为 350 亿—400 亿元，压缩机及合成塔等设备的投资规模约为 470 亿—540 亿元。在煤化工装备投资中，一般压力容器占 45%，换热器占 20%，机泵占 15%，管道系统占 5%，空分设备占 5%，其他装备占 10%（如表 5-21-1 所示）。

表 5-21-1　　煤化工各装备购置费占项目总投资比重

	一般压力容器	换热器	机泵	管道系统	空分设备	其他
比重（%）	45	20	15	5	5	10

数据来源：《中国能源装备年鉴 2014》。

一、煤气化装备

我国自20世纪80年代开始引进国外煤气化技术，包括早期引进的Lurgi固定床气化技术、Ugas流化床气化技术、Texaco气流床粉煤气化技术等。目前世界上几乎所有的气化技术都已经在中国得到应用。与此同时，我国的大型煤化工成套设备的自主创新开发也发展迅速。

在煤化工装备中，气化炉是煤化工最为关键的装备之一，结构复杂，制造难度大、工期长，工艺和质量要求高，大部分煤气化项目都需要经历气化炉转换为合成气这一环节。

通常煤化工项目生产好坏都与煤气化是否稳定生产有关。近年来，我国在煤气化技术方面加大了研制攻关力度，先后成功地自主开发多喷嘴水煤浆加压气化炉、多元料浆气化炉、“清华炉”水煤浆气化技术等，使我国煤气化技术装备达到世界领先水平。水冷壁清华炉、西安热工院两段炉、五环炉、东方炉等也均在先进煤气化关键技术上取得了重大的突破。

二、空分装备

随着冶金、石化、煤化工等产业对空分装备需求日益增加，尤其是近年来以大规模、高技术集成等为特征的现代煤化工风头正劲，大型、特大型、智能型和高效节能型等空分设备的需求日益增长。“十二五”期间，我国国产6万等级及以下空分主设备市场占有率已达到90%以上，制氧量已达世界首位。

在空分设备容量迅速增大的同时，我国设备技术水平、成套能力也有了很大的提高。为了打破国外技术垄断，我国正大力推进重大装备的国产化进程，高等级空分装备压缩机组研发项目深入推进。2015年8月23日，我国首套国产10万等级空分装置压缩机组在沈鼓集团营口生产试验基地整机试车成功，空分装置配套压缩机被誉为煤化工工艺流程的心脏。大型空分装置配套压缩机组因技术复杂、制造难度大，长期被国外少数公司垄断，是制约我国大型煤化工产业发展的瓶颈之一。该套装置可满足15万等级以上大型空分压缩机组的试验需要，与国际一流压缩机生产企业，如GE、西门子、曼透平等，具备了同等量级试验能力。

三、非标压力容器

受石油化工和煤化工发展的影响，我国的压力容器行业发展保持了较高的增速，复合增速在20%以上。2013年，我国化工、冶金、电力等各行业非标压力容器的国产率就普遍达到70%—80%，部分产品国产化率甚至超过90%；包括反应器、换热器、分离器等在内的非标压力容器产品国产化率已由2002年的40%—50%提升到接近80%—90%，并且多种产品出口至欧美等发达国家，已基本实现了对压力容器产品的进口替代。

近年来，我国非标压力容器行业焊接、成型等加工工艺水平获得了大幅度提高，产品制造开发也逐步向小型设备向大型化、重型化设备转变，多种非标压力容器（如换热器、反应器）等主要单元设备制造技术已达到国际先进水平。

四、泵阀

伴随着国内煤化工装置的大型化、一体化发展趋势，煤化工装置中的阀门所处的严苛工况环境具有高温、高压、易燃易爆、高腐蚀、高冲刷磨损等特征，对阀门的高频开关、快速启闭、密封性能、耐磨性能和洁净程度都提出了更高的要求。在目前国内的一些主要煤化工项目中，各类工艺的气化装置均需要大量的开关控制阀。这类阀门产品在业主单位、工程公司、技术专利商和国内优秀的阀门制造商的共同努力下，压力等级低于600LB的氧气、氮气、煤粉、煤浆、煤渣、煤灰等系统的阀门已经积累了比较丰富的国产化应用经验，基本实现了国产化。但对于压力等级在900LB及以上的高参数阀门中，例如高压氧气切断阀、氮塞球阀、煤粉进料阀、煤浆、锁渣阀、高压黑水、灰水切断阀的高压黑水闪蒸阀等大部分还依赖进口。所以在技术创新能力上，我们国内的阀门企业还有很长的路要走。随着科学技术的发展，煤化工工艺的不断创新，其装置向高参数、大型化方向发展，对阀门还将提出更高、更苛刻的要求。

第二十二章 石油与石油化工装备

石油石化装备制造业不仅是我国石油工业发展的基础，更是整个能源行业发展的支撑，与我国国民经济的可持续发展息息相关。按照《国民经济行业分类》（GB/T 4754—2011）标准，我国石油石化装备制造行业包括石油钻采设备、海洋工程装备、炼油化工设备和金属压力容器等4类。

我国的石油石化装备制造业是在新中国成立后随着石油石化工业的迅速发展而不断壮大起来的，经过近十年高速发展，目前已经形成了巨大规模，不仅满足国内油气勘探的需求，而且还大规模地出口，特别是“一带一路”战略，以及相关配套政策和措施，为我国石油化工装备企业扬帆远航注入了新动力。

2013年，我国装备制造业产值规模已经突破20万亿元，占全球比重超过1/3。其中，石油装备制造业工业总产值达4000亿元，成为国家石油装备制造业的重要力量。不过，与发达国家相比，我国石油石化装备业仍然处于“大而不强”的阶段。“十一五”期间，我国石油石化装备制造业能达到世界先进水平的技术与装备不到1/3，大部分生产所需的装备和设备需要进口，国产装备市场占有率不到60%，尤其一些新兴技术需要的重大技术装备、细微加工设备更是几乎全部依靠进口，对国外设备过于依赖。

根据国家统计局、海关总署和中国石油和石化设备工业协会提供的行业相关经济数据，2015年，我国石油石化装备制造业生产规模有了进一步的提高，保持了一定的增长，但是受上年6月国际原油价格大跌的影响，国内石油装备出口总量还是出现了增长放缓的趋势。根据海关数据显示，2015年1—10月，石油和石油石化装备出口交货值累计完成554.25亿元，比上年同期下降16.85%。从分行业看，炼油化工设备出口交货值比上年增长14%，增速保持了两位数水平；其他分行业仍然为两位数的负增长。

从经济类型看，国有企业负增长幅度相比上年1—9月有所收缩，但降幅仍高达27.85%；三资企业在困难中也首次出现负增长。

从全行业看，也未有止跌迹象。根据数据显示，2015年1—10月，石油和石化装备行业主营业务收入与利润总额分别完成 4340.25 亿元和 210.68 亿元，主营业务收入比上年同期减少 1.64%；利润总额比上年减少 21.27%，整体下滑趋势不断加剧。总体上，全行业经济运行情况未见好转，仍呈继续下行态势。

从主营业务收入和利润总额排名前 5 位的省市指标比较看，2015 年 1—10 月累计主营业务收入前 5 位的省市为山东省、江苏省、辽宁省、天津市和四川省。排名前 5 位省市的主营业务收入之和占全国总和比例超过 70%，前两位之和占全国的比例为 43.82%；利润总额排名前 5 位的省市分别为山东省、江苏省、四川省、河南省和天津市。前 5 个省市的利润总额之和占全国总和超过 80%，前两位之和占全国比例超过 60%；全行业亏损面和亏损额增速继续加大。

截至“十二五”末，我国现有从事油气装备制造的企业约 3000 家，年销售收入约 4000 亿元。2015 年 1—10 月，全行业亏损企业为 455 家；累计亏损额为 53.75 亿元。

2015 年，我国共生产石油钻井设备 23.5 万台（套），同比下降 0.4%；生产炼化专用设备 216.9 万吨，同比下降 9.0%。在低油价背景下，预计 2016 年石油化工装备企业的生产经营业绩仍会受到一定的影响。

第二十三章 电力装备

电力装备是实现能源安全稳定供给和国民经济持续健康发展的基础。进入21世纪以来，我国电力工业迅猛发展，电力装备水平有了很大提高，大容量、高参数、环保型的发电机组快速增长，电网覆盖面和现代化程度不断提高，电力工业已经进入了大机组、大电网的新发展阶段，并持续向更高效、环保、安全、经济的更高目标迈进。数据显示，2014年我国电力装备制造业产量居世界首位，实现总产值超过5万亿元，占整个机械工业的10%左右，主营业务收入5.33万亿元，已是名副其实的电力装备制造大国。

2015年，我国具有自主知识产权的三代核电技术“华龙一号”问世，并在福清5、6号及防城港二期核电项目中得到应用。同时，“华龙一号”也在巴基斯坦、阿根廷、英国落地，上海电气、中国一重、东方电气等龙头企业已经掌握三代核电装备的制造技术。

“研发600摄氏度百万千瓦级（单轴）超超临界燃煤发电机组，研制700摄氏度超超临界发电机组锅炉、汽轮机设备、辅机、高温材料和部件”一直是我国煤电装备制造企业努力的方向。2015年，国内百万千瓦高效超超临界机组和二次再热机组从无到有，700摄氏度发电技术取得突破性进展。

在燃气轮机制造方面，设备企业积极开展低排放燃烧和多种燃料燃烧的试验工作，旨在突破制约工业燃气轮机的低排放燃烧和多种燃料燃烧等关键技术，推进现有燃气轮机制造技术进步，研制小型燃气轮机发电机组，开发重型燃气轮机，提升高温部件制造和试验验证能力。

在大型水电设备、风电和太阳能设备、储能设施和分布式能源设备、输配电设备等方面，我国设备企业同样实现了弯道超车，5兆瓦陆上风机问世，掌握了大容量整机及大型轴承、变流器等关键零部件的设计制造技术，实现批量生产。兆瓦级光伏电站逆变、控制系统等问世。

《中国制造2025》明确，到2020年我国先进发电装备产业规模达到每年1亿千瓦，总体自主化率达到90%；输变电行业产值达到2.2万亿元，装备关键零部件自主化率达到80%以上；我国煤电装机容量约达到11.2亿千瓦，约占总发电装机容量 58%；常规水电装机达到 3.5 亿千瓦，约占总发电装机容量 17.5%；天然气燃气轮机发电装机容量达到 1.2 亿千瓦，约占总发电装机容量 6%；核电装机容量达到 5800 万千瓦，在建容量达到 3000 万千瓦以上，约占总发电装机容量 4%；风电装机容量达到 2 亿千瓦，约占总发电装机容量 10%。根据该路线图，清洁高效发电装备将成为我国发电领域主流技术。

电力装备行业作为我国十大重点发展领域之一，是国家实现能源结构调整和节能减排战略的重要保障。数据显示，2014 年中国电力装备制造业产量居世界首位，实现总产值超过 5 万亿元，占整个机械工业的 1/10 左右，主营业务收入 5.33 万亿元。2015 年，在电力消费增长放缓、电力行业产能过剩问题没有得到解决的情况下，我国基建新增发电装机容量 12974 万千瓦，创历史最高水平。其中火电 6400 万千瓦、水电 1608 万千瓦、核电 820 万千瓦、风电 3297 万千瓦、光伏发电 1513 万千瓦。全国电网新增 220 千伏及以上变电设备容量 21785 万千伏安，新增 220 伏及以上输电线路回路长度 33152 千米，新增直流换流容量 250 万千瓦。

2009 年至 2015 年，我国企业累计出口签约电站总装机容量超过 1.8 亿千瓦，超过世界绝大多数的国家电力装机容量。中国出口发电设备装机容量约占全球新增装机容量的 25%—30%，重点电力设备出口额占全球的 45.6%。

近年来，我国火电机组的装机容量已经有很大的规模，但日益严峻的环保诉求对火电机组提出了更高要求，这在很大程度上加快了国内火电设备的更新换代，促使设备制造企业的技术水平、机组可靠性和性能参数不断提高，拉动火电设备市场需求。目前，我国 300 兆瓦、600 兆瓦等级的大型燃煤机组已实现批量出口，拥有中国自主知识产权的 600 兆瓦超临界机组也已实现出口并在境外电站项目实现良好运行成绩。

2015 年，我国火电装机净增 6400 万千瓦，截至 2015 年年底，全国火电装机容量达 9.9 亿千瓦（其中煤电 8.8 亿千瓦、占火电比重为 89.3%），同比增长 7.8%（如表 5-23-1 所示）。

表 5-23-1　　2010—2015 年我国火电装机量

年份	2010	2011	2012	2013	2014	2015
装机量（亿千瓦）	7.1	7.7	8.2	8.7	9.2	9.9

数据来源：国家能源局。

目前，我国火电机组仍保持较大在建规模，仅 2015 年上半年，火电在建工程 1081.55 万千瓦，占全部在建电源项目总规模的 62.64%。不过，随着电力消费需求放缓、非化石能源发电量高速增长等因素影响，火电发电市场正在萎缩。未来两三年内，我国火电设备市场发展速度将放缓，但仍有望保持平稳增长。

第二十四章　非化石能源装备

第一节　水电装备

水能资源是我国发展清洁能源得天独厚的优势资源。我国是世界第一水电大国，继举世闻名的三峡水电站建成之后，我国第二和第三大水电站金沙江溪洛渡、向家坝水电站相继投产发电。目前，我国拥有包括规划、设计、施工、装备制造、输变电等在内的水电全产业链整合能力，并先后与80多个国家建立了水电规划、建设和投资的长期合作关系，成为推动世界水电发展的重要力量。

近年来，在水电业蓬勃发展的带动下，我国水电设备市场发展态势良好，持续高速增长。截至2015年底，我国水电总装机容量已达3.19亿千瓦，年发电量1.06万亿千瓦时，装机容量和发电量均居世界第一。装机容量全球排名前10的水电站我国有5座；单机容量70万千瓦以上的水轮发电机组，超过一半在我国（如表5-24-1所示）。

表5-24-1　　2010—2015年我国水电装机量

年份	2010	2011	2012	2013	2014	2015
装机量（亿千瓦）	2.2	2.3	2.5	2.8	3.0	3.2

数据来源：国家能源局。

2015年初，三峡集团乌东德水电站采用12台850兆瓦机组，使电站机组容量突破现有最大单机容量水平，标志着我国巨型水轮发电机组制造能力达到了世界领先水平。据粗略统计，目前我国国产水电常规产品企业已经占据80%左右的大中型水轮机国内市场份额。从产品价格来看，中国制造至少比欧美日制造便宜20%—30%，甚至更多。根据《中国制造2025》，未来水电成套装备将重点发展容量150—400兆瓦、调速范围±10%开变速抽蓄机组、700米水头段定速抽蓄机组；额定水头202米的1000兆瓦等级超大型水轮发电机组；高水头大容量冲击式水轮机组。

表 5-24-2 世界大型水电机组统计

电站名称	国家	单机容量（MUA）	机组台数（台）	投入运行时间
溪洛渡	中国	856	18	2013 年
向家坝	中国	889	8	2012 年
小湾	中国	778	6	2009 年
拉西瓦	中国	778	5	2008 年
龙滩	中国	778	7（+2）	2007 年
三峡	中国	778/840	32	2003 年
Itapuq	巴西	824	20	1985 年
Guri Ⅱ	委内瑞拉	677/805	10	1984 年
Grand CouLeeⅢ	美国	700	3	1975 年

数据来源：《中国能源装备年鉴 2014》。

由表 5-24-2 所示，我国大型水电机组的发展在世界上占据着十分重要的地位。在单机容量 700 兆瓦及以上的水电站中，我国发电设备制造商的市场份额占据了主导地位（如表 5-24-3 所示）。

表 5-24-3 我国厂商制造的发电机统计

电站名称	单机功率（兆瓦）	机组总数	我国造机组总数
三峡	700/756	32	22
龙滩	700	7（+2）	7
拉西瓦	700	6	5
小湾	700	6	6
溪洛渡	770	18	18
向家坝	800	8	8

数据来源：《中国能源装备年鉴 2014》。

常规立式水轮发电机适用于混流式水轮机和轴流式水轮机发电情况，是水电市场应用最广泛的设备，也是水电厂中的主要生产设备。进入 21 世纪，常规立式水轮发电机发展快速。抽水蓄能机发电电动机的基本结构与常规水轮发电机相同，但工作条件更加复杂。抽水蓄能发电电动机需要适应发电与抽水两种运行工况的运行及调相要求，而且要承受经常的启停机考验。灯泡贯流式水轮发电机的直径小、铁芯长，是一种开发利用低水头、大流量水力资源的良好机型，在我国发展很快，最接近国际先进水平。

第二节 核电装备

目前我国是世界上核电发展最快的国家，截至2015年底，我国内地在运机组30台，装机容量约2831万千瓦；在建26台（核准口径），居世界首位，总装机容量约为2869万千瓦，其中，2015年批复建设8台，开工建设6台，投入运行8台，6台用于商业运行。据“十三五”规划显示，到2020年我国核电装机容量将达到5800万千瓦，在建容量达到3000万千瓦，平均每年投产和新开工机组达到6台左右。

根据世界核能协会的数据，2015年全球核电产业取得了小幅度增长，新增10座反应堆并网发电，另有8座永久性退役。并网发电的新增反应堆总功率达9497兆瓦，比2014年增长了4763兆瓦。其中，中国有8台机组投入运行，韩国与俄罗斯各有1台机组投入运行。

截至2016年1月1日，全球在运核电反应堆共439座，总装机共计38.25万兆瓦，在建反应堆66座，装机容量达7.03万兆瓦，拟建设核电反应堆为158座，装机容量为17.92万兆瓦。

我国核电建设正在加速。根据中国核能行业协会的数据，2015年，中国共有6台核电机组正式投入商业运行，分别是方家山核电厂2号机组、阳江核电厂2号机组、宁德核电厂3号机组、红沿河核电厂3号机组、福清核电厂2号机组，昌江核电厂1号机组。此外，防城港1号机组、阳江核电3号机组也已投入运行，尚未正式商运。

表5-24-4　　各主要核电大国最新核电机组情况

国家	在运核反应堆		在建核反应堆		拟建核反应堆	
	台数	净装机（兆瓦）	台数	总装机（兆瓦）	台数	总装机（兆瓦）
中国	30	26849	26	28690	40	46590
俄罗斯	35	26053	8	7104	25	27755
印度	21	5302	6	4300	24	23900
美国	99	98990	5	6218	5	6263
韩国	24	21677	4	5600	8	11600

续表

国家	在运核反应堆		在建核反应堆		拟建核反应堆	
	台数	净装机（兆瓦）	台数	总装机（兆瓦）	台数	总装机（兆瓦）
阿联酋	0	0	4	5600	0	0
日本	43	40480	3	3036	9	12947
巴基斯坦	3	725	2	680	2	2300
白俄罗斯	0	0	2	2388	0	0
斯洛伐克	4	1816	2	942	0	0
阿根廷	3	1627	1	27	2	1950
巴西	2	1901	1	1405	0	0
芬兰	4	2741	1	1700	1	1200
法国	58	63130	1	1750	0	0
英国	15	8883	0	0	4	6680

注：截至 2016 年 1 月 1 日。
数据来源：世界核能协会。

核电装备主要包括：核岛设备、常规岛设备、辅助设备、仪表控制系统、核电材料。其中，反应堆压力容器是核电站的核心部件之一，是保证反应堆安全运行的重要屏障。2016 年 3 月 20 日全球首座高温气冷堆示范工程压力容器在华能石岛湾核电厂吊装成功。这标志着我国在高温气冷堆示范工程建设和核电装备制造两方面均取得重大突破。

2015 年，中国自主研发的三代核电技术“华龙一号”迅速通过国际原子能机构的通用核安全审评，国内首堆和国外首堆相继开工，标志着该技术的先进性、成熟性、经济性等已得到广泛认同。“华龙一号”是中国广核集团和中核集团在我国 30 余年核电科研、设计、制造、建设和运行经验的基础上，融合“能动与非能动”先进设计理念，采用国际最高安全标准研发设计的三代核电机型。其中，该设备的压力容器、蒸汽发生器、主泵、数字化仪控系统、堆内构件、控制棒驱动机构以及常规岛等关键设备，泵、阀等零部件，690U 型管、核级电缆、焊材等关键材料的国产化比例不低于 85%。

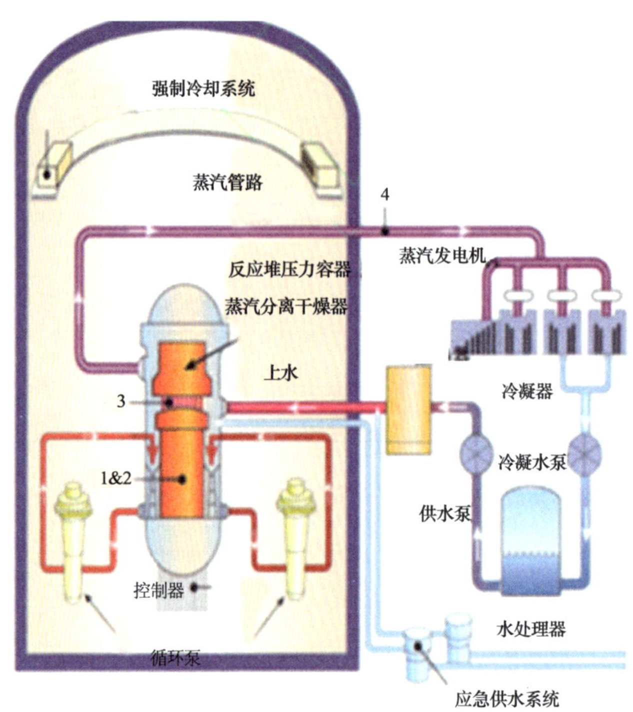

图 5-24-1　核电站工作原理图

第三节　风电装备

近年来，在国家政策支持和能源供应紧张的背景下，我国风电大开发有力带动了相关设备市场的发展与壮大。现在全球最大的单机和海上风机来自中国，抗台风型、高原型风机也来自中国。而在此前，我国开始风电开发时，兆瓦级风机还是个奇迹。

根据国家能源局发布的数据显示，2015 年，全国风电产业继续保持强劲增长势头，全年风电新增装机容量 3297 万千瓦，新增装机容量再创历史新高，累计并网装机容量达到 1.29 亿千瓦，占全部发电装机容量的 8.6%。2015 年，新增风电核准容量 4300 万千瓦，同比增加 700 万千瓦，累计核准容量 2.16 亿千瓦，累计核准在建容量 8707 万千瓦（如表 5-24-5 所示）。

表 5-24-5　　2010—2015 年我国风电装机量　　单位：万千瓦

年份	2010	2011	2012	2013	2014	2015
累计装机量	2958	4700	6237	7548	9637	12934

数据来源：国家能源局。

2015 年，我国六大区域的风电新增装机容量均保持增长态势，西北地区依旧是新增装机容量最多的地区，超过 11 吉瓦，占总装机容量的 38%；其他地区均在 10 吉瓦以下，所占比例分别为华北地区（20%）、西南（14%）、华东（13%）、中南（9%）、东北（6%）（如表 5-24-6 所示）。我国各省（区、市）风电新增装机容量较多的省份为新疆、内蒙古、云南、宁夏和甘肃，占全国新增装机容量的 53.3%；风电累计装机容量较多的省份分别为内蒙古、新疆、甘肃、河北、山东，占全国累计装机容量的 51.7%。

表 5-24-6　2014—2015 年我国各区域新增风电装机容量占比

区域	西北	华北	华东	西南	中南	东北
2014 年	39%	22%	14%	10%	9%	6%
2015 年	38%	20%	13%	14%	9%	6%

数据来源：中国可再生能源学会风能专业委员会、国家能源局。

2015 年，我国海上风电新增装机 100 台，容量达到 360.5 兆瓦，同比增长 58.4%。其中，潮间带装机 58 台，容量 181.5 兆瓦，占海上风电新增装机总量的 50.35%；其余 49.65%为近海项目，装机 42 台，容量 179 兆瓦。截至 2015 年底，我国已建成的海上风电项目装机容量共计 1014.68 兆瓦。其中，潮间带累计风电装机容量达到 611.98 兆瓦，占海上装机容量的 60.31%；近海风电装机容量 402.7 兆瓦，占 39.69%。截至 2015 年底，海上风电机组供应商共 10 家，累计装机容量达到 100 兆瓦以上的机组制造商有上海电气、华锐风电、远景能源、金风科技，这 4 家企业海上风电机组装机量占海上风电装机总量的 86.6%。

截至 2015 年底，在所有吊装的海上风电机组中，单机容量为 4 兆瓦机组最多，累计装机容量达到 352 兆瓦，占海上装机容量的 34.69%；其次是 2.5 兆瓦机组，装机容量占 18.48%；3 兆瓦装机容量占比为 17.74%，其余不同功率风电机组装机容量占比均不到 10%。我国目前单机容量最大的是 6 兆瓦机组，除了原有联合动力和明阳风电的产品，金风科技在 2015 年新增吊装 1 台 6 兆瓦机组。

表 5-24-7　2010—2015 年我国海上风电新增和累计装机容量

年份	2010	2011	2012	2013	2014	2015
新增装机量（兆瓦）	135.5	109.58	127	39	227.6	360.5

续表

年份	2010	2011	2012	2013	2014	2015
累计装机量（兆瓦）	151	260.58	387.58	426.58	654.18	1014.68

数据来源：中国可再生能源学会风能专业委员会、国家能源局。

2015年，我国新增装机的风电机组平均功率达到1837千瓦，与2014年的1768千瓦相比，增长3.9%；累计装机的风电机组平均功率为1563千瓦，同比增长4%。

2015年，我国新增风电装机中，2兆瓦风电机组装机市场份额首次超过1.5兆瓦机组，占全国新增装机容量的50%；1.5兆瓦机组和2兆瓦机组仍占市场主导地位，市场份额达到84%。与2014年相比，1.5兆瓦机组市场份额下降了12个百分点，而2兆瓦机组所占市场份额上升了9个百分点。2.1兆瓦至2.5兆瓦机组市场份额达到12%，其中主要是以2.5兆瓦为主。2.6兆瓦至3兆瓦机组市场份额达到2%，其他机组装机占比在1%以下（如表5-24-8所示）。

2015年，我国累计风电装机中，1.5兆瓦的风电机组仍占主导地位，占总装机容量的56%，同比下降约5个百分点；2兆瓦的风电机组市场份额上升至28%，同比上升约6个百分点（如表5-24-9所示）。

表5-24-8　2015年中国不同功率风电机组新增装机容量比例

功率（兆瓦）	<1.5	1.5	1.6—1.9	2	2.1—2.5	2.6—3	>4
比例	0	34%	1%	50%	12%	2%	1%

数据来源：中国可再生能源学会风能专业委员会。

表5-24-9　2015年中国不同功率风电机组累计装机容量比例

功率（兆瓦）	<1.5	1.5	1.6—1.9	2	2.1—2.5	2.6—3	>3.6
比例	8%	56%	1%	28%	5%	2%	0%

数据来源：中国可再生能源学会风能专业委员会。

2015年，中国风电有新增装机的整机制造商共26家，新增安装风电机组16740台，新增装机容量为30753兆瓦，同比增长32.6%。全国累计装机1.45亿千瓦，截至2015年底，有5家整机制造企业装机容量超过1000万千瓦，市场份额合计达到56.8%。

表 5-24-10　　2015 年我国主要整机制造商梯队及市场份额

分　　类	公　　司	市场份额
第一梯队	金风科技	27%
第二梯队	国电联合动力	10%
	远景能源	9%
第二梯队	明阳风电	9%
第三梯队	中船重工（重庆）海装	7%
	上海电气（及西门子风电）	6%
	湘电风能	6%
	东方电气	5%
	运达风电	4%
其他		17%

数据来源：彭博新能源财经。

2015 年，我国共有 5 家企业向国外出口风电机组 148 台，已发运容量 274.5 兆瓦，同比下降 25.6%。截至 2015 年底，我国风电机组制造商已出口的风电机组共计 1085 台，累计容量达到 2035.75 兆瓦；风电机组出口到 28 个国家，其中向美国出口的风电机组容量最多，累计达 394.75 兆瓦，占出口总容量的 19.4%；其次是巴拿马、埃塞俄比亚，出口占比分别为 13.3% 和 10%。

第四节　光伏装备

近年来，在国家新能源政策的推动下，我国太阳能光伏产品迎来一个大发展时期，连续 8 年光伏电池产量居全球之首，累计为全球提供了 70% 以上的光伏产品；连续 3 年新增光伏发电装机超过 1000 万千瓦，成为全球规模最大的光伏应用市场。2015 年我国光伏产业延续 2014 年的回暖态势，企业产能利用率得到有效提高，企业利润率明显得以提升。33 家规范企业 2015 年整体经营情况显示，平均利润率达 4.7%，比 2014 年提高 30.6%。

在装机规模方面，截至 2015 年底，如表 5-24-11 所示，我国光伏发电累计装机 43.18 吉瓦（光伏电站 3712 万千瓦，分布式 606 万千瓦），年发电量 392 亿千瓦时，超越德国成为全球光伏发电装机容量最大的国家；新增装机 15.13 吉瓦，占全球新增装机的 1/4 左右，连续 3 年位居全球新增光伏装机量第一位。

表 5-24-11　　2010—2015 年我国光伏装机量

年份	2010	2011	2012	2013	2014	2015
新增装机量（吉瓦）	0.5	2.5	3.5	12.9	10.6	15.1
累计装机量（吉瓦）	0.9	2.9	7.0	19.4	28.1	43.2

数据来源：国家能源局。

目前，我国光伏装机集中在大型地面电站为主的西北地区和以分布式为主的华东、华北。2015 年，我国新增装机前三名分别为新疆（含兵团）210 万千瓦、内蒙古 187 万千瓦和江苏 165 万千瓦。截至 2015 年底，累计装机前三名分别为甘肃 610 万千瓦、青海 564 万千瓦和内蒙古 489 万千瓦。分布式光伏发电装机容量较大的地区有浙江 121 万千瓦、江苏 119 万千瓦和广东 57 万千瓦。

在多晶硅方面，如表 5-24-12 所示，2015 年我国多晶硅产量 16.5 万吨，同比增长 21%，占全球总产量的 48%以上。

表 5-24-12　　2010—2015 年我国多晶硅产量

年份	2010	2011	2012	2013	2014	2015
产量（万吨）	4.5	8.4	7.1	8.46	13.6	16.5

数据来源：中国光伏行业协会、国家能源局。

表 5-24-13　　2010—2015 年我国多晶硅进口情况

年份	2010	2011	2012	2013	2014	2015
进口量（万吨）	4.75	6.46	8.28	8.06	10.2	11.69

数据来源：中国光伏行业协会。

硅片方面，2015 年的产量为 48 吉瓦，统计 37 家硅片平均产能利用率达到 94%。电池片方面，如表 5-24-14 所示，2015 年我国电池片产量分别为 41 吉瓦，居世界首位，统计 50 家企业平均产能利用率达 85%，13 家纯电池片企业纯利润率 5%。

表 5-24-14 2011—2015 年我国电池片产量情况

年份	2011	2012	2013	2014	2015
产量（吉瓦）	21	23	25.1	33	41

数据来源：2014 年中国能源装备年鉴、中国光伏行业协会。

电池组件方面，如表 5-24-15 所示，2015 年我国电池组件产量为 45.8 吉瓦，仍然以晶硅电池为主，其中多晶组件转换效率为 15.91%、单晶组件 16.53%，行业平均产能利用率为 86%。国家能源局数据显示，2015 年我国电池及组件出口量达到 2500 万千瓦以上，出口额达到 144 亿美元。

表 5-24-15 2011—2015 年我国电池组件产量情况

年份	2011	2012	2013	2014	2015
产量（吉瓦）	21	23	27.4	35.6	45.8

数据来源：2014 年中国能源装备年鉴、中国光伏行业协会。

目前，我国光伏电池技术和质量位居世界前列，多家光伏制造业企业也正在积极实施“走出去”战略。据国家能源局统计，目前我国已建成投产海外电池与组件产能分别达到 3.2 吉瓦与 3.78 吉瓦，在建及扩建产能分别达到 2.2 吉瓦和 1.9 吉瓦。

表 5-24-16 我国光伏电站建造成本分布情况

设备	组件	线缆	逆变器	变压器	支架	人工成本	其他成本
份额	49%	5%	5%	5%	5%	1%	30%

数据来源：中国产业信息网（http://www.cnii.com.cn/）

展望 2016 年，预计我国光伏产业将继续保持高速增长势头，新增装机量达到 20 吉瓦；多晶硅产量将达到 18 万吨，产品价格预计将维持在每吨 10 至 11 万元；光伏组件产量有望达到 50 吉瓦；多晶硅电池转换效率将超过 18.5%，单晶硅电池有望达到 20%，主流组件产品功率将达到 265—270 瓦。

第六篇 能源互联网

所谓能源互联网是一种互联网与能源生产、传输、存储、消费以及能源市场深度融合的能源产业发展新形态，具有设备智能、多能协同、信息对称、供需分散、系统扁平、交易开放等主要特征。能源行业的互联网发展，是综合运用信息技术和管理技术，促使能源分布式发展，充分共享以及智能化生产和消费等。当前，能源行业的互联网发展仍旧是如火如荼。国家发改委、国家能源局和工信部当前也联合发布了《关于推进“互联网+”智慧能源发展的指导意见》，提出了未来十年中国能源互联网发展的路线图。2015 年 3 月 2 日，国际标准化组织 ISO/IEC 正式发布文件，中国主导的 IEEE 1888 能源互联网标准通过 ISO/IEC 最后一轮投票，成为全球能源互联网产业首个 ISO/IEC 国际标准。通过 ISO/IEC/IEEE 1888 标准，可以将电、水、气等能源数据化，应用大数据、云计算等互联网新技术，达到提高能效、节能减排等作用，并形成包括终端产品、汇聚产品、多协议网关产品、存储系统、智能分析平台、可视化界面、认证与安全系统、网管和计费系统、系统集成、认证与测试、合同能源管理服务的产业链。以中石油、中石化为代表的能源企业已经宣布迎接“互联网+”战略，未来的能源发展，将会更多地依赖互联网技术，而互联网也会以自己的成功经验更为彻底的改变着传统的能源产业模式。

第二十五章　能源互联网概述

能源互联网不仅包括在生产和管理系统的信息化改造，还包括煤炭、石油、天然气这些能源的电商交易平台概念。搭建能源及能源衍生品的价值流转体系，支持能源资源、设备、服务、应用的资本化、证券化，为基于“互联网+”的B2B、B2C、C2B、C2C、O2O等多种形态的商业模式创新提供平台。促进能源领域跨行业的信息共享与业务交融，培育能源云服务、虚拟能源货币等新型商业模式。

第一节　能源互联网的特征

能源互联网是将先进的互联网技术应用到能源领域，从而实现能源分布式供应的一种有效模式。美国未来学家杰里米•里夫金提出的能源互联网，以可再生分布式能源+互联网为核心，实现分布式发电和电动汽车的广泛接入和人人参与的公平交易。国内学者研究了能源互联网的特征及内涵，详细探讨了能源互联网的基本概念、架构、关键技术和装备实现，推动了能源互联网的研究。近年来，各国也都在积极推进能源互联网战略。

可再生能源是能源互联网的主要能量供应来源。可再生能源发电具有间歇性和波动性的特征，大规模接入会对电网的稳定性产生冲击，从而促使传统的能源网络转型为能源互联网。由于可再生能源的分散特性，为了最大效率地收集和使用可再生能源，需要建立就地收集、存储和使用能源的网络，这些能源网络单个规模小、分布范围广，每个微型能源网络构成能源互联网的一个节点。

信息通信技术是能源互联网载体，在互联网概念引导下，能源基础设施领域将产生深刻变革。能源互联网和智能化应用广泛，但在能源互联网“广域网”实现之前，垂直应用领域的“局域网”是主要应用场景。

第二节 能源互联网技术

能源互联网用到的先进信息技术由智能感知、云计算和大数据分析技术等构成，代表能源领域信息技术的发展方向。

一、智能感知技术

智能感知技术包括数据感知、采集、传输、处理、服务等技术。智能传感器获取能源互联网中输配电网、电气化交通网、信息通信网、天然气网运行状态数据及用户侧各类联网用能设备、分布式电源及微电网的运行状态参数，传感器数据经过处理、聚集、分析并提供改进的控制策略。IEC 61850、IEEE 1888 等标准可作为数据采集、传输标准的参考借鉴。利用基于 IPV6 的开放式多服务网络体系，支持端到端的业务，实现用户与电网之间的互动，而且可实现各种智能设备的即插即用，除了智能电能表以外，还支持其他各种非电表设备的无缝接入。

二、云计算技术

云计算（cloud computing） 是一种能够通过网络随时随地、按需方式、便捷地获取计算资源（包括网络、服务器、存储、应用和服务等）并提高其可用性的模式，实现随时、随地、随身的高性能计算。互联网营销技术包括实现互联网营销的电子商务平台技术和相应的营销模式；能源互联网将支持B2B（business to business）、B2C（business to consumer）、C2C（customer to consumer）等，利用互联网强大的互联互通能力，支持发电商（含分布式电源与微网经营者）、网络运营商、用户、批发或零售型售电公司等多种市场主体任何时间、任何地点的交易活动。

三、大数据分析技术

大数据是指无法在一定时间内用传统数据库软件工具对其内容进行提取、管理和处理的数据集合。能源互联网中管网安全监控、经济运行、能源交易和用户电能计量、燃气计量及分布式电源、电动汽车等新型负荷数据的接入，使其数据量将较智能电能表数据量大得多。从大数据的处理过程来看，大数据关键技术包括：大数据采集、大数据预处理、大数据存储及管理、大数据分析、大数据展现和应用（大数据检索、大数据可视化、大数据应用、大数据安全）等。

第二十六章　国外能源互联网发展状况

国际上针对能源互联网进行了广泛的研究，主要是着力研究下一代能源系统。下面对欧盟、美国等提出的能源互联网构想和相关项目进行介绍、分析。

第一节　欧盟的能源互联网发展状况

2008 年 12 月德国联邦经济和技术部发起一个技术创新促进计划，以信息通信技术（Information and Communication Technology，ICT）为基础构建未来能源系统，着手开发和测试能源互联网的核心技术。2011 年欧洲启动了未来智能能源互联网（Future Internet for Smart Energy，FINSENY）项目，该项目的核心在于构建未来能源互联网的 ICT 平台，支撑配电系统的智能化，并开拓新的创新服务。在此之前，瑞士相关政府机构和产业集团发起了对智能能源互联网远景的研究工作，德国开展了以 ICT 为基础构建未来能源系统的开发和测试工作。

一、欧盟 Future Internet for Smart Energy

该项目的核心工作是 ICT 与能源部门协作，识别智能能源系统的需求；通过分析智能能源场景，识别 ICT 需求，开发参考架构并准备欧洲范围内的试验，最终形成欧洲智能能源基础设施的未来能源互联网 ICT 平台。

该项目旨在解决当前配电系统面临的挑战：

①集成分布式和间歇性发电，如热电联产，太阳能和风力发电；

②集成智能楼宇和微网；

③居民和商业用户的个人体验、用能引导以及用户参与在能源市场中发挥越来越重要的作用；

④削减高峰负荷；

⑤支持作为移动负荷的电动汽车充电基础设施；

⑥激活新的电力市场电子化交易及信息服务。通过 LTE（4G)、物联网、

互联网服务、云计算等先进技术，构建能源互联网 ICT 平台，传送中低压配电系统功率、能量及运行相关的控制管理数据、交易和服务信息，实现配电网、微网、智能楼宇、电动汽车等各种资源端到端连接和智能控制、管理，激活需求响应、辅助服务、电能交易等电子化能源市场及服务。

二、德国 E-Energy 项目——基于 ICT 的未来能源系统

德国联邦政府宣布将 E-Energy 作为一个国家性的“灯塔项目”，旨在推动基于 ICT 技术的高效能源系统项目。E-Energy 计划已经选取了 6 个示范项目，分别由 6 个技术联盟来负责具体实施。这 6 个示范工程围绕低碳环保、经济节能的目标，开展大规模清洁能源消纳、节能、双向互动等方面的示范工作。

表 6-26-1　　德国 E-Energy 项目的主要内容

项目名称	项目内容
库克斯港的 eTelligence 项目	综合调节大规模风力发电与供热需求（如海产品冷藏仓库和温泉热电联产）+利用价格杠杆进行自动控制。
哈茨可再生能源示范区的 RegModHarz 项目	分散风力、太阳能、生物质等可再生能源发电设备与抽水蓄能水电站进行协调，可再生能源联合循环利用达到最优。
莱茵-鲁尔地区的 E-DeMa 项目	电力系统与居民用户之间的互动，使消费者可同时扮演发电者与电力消耗者角色。
亚琛的 Smart Watts 项目	完全自由零售市场示范，期望零售商能够完全自由地购售电，多角度提升电网的效率。
莱茵—内卡（曼海姆）地区的 MOMA 项目	电价型用户需求响应，通过网关直接控制次日价格的科学用电。
斯图加特的 MEREGIO 项目	利用智能电能表、ICT 技术，期望实现有效控制 CO_2 减排效果。

资料来源：田世明等《能源互联网技术形态与关键技术》。

三、瑞士 Vision of Futurc Energy Networks

该项目是瑞士联邦政府能源办公室和产业部门共同发起的一个研究项目，该项目的重点是研究多能源传输系统的利用和分布式能源的转换和存储，开发相应的系统仿真分析模型和软件工具。项目提出未来能源互联网两个远景元素，一是通过混合能源路由器（hybrid energy hub）集成能源转换和存储设备；二是通过一个称之为能源内部互联器（energy interconnector）的设备

实现不同能源的组合传输，如电力和气态能源通过地下管道组合传输。能源路由器实现不同能源载体的输入、输出、转换、存储，是能源生产、消费、传输基础设施的接口设备。

这样的混合能源路由器有许多可用的场景，如工厂、大型楼宇、城市和农村集中居住区、独立运行的电力系统（火车、轮船等）。

第二节　美国的能源互联网发展状况

美国未来学家里夫金2012年发布中文版《第三次工业革命》，把两种不同的技术（可再生能源与互联网）连接在一起，描绘了新的、充满活力的能源互联网，在我国引起广泛关注。2008年，美国国家科学基金项目启动“未来可再生电能传输与管理系统（the future renewable electric energy delivery and management system，FREEDM）”，开展配电系统能源互联网研究。

一、美国著名未来学家杰里米·里夫金提出的能源互联网

杰里米·里夫金指出未来能源体系的特征是能源生产民主化、能源分配分享互联网化，即组建以可再生能源+互联网为基础的能源共享网络，在能源通过分散的途径被生产出来之后，利用互联网创造新的能源分配模式。其文章提出的新经济五大支柱如表6-26-2所示。

表6-26-2　　里夫金能源互联网五大支柱

能源互联网元素	能源互联网五大支柱具体内容
可再生能源	以化石能源为主的生产模式向可再生能源为主的生产模式转型。
分布式发电	把全世界的每栋建筑变为微能源生产工厂，以便就地收集可再生能源。
分布式储能	每一栋建筑和每一个基础设施装备储能装置，如氢存储，用以存储间歇式能源发电。
能源互联	利用互联网技术将每一大洲的电力网转化为能源共享的互联网络
零排放交通运输	运输工具将转向插电式以及燃料电池动力车，这种电动车所需要的电可以通过洲与洲之间共享的电网平台进行买卖。

资料来源：田世明等《能源互联网技术形态与关键技术》。

实际上，杰里米·里夫金提出的能源互联网实现4种能源元素（可再生能

源、分布式发电、分布式储能、电气化交通）+互联网，实现能源全球共享互联网络。

二、美国未来可再生电能传输与管理系统项目

美国国家科学基金项目未来可再生电能传输与管理系统 FREEDM，研究一种构建适应高渗透率分布式可再生能源发电和分布式储能并网的高效配电系统，称之为能源互联网（energy internet）。这种新型配电网主要特点是：允许分布式电源和分布式储能随时随地并网、即插即用；通过分布式网络智能软件管理负荷、分布式电源和分布式储能；通过一个创新性的接口（固态变压器）与负荷、分布式电源、分布式储能实现互联；具有一个骨干通信基础设施；具有一个创新性的故障保护装置（fault isolation device，FID）；可脱离主网独立运行并可适应 100%可再生能源；具有完美的电能质量并保证系统稳定；具有高效率，交流系统部分具有单位功率因数。

该项目所提出的能源互联网主要面向高渗透率分布式电源并网，具有 3 个典型特征，如表 6-26-3 所示。

表 6-26-3　　FREEDM 能源互联网典型特征

典型特征	特征描述
具有即插即用接口	包括一个直流 400 V 和交流 120 V 母线，通信接口可理解识别连接到配电网的负荷、分布式电源、分布式储能设备。
具有能量路由器	能量路由器连接到中压配电母线并支持管理交流 120V 和直流 400V 母线，通过多种交直流端口实现交流、直流负荷及分布式电源、储能设备接入和电能双向传输。
电网分布式智能单元	除了能量路由器之外，还有故障隔离设备（intelligent fault management，IFM），用于中压配电网故障管理，实现区域差动保护。

资料来源：田世明等文章《能源互联网技术形态与关键技术》。

该项目所提出的能源互联网主要特点是通过固态变压器接入中压配电网的多种负荷、储能设备及可再生能源转换成电能后可实现即插即用、故障快速检测和处理、配电网智能化管理；在中压配电网还是以交流方式传输电能，直流负荷、分布式电源在固态变压器的接入端口接入中压配电网。

第二十七章　我国能源互联网的发展与应用

第一节　互联网技术在煤炭产业的应用

随着我国产业结构的不断调整，煤炭消费在相对缩减，落后产能得到淘汰。但是大企业和先进生产企业，正在抓住这次产业调整的机会，不断地提高互联网技术在行业中的应用，实现向清洁化生产、集约化生产和智能一体化生产管理的模式转变，绿色煤炭的发展理念正在不断地深入到每一位从业者的心中。

煤炭行业历来被人们认为是“高危”行业，瓦斯、水、火、顶板、机电、运输等等都存在潜在威胁。

数字煤矿、智慧煤矿、无人值守煤矿等概念逐渐显现。煤矿井下通讯、工作面图像采集技术、煤矿固定岗位无人值守与生产系统远程控制操作系统等信息手段不断投入使用。

数字矿山（Digital Mine）是基于信息数字化、生产过程虚拟化、管理控制一体化、决策处理集成化为一体，是当今的采矿科学、信息科学、人工智能、计算机技术、3S 技术发展高度结合产物。

而智慧矿山就是对生产、职业健康与安全、技术和后勤保障等进行主动感知、自动分析、快速处理的无人矿山。“智慧矿山”的出现实现了煤矿在供电、排水、通风、压风、运输、提升、瓦斯抽采等固定岗位的无人值守，只需工作人员在地面远程控制即可，煤矿井下作业人员减少就可以有效避免或减少伤亡事故发生。不仅如此，“智慧矿山”还能够提高生产率和设备利用率，降低吨煤能耗，减少设备磨损。

在运输贸易环节，“互联网+煤炭贸易”思维管理煤炭贸易，实现上游煤炭生产企业、中间贸易商、仓储物流、下游电厂等终端用户及金融等产业无缝融合，网上交易、物流监管配送、融资管理、数据中心、信息中心、经营管理、港区仓储等一体化信息管理模式不断出现。

煤炭生产企业与煤炭用户直接进行交易，即大宗商品产业互联网的时代已至。“互联网+煤炭”将成为煤企转型的主要方向。

第二节 互联网技术在石油天然气产业的应用

一、油田勘探开发的互联网应用现状

互联网在石油天然气行业，正在推向深入。包括大数据管理、智能油田、数字化炼厂、智能加油站、智能管网等，正处于蓬勃深入的发展阶段。

油气田的勘探开发，数十年来就是采用计算机技术来分析地下储层储量情况，而且一些新型巨型计算机都首先应用在石油行业领域。

中石油以 ERP 为核心的信息系统应用集成、可扩展的物联网系统平台、具有云计算能力的大数据中心三大标志性工程陆续启动，信息系统在各业务领域应用持续深入，信息化已经整体进入从集中建设向集成应用新跨越的关键时期。

勘探开发生产储运和炼化各个环节都有强大和高效的平台工具，当前要做的是如何实现不同部门之间的数据和信息共享，从而提升整个产业的效率和效益。

按照两化融合思想的指导，将油田生产的自动化与信息化相结合，将物联网和云计算技术应用到油气生产流程中，已经成为国内数字油田建设的主流方向，一个新的构想——“智能油田（Intelligent Oilfield，IOF，智慧油田）”也应运而生。另一方面，以油藏等地下地质目标为着眼点的“透明油田”理念也得到广大石油地质工作者的关注，成为数字油田发展的方向之一。

智慧油田还可以是包括仪表捕捉数据—数据管理与集成—报警与事件管理—分析与预测—资产优化等环节，从而最大限度优化提升油气田和炼厂价值。

二、石油化工和油气储运的互联网应用现状

首先，油气储运。在油气储运方面，包括 GIS 地理信息系统在内的互联网信息技术得到深入的应用，信息技术不但能实现油气的更高效储存和运输，而且互联网信息技术的运用使得企业节省了大量的资金成本。

所谓智慧管道，是以管道本体及周边环境的全生命周期数据为基础，将物联网技术、云计算技术、大数据分析技术、自动化与智能控制技术等与管

道本体高度集成，形成的管道管控一体化系统。

在互联网技术高速发展的背景下，中石油管道局正谋划互联网技术与油气储运工程的深度融合。据了解，通过互联网技术，管道局已建成企业级数据仓库，以及涵盖数字化、智能化内容的设计、采购、施工集成平台。数据仓库已成为信息化应用的基础，为工程项目管理、设计、电子商务、造价等系统提供数据集成通道。

管道局承接了 EPC 管道项目，设计人员完成工程设计后，在数字化设计平台上提交物资请购文件。物资采购人员在电子商务平台上接收到物资请购信息，进行物资采办。现场施工人员则通过工程项目管理平台接收设计和采办信息，组织现场施工，这些都是通过数据仓库串联完成的。

据管道局有关技术专家介绍，未来的管道是智慧的管道。它能够实现可观测，能够监测管道所有设备的状态；可控制，能够控制管道所有设备的状态；可自适应，即完全自动化；系统综合优化平衡，即上游、管输和用户之间的优化平衡。届时，管道运行维护中的人工巡护线、阀室看护等传统业务基本可以退出历史舞台，管道安全监测、定期体检、安全性改造等环节的投入会大大减少，而且管道系统更加高效、安全、可靠。

石油化工和炼制方面，互联网技术在企业决策和管理、智能炼化模拟等方面得到深入的应用，为企业带来巨大的经济和管理效益。虚拟现实、数字化仿真和优化、基于 SOA（面向服务的架构）和 BPM（业务流程管理）的集成、物联网等技术是现阶段实现数字化炼油厂的关键技术。

数字化炼油厂是炼油企业的数字化集成应用大平台，控制系统是它的基础，体系结构是支撑，应用架构是关键，模型则是核心所在，最终实现炼油企业资源合理调配，经济高效运营，科学指挥决策的目的。

数字化炼油厂的特征

数字化炼油厂，是通过高效率的利用数字化信息与数字化信息流，来管理组织的工作流、物流和资金流，实现组织内各个成员之间的高度协同运作和资源共享，提高组织的快速响应能力，为客户提供满意的产品和服务。

数字化炼油厂通过制定符合企业发展特点的战略，利用先进的技术和业务分析手段，建立集成平台，联接已有和新建装置信息，以提高炼油厂的业务可见性。其主要特征为：

一是系统集成。各应用系统实现数据集成和应用集成，实现数据的充分共享，实现炼油厂从设计、建设到运行、维护一体化管理；

二是可见性。现场数据自动采集与识别，将数据转变为信息，大大减少了工程师和现场操作人员收集数据的时间，以便更好地分析生产操作数据；

三是预测。通过智能仪表和传感器及智能化软件的应用，能够提高工艺建模和预测生产情况的能力；

四是分析和优化。利用数据模型，实现生产装置全工况监控与模拟，提升工艺控制手段，使用更多的分析手段提高装置和全厂的优化能力；

五是协同。远程专家可参与解决问题，利用先进的通讯手段建立虚拟环境以减少费用和提高反应速度；

六是知识库。能将经验和知识进行系统管理与应用，增强知识的传承和分享，提高员工解决问题的效率和效果。

数字化炼油厂的控制系统

数字化炼油厂的控制系统是数字化管控一体化的系统，一般采用过程控制层（PCS）、制造执行层（MES）、经营管理层（ERP）集成的现代化系统，可对生产经营进行科学的分析、评价和预测，及时调整生产计划和经营策略，以适应多变的市场要求。

其中，过程控制层是基础，可实现对生产工艺过程的自动控制。过程控制层主要包含分布式控制系统（DCS）和现场总线控制系统（FCS）两种方式，可实现数字动能化和高精度的测量，并能从现场设备中获取先进的诊断信息，以此提高产品产量和质量。

数字化炼油厂的体系结构

数字化炼油厂的体系结构分为 3 层：底层为基础数据层，包括产品结构数据、资源数据、工艺数据、企业知识库；中间层为应用控制层，实现数字化炼油厂的具体功能；最上一层为展示层，完成与用户的交互，通过采用可视化和虚拟现实技术实现真实的数字化炼油厂体验。

数字化炼油厂的应用架构

数字化炼油厂是指一个深化了数字化内涵的企业，是炼油企业生产经营活动信息化、数字化、网络化的总称，也是其信息化发展的新阶段，与传统炼油厂的区别表现在数字化炼油厂有 8 个数字化核心应用领域，它们在数字化炼油厂的运营过程中发挥着重要的作用。

炼油厂设计建设数字化

数字化炼油厂在工厂设计及建设阶段，即应用数字化技术建立三维炼油厂，将设计平面图立体化和直观化，有助于生产人员在装置试车准备阶段快速熟悉和掌握炼油厂装置、罐区、管道、机组设备等分布情况，对提高新员工学习效率和认知程度具有十分重要的作用。

生产过程数字化

数字化的炼油工艺模型、产品数据和信息可直接进入数字化炼油厂生产过程，依靠数字化信息系统进行运作，整个工厂如同一个高度协作的整体，可通过网络自如地获取需要的数字化生产过程信息。

质量管理数字化

数字化炼油厂的质量管理依托各种分析仪器、计量仪表和条形码数据采集设备等硬件设施。在质量管理信息系统的支撑下，可有效促进炼油企业质量管理水平和产品质量的整体提高，大幅度降低企业的质量损失和质量成本，增强企业的市场竞争力；可实现质量标准管理、质量设计、质量分析、质量跟踪与控制、质量自动判定等功能。

产品营销过程数字化

数字化炼油厂具有完善的产品数字化营销管理网络，能够梳理和规范物流、仓储、销售、客户关系管理等流程，实现从产品入库买断到销售的全流程管理，实时监控和调配运输车辆与人员，对仓储和在途的炼油产品，特别是危险化学品的信息能够跟踪，最后实现数字化结算。

资产管理数字化

数字化炼油厂的资产管理依托 ERP 系统，并在系统应用集成的基础上，实现对生产计划、物料需求计划、能力需求计划、库存管理、车间作业管理、财务管理、成本管理、项目管理、质量管理进行有效的组织、控制和调整。

产品开发过程数字化

数字化炼油厂能够在新产品开发过程中进行建模与仿真，即将产品模型、设计文件、产品数据和信息等全部数字化。不仅是炼油企业主导产品的开发，而且让客户、供应商、协作厂家和分销商等其他成员都能随时通过网络以数字化方式参与产品的协作开发。

技术支持与服务过程数字化

数字化炼油厂为客户提供数字化的技术支持与服务，使企业与客户可以随时随地就炼油产品的使用性能和改进方向进行数字化交互。

企业信息和知识数字化

数字化炼油厂能够将企业信息和知识数字化，包括产品全生命周期的所有信息，建立知识库，搭建网络化、数字化培训平台，实现知识共享与知识考核。

数字化炼油厂的模型资源库

模型是数字化炼油厂的核心，模型是一个输入与输出的关系，模型中涵盖了数据、信息、知识和规则，任何一个相对独立的炼油业务或流程都可形成模型，用信息化手段表现出来。常用模型有：原油市场资源模型、原油采购模型、产品市场资源模型、计划优化模型、调度操作模型、控制执行模型、装置工艺模型、物料平衡模型、公用工程平衡模型、资源库存模型、油品调和模型、物流模型、销售模型和产品研发模型等。

数字化炼油厂的集成方法

数字化炼油厂各信息系统之间的信息交互和集成可以有两种方法：点对点的交互与集成方法和基于基础集成平台的交互与集成方法。前者应用广泛，后者则是目前研究和开发的热点。

点对点的交互与集成方法，是在需要进行信息交互和集成的系统内部和系统之间的交互点上，使用特定的通讯设施和编程技术，开发专用接口而实现的，它提供了一种在部门级解决方案或应用程序家族之间实现信息自动交换的手段。但是，对于数字化炼油厂环境，点对点方法并不适用。

基于基础集成平台的交互与集成方法，利用企业服务总线（ESB）和数据总线（DB）技术，在分离的系统及流程间建立“高速公路”，为数据在企业内部移动提供保障，能够灵活调用各应用系统，使数据实现充分集成与共享，最终实现业务的协调管理和分层的决策应用。

数字化炼油厂的工作流管理

数字化炼油厂各信息系统通过工作流管理有效地组织和控制人流、物流、资金流和信息流，实现组织内部所有成员之间的高度协作和资源共享，为客户提供满意的产品和服务。工作流管理作为数字化炼油厂信息系统的基础，是协调数字化炼油厂成员内部、成员相互间的各项活动的具体执行者。目前，多数炼油厂已初步建立了工作流规范和标准，可通过简化、整合、增加、调整等方式逐步优化和重组工作流，进一步提升流程运行效率。

数字化炼油厂的应用案例分析

A. 三维工厂。我国某新建炼化企业应用数字化布局系统，建立了装置、罐区、管道、办公区和消防器材等动态三维模型，将所有设备按照实际大小和形状精确定位。当某设备出现故障时，应用系统的空间距离测量功能，通过计算机向公司总部技术专家展示该设备详细立体信息，准确判定发生故障位置后，专家可远程指导现场操作人员进行维修作业。同时，结合射频识别技术（RFID）和移动巡检管理解决方案，能够对巡检人员准确定位，加强了巡检作业的安全管理与监督。

B. 数字化设计。印度某石油公司根据市场热销炼化产品需求，应用CAD、PMP 等数字化设计技术，在各炼油厂进行工艺设计、产品设计和虚拟生产等过程的数字化管理。以数字产品代替物理产品的设计方式，验证各炼油厂是否具备生产热销产品的工艺条件,为及时调整产品结构提供设计依据；通过仿真、建模、虚拟生产等数字化技术模拟热销产品的整个生产过程，对设计的工艺参数进行验证和优化，以避免造成装置的生产波动，减少了在试车阶段的资源浪费，缩短了新产品的生产周期。

C. 数字化生产运营。美国某石油公司在数字化生产运营管理方面，通过在各炼油厂实施 MES 系统，从 ERP 系统获取计划转换成生产任务，同时，对生产控制网和企业局域网等基础设施进行改造，建立实时数据库，根据设计工艺参数，实时监控装置生产运行情况。在全球搭建统一的 ERP 系统，并从 MES 系统中获取生产过程中的执行结果，对生产经营进行科学的分析、评价和预测，及时调整生产计划和经营策略，以适应多变的市场要求。通过建立可视化大屏幕，使用仪表盘和信号灯的显示方式，让高级管理人员一目了然地看到企业各方面的实时绩效指标，比较分析每个工厂业务运作的趋势和绩效，并协调组织各工厂的生产运营。

D. 数字化移动巡检。某国外炼油厂应用数字化移动巡检，将行业专家的经验总结成现场巡检的最佳方案。现场工人使用便携的移动数据终端，实现巡检指令及任务的执行、确认和疑难问题的查询，同时，把巡检指令的执行情况和巡检数据回传到后台系统。后台数据库汇总各类巡检任务和数据，对指令执行的情况和巡检的数据进行结果分析。移动数据终端还可通过探头监测设备的温度或转速等信息，与 ERP 系统的设备模块实现集成，将数据传输到 ERP 系统，支持了 ERP 系统的设备缺陷统计与分析功能。

E. 数字化知识管理。美国某国际跨国化工公司，建立了数字化的知识管理体系和标准，通过先进的技术，建立了一个跨越地理和组织边界的虚拟知识库，以分享经验、技能和协调工作。利用传感网络获取数据并进行实时监控，找到偏差及故障原因，并将偏差检测知识进行存储。专家可远程协同诊断和解决现场故障。通过一系列自动化知识管理系统，核心业务知识快速地被捕获并分享，提高了团队工作效率和公司员工的技能，增强了企业的市场地位。在虚拟知识库及传感网络投入使用后，工程师利用监控系统来检修故障设备，并可通过卫星通讯系统与英国分公司的虚拟工作组的基地相连。通过实时的电视系统，千里之外的专家与现场的工程师共同诊断设备故障，故障在短时间内得以解决。

还有另外一些例子，例如，中石化在 2014 年 8 月，与腾讯签订业务框架合作协议，双方的合作领域主要集中在业务开发与推广、移动支付、媒介宣传、O2O 业务、地图导航、用户忠诚度管理、大数据应用与交叉营销等。

2015 年 4 月份，中石化又与阿里达成合作协议，双方将在大数据提升产油量、统一支付体系、车联网、电商 O2O 等方面进行广泛合作。其时，中石化表示，正以积极的态度拥抱“互联网+”带来的新机遇，谋求在新一轮科技革命产业变革中抢得先机，实现转型发展。

对于“石化双雄”与阿里、腾讯积极而广泛的合作，对“两桶油”这样的央企来说，需要以越来越开放的姿态去接受新形势。以前的市场都是以供应为核心，现在石油则是从短缺到过剩。在低油价下，‘三桶油’在经营上的抗风险能力也不高，石油行业的下游对于企业来说越来越重要，他们也得从重资产逐渐走向轻资产，这就需要他们更加重视个人消费者、了解用户的需求，而与互联网企业合作有助于他们争抢下游市场。

中石化走在了转型的前列。早在提出公司整体向非油业务转型之后，中石化便不断在加油站便利店上完善服务，最近在山西又与农产品公司合作，欲实现用户在加油站购买新鲜果蔬。

三、油品销售方面的互联网应用

2015 年，互联网＋加油站得到进一步的发展，越来越多的加油业务接入互联网之中，加油软件和加油 APP 应用也如雨后春笋般出现。

例如，中石油官方宣布，与深圳市腾讯计算机系统有限公司在北京签署战略合作协议。签约前，中国石油集团董事长王宜林与腾讯公司董事会主席马化腾进行了会晤，双方就如何利用互联网技术促进能源企业的转型发展等问题进行了交谈。

中国石油集团副总经理喻宝才认为，互联网的快速发展带来人们生活、工作以及消费方式的变化，企业要创新商业模式，来适应和引领消费模式的变革。目前，油品销售业务亟需利用互联网来促进企业的转型升级。

中石油与腾讯公司已在网上充值、微信服务号等方面展开合作。而根据双方签署的战略合作框架协议，双方将在业务开发与推广、移动支付、互联网金融、O2O（线上与线下联动）业务、云服务、大数据应用等多领域探索开展合作。

结合腾讯的长处来看，中石油与腾讯的合作成果，短期内将更多地体现在面对消费者的下游零售端上。

中石油与腾讯的合作会首先在下游终端发力。腾讯在微信上拥有巨大的客户群体和便捷的用户体验，腾讯与中石油合作，首先面向的是终端的消费者，未来或可能实现微信支付加油。

其次，以中石油河北销售公司建设的智慧加油站为例，河北销售公司建设的智慧加油站是以传统加油站销售体系和网络为基础，借助大数据、云计算、车联网、物联网、移动支付等互联网技术手段，打造以“人·车·生活”为内涵的综合服务站；以异业合作、跨界联盟为渠道，建设多方共赢的商业生态圈；实现从油品销售到汽车全生命周期服务转变、从传统加油站经营模式到全渠道资源整合转变、从实体营销到大数据营销转变；是线上线下有机结合，集智慧的产品、渠道、促销、支付、设备、环保、数据于一体的新型加油站。

智慧加油站建设是企业战略系统、商业模式系统、运营系统、组织系统四大核心系统的深度重构；是适应互联网时代需求和业务新常态，坚持“市场导向、客户为本、质量效益”，以“油卡非润”一体化营销为基础的一次能源销售变革；是销售企业提高资产利用效率和综合竞争力，实现有质量有效益可持续发展的一种积极探索；是经营管理者思维方式、心智模式、精神理念、自我追求的一个重要突破。

结合中石油河北销售公司实际情况，围绕智慧加油站建设，他们主要设计了七大模块：即智慧的产品，主要包括建立在“油卡非润”一体化基础上的联合营销平台和客户综合服务平台；智慧的渠道，基于线上线下相结合，涵盖进、销、存各环节，有利于实现及时、快捷、低成本运行的智能化产品配送和供应体系；智慧的促销，基于网络化、信息化、差异化、系统化、一体化为基础的科学促销；智慧的支付，包括智能化的支付方式和支付数据分析应用；智慧的设备，基于互联网技术智能化、自动化的设施设备和基于大数据技术为基础的信息系统；智慧的环保，基于信息系统的油品数质量监控技术手段和环保节能技术及设备；智慧的数据，基于大零管系统的大数据分析和运行数据分析应用。

智慧加油站以满足客户需求为着力点，具有丰富的内涵，河北销售公司按照连线、连卡、连站、连客，省钱、省力、省时、省事、省心的“四连五省”的服务理念，以面向客户、面向管理层、面向操作者的“三个面向”设计思路，通过加油卡管理系统、大零管系统、ERP 系统、油卡非润系统、电子商城系统、展示体验系统、全流程诊断系统、视频监控系统、单站核算系统、安全环保系统“十大系统”支撑，着力建设展示体验平台、一体化营销平台、战略合作平台、便民服务平台、金融服务平台、电讯服务平台、汽车服务平台、全媒体平台、客户关系管理平台、智能信息化平台“十大平台”，将加油站建设成客户服务中心、客户体验中心、客户开发中心、线上购物中心“四个中心”。

除了在现场为客户开展加油和非油销售等常规业务以外，河北销售公司还搭建了线上宝石花商城购物平台，实现了水电网等日常缴费、订票订房等便民服务，开辟了汽车售后服务市场，提供车辆免费安检、汽车维修、保养、美容及代办保险等业务，建成了多功能支付的智能云 POS 平台，为客户提供免费 WIFI、加油书吧、咖啡等超值服务。这些服务项目，让客户有更透彻的感知，感受到品牌的服务，积极与合作企业打造共享平台，实现更全面的互联互通，通过更深入的智能，让客户享受更卓越的服务。

综上，随着工业无线技术、传感器技术、机器视觉技术等先进科学技术在炼油工业中的应用与发展，结合商务智能等信息技术，打造智能数字化智能化炼油厂将是未来石化工业发展的重要趋势。智慧炼油厂具有健康、安全、环保、低成本、低风险、低功耗的特点，将改变现有的管理模式和维护方式。通过充分发挥企业现场智能系统的作用，可使企业生产运营闭环管理智能化、供应链可视化、企业价值最大化，真正实现切实可行的智能炼油厂。

第三节　互联网技术在电力行业的应用

电力行业的互联网应用，可谓风头正劲。首先是智能电网，智能电网有时候也被称为能源互联网，它融合了互联网技术、分布式能源和共享能源等理念，实现电力资源的合理分配和峰值低谷自动调配。

电力互联网，将会从客户的角度出发，构建的能源生产消费模式是去垄断，去中心化的“无中心网络”。从运营者视角来看，电力互联网是能够与消费者互动的、存在竞争的一个能源消费市场，只有提高能源服务质量，才能赢得市场竞争；从消费者视角来看，电力互联网不仅具备传统电网所具备的供电功能，还为各类消费者提供了一个公共的能源交换与共享平台。

电力互联网开放平台是利用云计算和大数据分析技术构建的开放式管理及服务软件平台，实现能源互联网的数据采集、管理、分析及互动服务功能，支持电能交易、新能源配额交易、分布式电源及电动汽车充电设施监测与运维、节能服务、互动用电、需求响应等多种新型业务。

第四节　互联网技术在非化石能源产业的应用

水电、核电、风电和太阳能发电，均以各自的方式驾驭着互联网技术，实现新的产业模式变革。

一、水电

水电正利用互联网技术参与到大智能电网的网络当中。数字化水电站等概念已经进入深入探索和实施阶段。水电企业充分利用水利信息大数据，更好地将水电信息发挥出自身的最大价值，并能在互联网时代的今天，跟上大数据与信息化时代发展的步伐，更好地造福社会。

二、核电

在国内外力推工业4.0的新形势下，核电向智慧核电转型是个潜在机遇，并在“十三五规划”中，各大核电厂都提出了建设数字核电、智慧核电厂的愿景。

互联网技术在核电厂设计建造核心部件、提升运营安全性方面成绩卓著。例如，利用互联网技术支撑的综合协同设计平台，大众即可参与到“华龙一号”堆芯技术环节的设计之中。

三、风电和太阳能发电

风电和太阳能发电，都需要借助智能网络，融入到智能电网当中进行消费和输送。能源互联网也可看作是微网，这都需要互联网，没有大数据支撑，很难做到实时、有效配置生产和消纳，这是能源行业的未来发展趋势。

风电设备的智能化趋势越来越明显。利用智能风机和智慧风场管理平台，结合物联网、云计算技术，对风场一切数据和运转情况全部实现远程监控。采用一体化的解决方案将所有的电气控制都由一体化的设计来完成，可以增加用户收益，提高可靠性和可用率，增加电量产出，降低成本。换句话说，就是将互联网、大数据的思维应用于风电设备制造和风电场运维当中。

在太阳能光伏方面，互联网有以下几个方面的突破：

技术方面，借助互联网实现光伏发电的可预测、可控制，为优化调度提供前提和基础；

消纳方面，加大电网的建设以及通过开发一些新的业态、新的模式，增加本地对光伏电力的应用。此外，则还有通过政策上的机制设计，来提高对新能源并网电量的收购比例。

第二十八章 能源互联网展望

2015 年 9 月 26 日，国家主席习近平在联合国发展峰会讲话中明确“中国倡议探讨构建全球能源互联网，推动以清洁和绿色方式满足全球电力需求”，标志着全球互联这一宏大构想在国内基本达成共识。

一、能源互联网发展趋势

能源的市场化、民主化、去中心化、智能化、物联化等趋势将一定会颠覆现有的能源产业模式。

能源互联网可以说是颠覆传统的黑科技，就像使用 wifi 一样，通过互联网和可再生能源（风能、太阳能、地热能等）的结合，我们可以很方便地实现能源的交互与共享。可以想象，当地球的一半处于黑夜时，其富余的能源可以通过互联网智慧地流动到处于白昼的另一个半球那边去。

新的能源体系特征需要能源互联网，同时“能源互联网”将具备“智慧、能自主学习、能进化”的生命体特征。

物联是基础：能源互联网用先进的传感器、控制和软件应用程序，将能源生产端、能源传输端、能源消费端的数以亿计的设备、机器、系统连接起来，形成了能源互联网的“物联基础”。

大数据分析、机器学习和预测是能源互联网实现生命体特征的重要技术支撑：能源互联网通过整合运行数据、天气数据、气象数据、电网数据、电力市场数据等，进行大数据分析、负荷预测、发电预测、机器学习，打通并优化能源生产和能源消费端的运作效率，需求和供应将可以进行随时的动态调整。

智能发电、用电、储电设备，最终都将接入网络，借助信息流，形成自我对话。能源互联网使得能源产生和消费的效率大幅提升，同时形成能源交易的自由市场。

能源互联网与工业互联网最大的区别是，能源互联网最终要走向消费端，例如智能家庭、智慧社区、电动汽车、家庭能源管理等，这是工业互联网并不涉及的领域。走入消费端的能源互联网将具备更大的想象空间和创新的商业模式。

建立能源互联网的步骤如下：

Ⅰ将化石能源（如石油、天然气等）向可再生能源转型。如：线下资源转为线上资源（实体书变电子书）。

Ⅱ将每个大洲的建筑物转化为微型发电厂（包括人们居住的社区、工业园、电视台等），以便就地收集可再生能源。这一步可谓注册用户。

Ⅲ在每一栋建筑物以及基础设施中使用氢和其他存储技术，以存储间歇式能源。

Ⅳ成千上万的建筑物能够就地生产出少量的能源，这些能源多余的部分既可以被电网回收，也可以在各大洲之间通过联网而共享。这一步可谓云储存。

Ⅴ将运输工具转向插电式以及燃料电池动力车，这种电动车所需要的电可以通过洲与洲之间共享的电网平台进行买卖。这一步可谓云共享。

在能源互联网的引领下，未来或许会是这样的一种场景：

人们会在平板电脑上手指轻触就能把自家屋顶多余的光伏发电通过微信或其他微平台卖给附近准备给电动汽车停车充电的素不相识的人；

每一个家用电器会根据能耗曲线设置最佳的开关时间并且用户随时远程遥控，建筑物的能耗控制系统随时依据会议活动类型人数和实时电价进行动态调整；

沙漠和大海里安装的各种新能源发电设备可以通过程序由各国人民竞拍投资、自由交易；城市的整体能源消耗和二氧化碳排放随时依据天气和事件变化进行需求侧编排以实现最优；

每件商品、每个活动、每个人都会头顶一个碳排放状态条，并可随时与周围进行交易。

二、工业 4.0：工厂的自动化

工业 4.0（Industry4.0）是德国政府《高技术战略 2020》确定的十大未来项目之一，并已上升为国家战略。工业 4.0 可以理解为工厂的自动化，或者是未来工厂。西门子抢占先机，单独成立了数字工厂事业部，通过一系列工业软件领域的并购集成了目前全球较先进的生产管理系统，以及生产过程软件，完成从硬件专业提供商到“软硬结合”的系统解决方案“大管家”的跨越。

工业 4.0 的战略要点可以概括为：建设一个网络，研究两大主题，实现三项集成。

建设一个网络：信息物理系统网络。信息物理系统就是将物理设备连接到互联网上，让物理设备具有计算、通信、精确控制、远程协调和自治等五大功能，从而实现虚拟网络世界与现实物理世界的融合。虚拟网络—实体物理网络系统（CPS）包括智能机器、储存系统和生产设施，各个部分能够相互独立地自动交换信息、触发动作和控制。而物联网、服务网以及数据网是“工业 4.0”的基础。

研究两大主题：智能工厂和智能生产。“智能工厂”是未来智能基础设施的关键组成部分，重点研究智能化生产系统和过程以及网络化分布生产设施的实现。“智能生产”的侧重点在于将人机互动、智能物流管理、3D 打印等先进技术应用于整个工业生产过程，从而形成高度灵活、个性化、网络化的产业链。生产流程智能化是实现工业 4.0 的关键。

实现三项集成：横向集成、纵向集成与端对端的集成。“工业 4.0”将无处不在的传感器、嵌入式终端系统、智能控制系统、通信设施通过虚拟网络—实体物理网络系统 CPS 形成一个智能网络，使人与人、人与机器、机器与机器以及服务与服务之间能够互联，从而实现横向、纵向和端对端的高度集成。

从消费意义上来说，“工业 4.0”就是一个将生产原料、智能工厂、物流配送、消费者全部编织在一起的大网，消费者只需用手机下单，网络就会自动将订单和个性化要求发送给智能工厂，由其采购原料、设计并生产，再通过网络配送直接交付给消费者。

在不久的将来，买车可能实现个性化定制——在手机上打开智能汽车工厂的 App 软件，从上千种配置中选择一款最爱的车型，然后在个性化订单中输入诸如把 SUV 内饰设计成“沙漠野骆驼”版的定制款式，约一个月，一辆用工业 4.0 流水线为您度身设计、制造的“沙漠野骆驼版 SUV 越野车”就会送到买家的家门口，价格却并不比量产车贵多少。

能源互联网通过储能技术、能源收集技术及智能控制技术将有效解决可再生能源供应不可持续、品质不稳定和难以接入电力主干网等问题，让可再生能源逐步成为主要能源，以减少污染物排放。能源互联网一旦实现，人类将获得充足的能源供应，信息技术、智能控制技术、能源收集技术、储能技术、动力技术等相关技术也将飞速发展，新能源、动力设备、智能产品、生产设备、新材料等领域将不断取得新进展。

能源和信息技术的融合将从根本上改变能源的生产和利用方式，从而形成能源供应向分散生产和网络共享的方式转变的大趋势。

三、智慧能源

随着 IBM 智慧地球概念的出现，智慧能源一词也随之出现。智慧能源就是充分开发人类的智力和能力，通过不断的技术创新和制度变革，在能源开发利用、生产消费的全过程和各环节融汇人类独有的智慧，建立和完善符合生态文明和可持续发展要求的能源技术和能源制度体系，从而呈现出的一种全新能源形式。简而言之，智慧能源就是指拥有自组织、自检查、自平衡、自优化等人类大脑功能，满足系统、安全、清洁和经济要求的能源形式。

智慧能源的载体是能源。无论是开发利用技术，还是生产消费制度，研究的对象与载体始终都是能源，我们不懈探索的目的也是寻觅更加安全、充足、清洁的能源，使人类生活更加幸福快乐、商品服务更加物美价廉、活动范围更加宽广深远、生态环境更加宜居美好。

智慧能源的保障是制度。智慧能源将带来新的能源格局，必然要求有与之相适应的能够鼓励科技创新、优化产业组织、倡导节约能源、促进国际合作的先进制度提供保障，确保智慧能源体系的稳定运行和快速发展。

智慧能源的动力是科技。蒸汽机与内燃机的科技创新是工业文明的基础，智慧能源的发展同样需要科技来推动。核能、太阳风能、生物质能等，正在利用、起步探索或仍未发明的能源开发利用技术，必将会为智慧能源的发展提供巨大的动力。

智慧能源的精髓是智慧。智慧是对事物认识、辨析、判断处理和发明创造的能力。智慧区别于智力，智力主要是指人的认识能力和实践能力所达到的水平。智慧区别于智能，智能主要指智谋与才能，偏向于具体的行为、能力和技术。智慧能源的智慧，不仅融会于能源开发利用技术创新中，还体现在能源生产消费制度变革上。

综上，能源互联网是我国“互联网+”发展计划的一个重要组成部分，随着国家信息化的深入发展和信息＋智慧时代的来临，能源互联网在未来十年在我国将会得到空前的发展，能源与互联网融合的巨大前景令我们充满期待。

长春发电设备总厂

中国最大的磨煤机制造商

长春发电设备总厂始建于1950年，隶属于中国电力建设集团有限公司，是国家电力行业重点机械制造企业，辅机设备生产的重点骨干企业，国家大型二档企业，国家一级计量单位，拥有自营进出口权。

2006年6月，长春发电设备总厂企业技术中心被评定为“省级技术中心”。企业始终把“以人为本，科技先导”作为企业的根本，把保持技术人才队伍的稳定和技术水平的不断提高作为企业生存和发展的基础。从科研、设计、生产、检验/试验、安装、调试以及售后服务等各岗位都有各类经验丰富的中、高级人才在辛勤地工作，可为用户在设计、制造、安装、调试和设备运行、检修、维护等方面提供完整的一条龙式的服务，已经获得了众多用户的认可和好评，创造了长春发电设备总厂“金牌服务”的理念，为企业赢得了良好的声誉。

制粉破碎设备

中速磨煤机（MPS-HP-II型）、高速磨煤机（S型、FM型风扇磨煤机）、破碎机（GPJ型）等。

散料装卸设备

斗轮堆取料机、圆形料场堆取料机、抓斗卸船机、装卸桥等。

新技术应用

1. 采用了优化设计的碾磨型线
2. 采用了全新的旋转喷嘴环设计技术
3. 采用了具有专利技术的液压变加载阻尼控制的液压加载系统

该系统能根据需要的磨煤机运行负荷及不同煤质的要求，通过快速调整液压碾磨力/反作用力的液压加载系统，产生最佳的碾磨力，从而快速响应锅炉的负荷变化，适应电网调峰能力强。

液压阻尼系统使在碾磨过程中的作用力（碾磨压力—反作用力）能减到最小的值，如果需要的话，甚至也能抵消磨辊的净重，在磨辊和磨盘之间保持一个稳定的碾磨空间，因此无论磨煤机的负荷多大，在碾磨过程中产生的振动都可以被有效地吸收。

液压阻尼系统解决了由于提高加载压力和转速产生的振动问题，是 MPS-HP-II 型中速磨煤机新技术成功应用的保证，采用该系统的磨煤机甚至在低达 15% 的负荷下仍可以稳定运行无振动，有效地满足了目前电厂普遍采用的小油点火和等离子点火的要求。

液压阻尼系统是 MPS-HP-II 型中速磨煤机的关键技术之一，我厂已经对采用该项技术的 MPS-HP-II 型中速磨煤机申请了国家发明专利（专利号：ZL 2006 1 0170806.0），其发明技术内容受国家法律保护，任何相关的仿制行为，必将受到法律的追究！

4. 采用了全新的液压磨辊翻出装置，降低了磨煤机的检修强度，缩短了停机检修时间，提高了系统的应用效率，而且磨煤机检修时不需要拆除、移动分离器，降低了对厂房布置的要求，甚至也可以取消磨煤机检修用的过轨吊车。

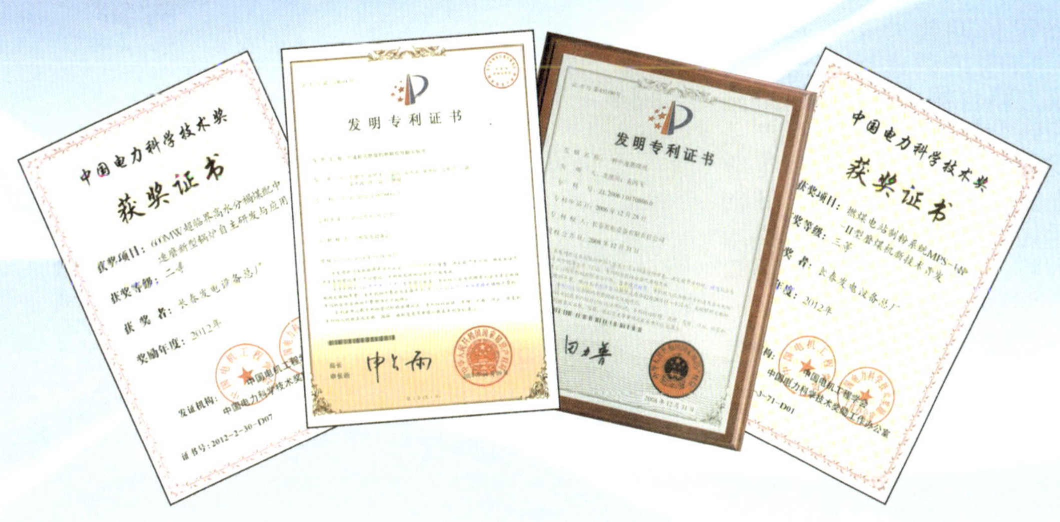

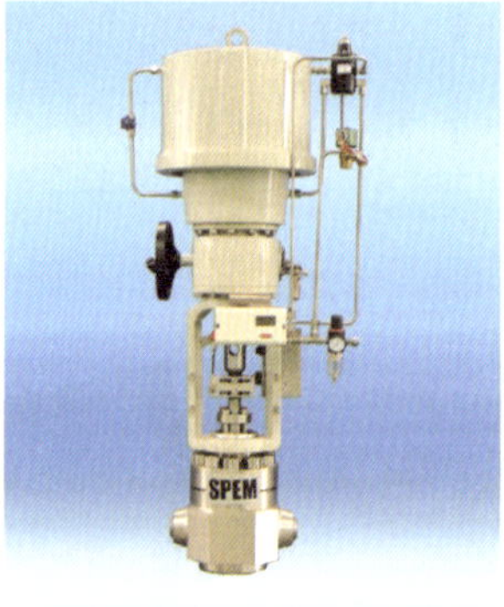

能源装备交易生态平台

外包 安装维护 融资租赁

合肥聚能新能源科技有限公司

中国光伏产品及系统解决方案供应商新锐

合肥聚能新能源科技有限公司是以新能源太阳能应用等高新技术为主，集光伏发电系统集成技术与产品开发、光伏电站项目开发、工程实施、运营管理于一体的国家高新技术企业；作为专业的光伏系统解决方案供应商，公司依托合肥工业大学等科研院所的人才资源和技术优势，致力于新能源技术与应用产品的开发；以太阳能光伏系统集成技术为支撑，进行光伏电站项目的投资建设、运营与光伏电站 EPC 工程实施。

光伏水泵系统

系统描述

光伏水泵系统是由太阳能电池阵列、光伏水泵逆变器、交流水泵及储水装置组成，其利用太阳能电池直接从深井、江、河、湖等水源取水。

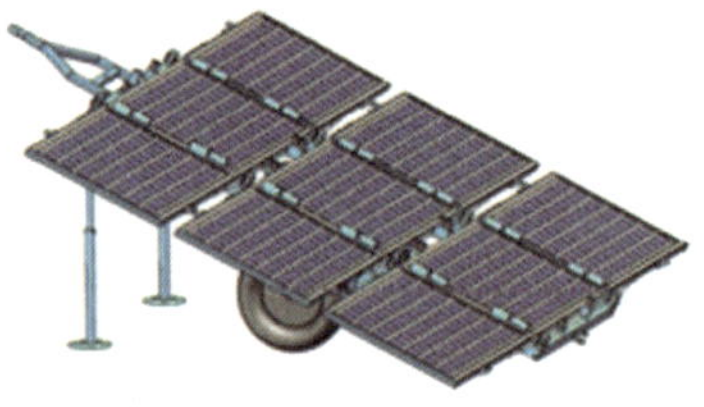

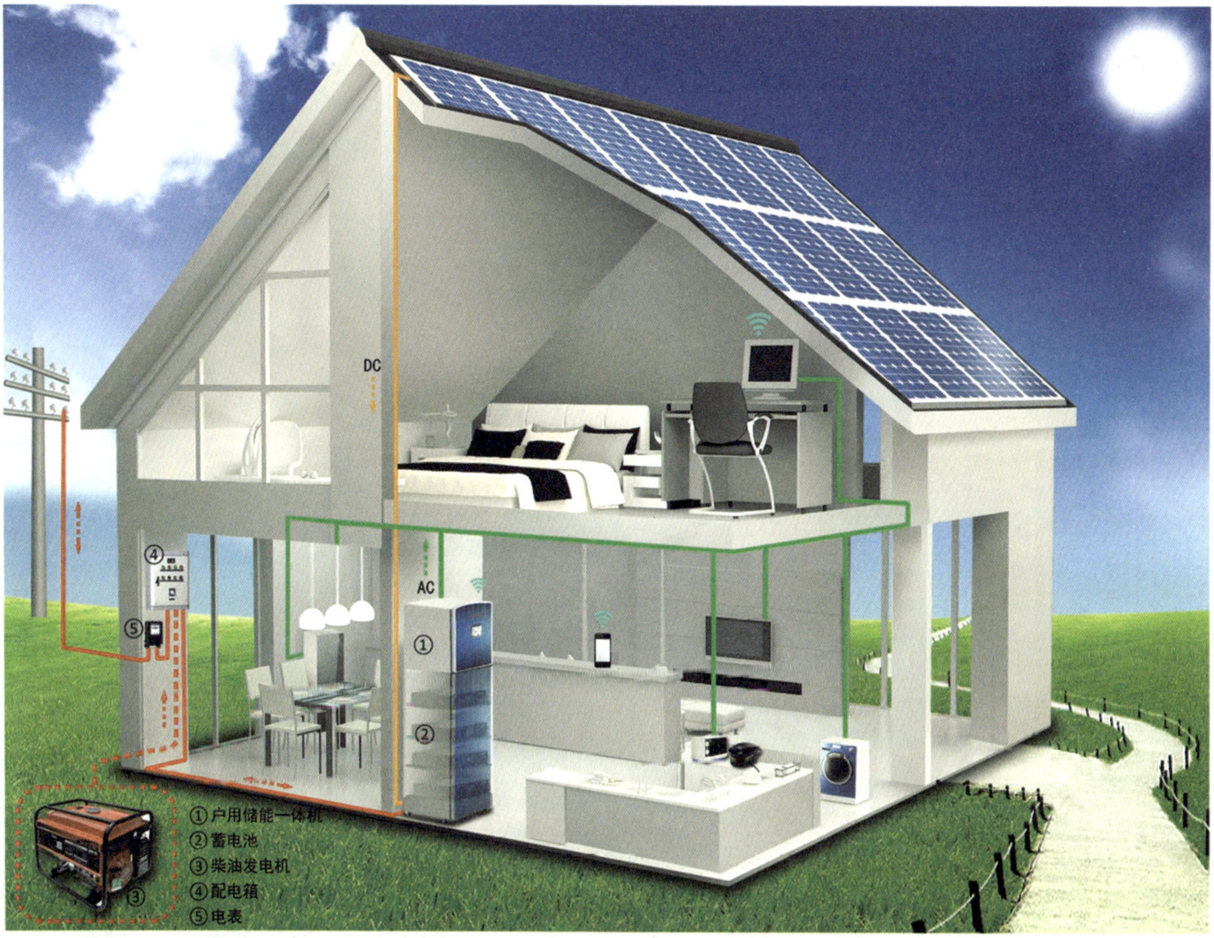
DC
AC
①
②
④
⑤
③
①户用储能一体机
②蓄电池
③柴油发电机
④配电箱
⑤电表

户用光伏储能系统

系统描述

户用光伏储能系统方案：

对光伏组件容量、组串方式及安装方式等进行优化设计；

对蓄电池类型、容量、串并联关系及安装方式进行优化设计；

对家庭负载类型进行优化分类突出关键负荷供电的稳定可靠性；

对电网用电的监控及分析以及能量管理系统进行优化设计。

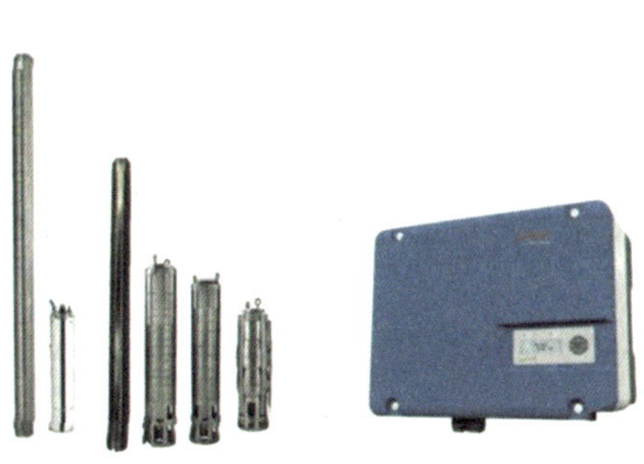

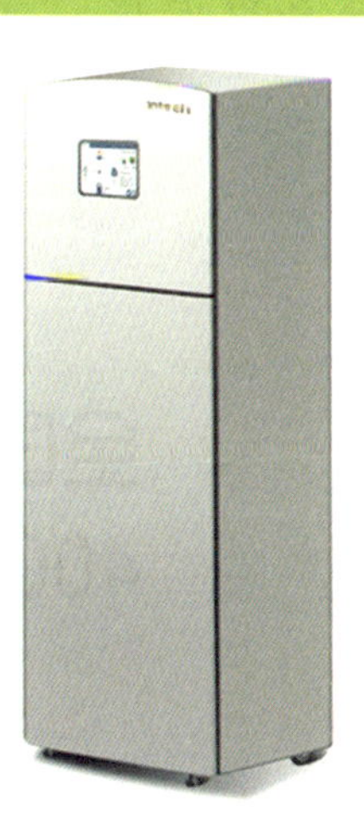

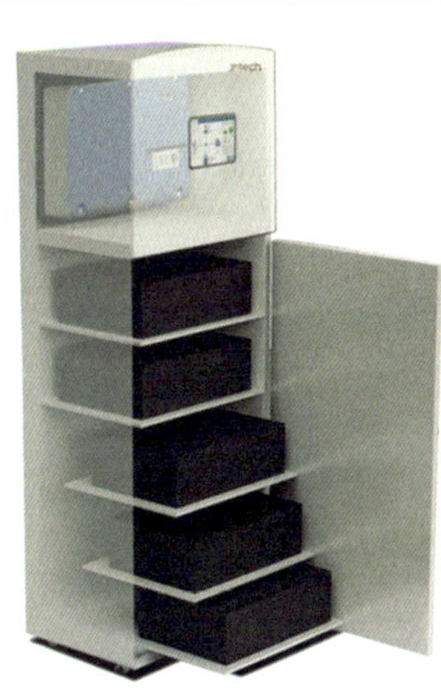